가족평가

FAMILY EVALUATION

| 김유숙 · 전영주 · 김요완 공저 |

학지사

머리말

가족상담이 우리나라에 도입되어 본격적인 관심을 얻기 시작한 지 거의 30년이 되어 간다. 가족상담은 특정한 증상이나 문제에 대한 개인 중심의 의학적 치료모델과는 달리 어려움을 호소하는 개인을 포함한 가족 전체를 대상으로 하는 가족시스템에 접근한다. 문제 자체보다는 문제를 둘러싼 관계에 초점을 둔 이와 같은 개입 방법은 심리치료나 상담 영역에서 새로운 시도로서 많은 관심을 얻게 되었고, 그에 따라 이 분야에서 활동하는 상담자의 수도 늘어났다.

현재 가족상담사가 되기 위한 방법은 크게 두 가지로 볼 수 있다. 하나는 이미 개인상담 영역에서 상당한 경험을 쌓은 상담자가 새로운 영역에 관심을 가지면서 대인관계모형이라는 새로운 가족상담 영역으로 확장하는 경우이다. 또 다른 경로는 대학이나 대학원 과정을 통해 가족상담이라는 새로운 영역에서 학문적 지식을 쌓은 후 전문가가 되는 것이다. 어떤 경로를 통해서든 많은 전문가가 각자 선호하는 가족상담의 이론이나 기법에 충실하면서 자기 자신의 견해를 넓혀 가며 내담자들을 돕고 있다.

이 책의 저자들은 오랫동안 학교 또는 현장에서 교육자로서, 또 슈퍼바이저로서 가족상담을 하는 상담자들을 만나 왔다. 우리는 다양한 훈련 배경의 가족상담사가 내담자를 만날 때 체계적 가족상담의 근간이 되는 가족평가를 제대로 이해했으면 좋겠다는 바람을 갖게 되었다. 즉, 우리의 경험을 통해 볼 때 개인심리상담 훈련을 받은 상담자는 가족역동이라는 체계적인 관점에서 가족평가를 하는 부분을 어려워했다. 또한 개인심리상담의 지식이나 훈련이 다소 부족한 상담자는 내담자가 가진 모든 어려움을 가족역동이라는 측면에서만 이해하려는 경향이 있었다.

이상적인 가족평가는 개인으로서의 내담자를 이해하고, 내담자를 둘러싼 가족역동을 이해하는 두 측면이 충분히 고려될 때 이루어진다. 이 책의 목적은 가족상담사가 어떤 경로를 통해 임상 현장에서 활동하는지에 따라 가질 수 있는 어려움을 보완하여 균형 잡힌 가족평가를 할 수 있도록 돕는 데 있다. 균형 잡힌 가족평가는 각 개인의 역할관계나 가족구조를 하나의 패턴으로 이해하고 이를 일반화하여 원인과 결과만을 강조하는 것이 아니다. 상담자가 균형 잡힌 가족평가의 관점을 가진다면 가족평가를 할 때 가족의 취약점에만 관심을 갖지 않고 가족의 강점이나 탄력성도 함께 고려할 수 있을 것이다.

이 책은 가족평가에 대한 기초적 지식을 전달하려는 의도로 쓰였으며, 5개 부와 15개 장으로 구성되었다. 제1부 '가족평가의 개요'는 가족평가의 필요성과 가족역동이라는 관점에서의 사례개념화를 다루며, 제2부 '가족평가의 범위와 초점'은 개인, 커플 역동, 가족 단위, 사회 맥락이라는 각 영역에서 평가의 문제를 다룸으로써 가족상담사가 개인에서 사회체계로 평가의 범위를 넓히도록 돕는다. 제3부 '가족평가의 방법'은 가족체계를 도식화할 수 있는 가계도와 질적・양적 평가의 방법을 소개하고, 제4부 '주제별 가족평가'는 아동문제, 부부관계 그리고 요즘 시대 관심의 초점이 되는 맞벌이, 한부모, 재혼, 다문화의 영역에서의 가족평가에 도움이 되는 이론과 도구들을 소개한다. 그리고 마지막으로 제5부 '가족평가의 실제적 적용'은 가족평가 과정에 도움이 되는 매뉴얼과 가족평가의 사례를 소개함으로써 이 책이 상담 현장에서 실질적으로 사용될 수 있도록 돕는다. 이 책의 구성에서 알 수 있듯이 저자들은 가족평가의 이론은 물론이고 실제적인 방법론을 소개하여 독자가 현장에서 가족평가를 할 때 실질적인 도움을 얻을 수 있도록 하였다.

이 책은 오래전부터 가족평가와 관련된 저서의 필요성을 강조해 온 학지사 김진환 사장님과 세심한 편집 작업을 해 준 이지예, 김서영 선생님에 의해 좋은 책으로 출판될 수 있었음을 밝힌다. 그리고 애정을 가지고 읽어 줄 독자들에 의해 저자들의 의도가 더욱 빛날 수 있음을 알기에 이 책을 선택해 주신 독자들께도 깊은 감사를 드린다.

2017년 12월
저자 일동

차 례

제2부 가족평가의 범위와 초점

제3부 가족평가의 방법

제5부 가족평가의 실제적 적용

제1부

가족평가의 개요

제1장 가족평가의 개념
제2장 가족상담 사례개념화

제1장 가족평가의 개념

1. 가족과 가족평가

1) 가족의 개념

'가족'은 사회과학 분야의 전문용어이기 전에 사람들의 정서에 있어 강렬한 특징을 갖는 일상적 단어이다. 가족은 사랑과 미움, 권력과 돌봄, 관용과 억압 등 상반된 관계적 특성이 다채롭게 나타나는 관계 집합체이다. 우리가 일생 동안 경험하는 많은 인간관계 중에서도 가족 내에서 경험하는 인간관계는 특별한 측면을 가지고 있다. 가족은 제도(결혼)와 혈연을 통해 맺어진, 성과 연령이 다른 개인들이 모여 상호작용하며 다른 어떤 인간관계보다 오랜 세월 지속된다.

전통적으로 가족은 혼인, 혈연 및 입양으로 이루어진 관계 집단으로 의식주를 공동으로 해결하고 정서적 유대와 공동체적 생활방식을 가진 집단으로 여겨졌다. 이러한 관점에서 볼 때 이성애 부모(주로 부양자 아버지와 전업주부 어머니)와 친자녀로 이루어진 핵가족이 전형적인 가족이라 하겠다. 그러나 사회 변화와 함께 다양한 형

태의 가족이 증가하면서 가족의 정의 또한 '소속감을 가지고 있으며 전형적인 가족의 임무를 수행하는 2인 이상의 사람들'과 같이 광의의 의미로 변화하고 있다.

가족과 만나는 상담자는 핵가족뿐만 아니라 한부모가족, 재혼가족, 입양가족, 다문화가족 등 다양한 형태의 가족에 대해 이해하고 있어야 하며, 편견 없이 개입할 수 있어야 한다. 이를 위해서 상담자 스스로 '가족'에 대한 인식이 어떠한지 검토해야 하며, 다양한 가족에 대한 민감성을 기르는 것이 필요하다.

다양한 유형의 가족도 핵가족과 마찬가지로 권력관계와 갈등 대처, 의사소통의 문제가 수반될 수 있으며, 대안적 가족 형태라고 해서 지나치게 낭만적으로 인식하면 안 된다. 다양한 가족 유형과 삶을 접해야 하는 상담자는 가족에 대한 현실적 관념을 바탕으로 서비스를 제공할 필요가 있다. <자료 1-1>은 상담자가 생각하는 가족의 개념을 검토하는 데 사용할 수 있는 체크리스트이다.

<자료 1-1> 가족에 대한 정의 점검하기

다음 중 가족이라고 생각되는 항목에 표시하세요. 그리고 가족이 아니라고 생각되는 항목에 대해 그렇게 생각하는 이유를 나누어 보세요.	
1. 남편과 아내 그리고 둘 사이에 낳은 아들과 딸	☐
2. 남편과 사별한 엄마와 세 어린 자녀	☐
3. 50대 미혼 여성과 70대 양어머니	☐
4. 60대 남성과 딸 그리고 딸의 아들	☐
5. 80대 과부와 애완견	☐
6. 세 명의 성인 자매가 함께 동거	☐
7. 40대 여성과 동거하는 30대 남성 그리고 여성의 전혼에서 낳은 10대 자녀	☐
8. 두 레즈비언 커플과 그중 한 여성이 전혼에서 낳은 자녀들	☐
9. 함께 사는 두 명의 성인 남성 사촌	☐
10. 70대 남성과 그의 평생 친구(남성)	☐
11. 자발적으로 자녀를 낳지 않고 사는 40대 부부	☐
12. 프랑스에서 일하는 아내와 한국에서 일하는 남편 그리고 미국에서 학업 중인 아들	☐
13. 이혼한 남성과 그의 여자친구 그리고 여자친구의 딸	☐
14. 40대 부부와 입양한 자녀 넷	☐
15. 부부와 아들 부부 그리고 손자	☐
16. 한국에서 일하는 30대 조선족 부부와 중국에서 조부모와 함께 거주하는 자녀	☐

17. 3명의 성인과 5명의 비혈연 아동이 함께 사는 생활공동체	☐
18. 60대 여성과 동거남 그리고 여성이 전혼에서 입양한 자녀	☐
19. 80대 노모와 2명의 50대 비혼 아들	☐
20. 필리핀 국적의 30대 동거 커플 그리고 여성의 전 한국인 남편이 전혼의 한국인 아내와 낳은 자녀	☐

출처: Klein & White (1996/2000)에서 수정 · 발췌.

2) 가족평가의 개념

가족평가(family evaluation)란 가족을 하나의 '단위'로 평가하는 일련의 행위이다. 즉, 가족의 내부 역동과 외부 체계 그리고 이들 간의 상호작용을 파악하기 위해 자료를 수집하고, 분석하고, 종합하는 일련의 과정이며, 이러한 과정을 통해 가족 구조와 관계 유형, 가족과 외부 체계의 상호작용 등을 파악할 수 있다(조홍식, 김인숙, 김혜란, 김혜련, 신은주, 2017). 가족이 문제를 가지고 있는 경우, 문제 해결에 대한 가족 구성원의 동기 수준이나 가족의 강점 및 자원 등도 평가할 수 있다.

복잡한 심리 역동체인 개인의 합이자 관계 집합체인 가족을 진단하고 평가하는 작업은 쉽지 않다. 그러나 가족상담을 수행하기 위해서 가족에 대한 평가는 필수적으로 거쳐야 할 작업이다. 가족의 기능은 우울증, 중독, 외상후 스트레스 장애 등 대다수의 정신건강상의 문제 증상과 관련이 있다. 개인심리상담에서 증상에 대한 평가를 하듯이, 가족평가는 가족문제의 유발과 유지에 기여하는 가족 역동을 평가하는 것으로서 가족상담의 개입에 대한 결정의 근간이 된다(김유숙, 전영주, 김수연, 2005).

가족상담사는 상담의 전 과정을 통해 다양한 방식의 가족평가를 계속적으로 수행한다. 때로는 가족 구성원 개인의 특성에 대한 평가를 통해 개인적 특질이 부부관계나 가족관계에 미치는 영향을 탐색하기도 하지만, 평가의 핵심은 부부나 가족을 단위로 하는 것이다. 가족평가는 접근 방식에 따라 **주관적 평가**와 **객관적 평가**로 나누기도 하고, **양적 평가**와 **질적 평가**로 나누기도 한다. 객관적 평가는 가족의 객관적 상황을 보여 주는 자료를 바탕으로 한 평가이며, 주관적 평가는 상담자의 직관 및 내담자의 반응과 주관적 의미 등을 근거로 한 평가를 의미한다(조흥식 외, 2017). 상담자의 관찰이나 면접 기록 등은 객관적이면서 질적인 자료를 확보할 수 있는 평가 방식이며, 가족 구성원의 지각을 주로 반영한 주관적 평가도 중요한 자료가 된다. 양적 평가는 척도나 체크리스트 등 계량화된 평가 방식을 의미하며, 질적 평가는 면접과 관찰 등을 포함한다.

〈자료 1-2〉 가족평가의 접근 방식과 유형

	주관적 평가	객관적 평가
양적 평가	체크리스트, 설문지, 척도 등	생활조사, 연구문헌 등
질적 평가	관찰, 면접 등	가계도, 가족화 등

3) 가족평가의 목적

가족상담에서 평가를 하는 목적은 다음과 같다(정문자, 정혜정, 이선혜, 전영주, 2011).

첫째, 가족평가는 가족문제를 이해하기 위해 이루어진다. 가족문제의 정보를 수집하면서 문제의 본질, 문제 해결을 위한 가족의 시도, 활용 가능한 가족 자원과 강점 등을 이해할 수 있게 된다.

둘째, 가족평가는 상담적 개입을 계획하기 위해 이루어진다. 상담자가 가족의 정보를 조직하고 이를 바탕으로 개입에 어떻게 활용할지 계획을 세우게 되는데, 이는 제시된 문제 해결의 목표를 달성하기 위한 지도를 제공하게 된다.

셋째, 가족평가는 가족에게 필요한 자원과 지원체계 규명을 위해 필요하다. 가족에게 필요한 도구적 지원, 정서적 지원, 소속감의 지원 등이 어떻게 가족의 경험에 반영되고 있는지 평가를 통해 알 수 있다.

〈자료 1-3〉 가족평가 영역

출처	Kirst-Ashman & Hull, Jr. (2002)	Hepworth, Rooney, & Larsen (2002)	Sandau-Beckler (2001)
영역	• 가족 의사소통 • 가족구조 • 가족생활주기의 적응 • 가족갈등의 영역 • 가족관계	• 가족맥락 • 가족강점 • 가족체계의 경계 및 경계유지 • 권력구조 • 의사결정 과정 • 가족목적 • 가족역할 • 가족의 믿음과 인지 패턴 • 가족 구성원의 의사소통 방식 • 가족생활주기	• 가족강점 • 가족 스트레스와 탄력성 • 가족도전 • 가족의 문제 해결 능력과 과거의 성공적 경험 • 가족의 변화에 대한 준비성 • 가족역동과 구조

출처: 이원숙(2016).

2. 가족평가의 어려움

　복잡한 가족 구성원 간의 상호작용을 계량적으로 측정하는 것은 쉽지 않다. Bradbury와 Fincham(1990)은 그들의 저서 『가족측정기술(Family Measurement Techniques)』에서 결혼 및 가족의 상호작용을 측정하는 도구는 네 가지 조건에 부합해야 한다고 했다(김유숙 외, 2003 재인용). 첫째, 경험적 연구에 맞는 이론적 관점을 갖고 있어야 한다. 둘째, 상호작용이 일어나는 자연스러운 생태학적 맥락을 고려해야 한다. 셋째, 다중 방법(multi-method)이나 다중 평정자(multi-raters)를 동원한 다중 관점을 사용해야 한다. 넷째, 측정도구는 시간에 따른 가족 구성원 간의 연속적인 관계를 고려해야 한다.

　가족평가에서 제기되는 일반적인 어려움에 대해 살펴보면 다음과 같다(정문자 외, 2011).

1) 복잡성의 문제

가족평가에서의 가장 큰 어려움은 '가족의 복잡성을 어떻게 포착하느냐'는 문제이다. 둘 이상의 구성원의 특성을 진단한 후 가족 단위로 종합하여 평가하는 것은 복잡한 작업이다. 또한 가족은 끊임없이 가족 구성원과 외부 체계가 상호작용을 하며, 가족 구성원의 생물학적 기질과 발달, 가족 외부의 관계망(친구, 학교, 지역사회)의 영향을 받는다. 가족은 다른 집단과는 달리 생물학적·유전적 요소, 시간과 공간에 걸친 역사, 세대 간 헌신, 외부 사회체계와의 상호작용 같은 고유한 면들을 가지므로 이러한 것들에 대해 통합적으로 평가해야 한다.

또한 가족관계의 측정을 보다 정교하게 수행하기 위해서는 특정 구성 개념들의 조작적 정의에 대한 연구자와 임상가 간의 합의가 필요하다. 예를 들어, 애착(attachment), 융합(fusion), 밀착(enmeshment)과 같은 용어는 각각 특정 이론과 관련되어 있으나 실제로는 중복되는 요소가 있는 유사 개념이다.

2) 제한된 측정도구

연구자나 임상가의 관심에 맞는 적절한 도구를 선택해야 하는데, 관심에 맞는 도구의 신뢰도와 타당도가 보장되는 것은 쉽지 않다. 좋은 도구를 개발하고 타당화하는 작업은 비용이 많이 들고 시간 소모가 크다는 어려움이 있다.

연구와 임상에 활용되는 가족평가 도구는 자기보고식, 관찰 코딩, 평정척도 등 여러 유형이 있다. 그러나 대부분의 척도는 자기보고식에 의존하며, 관찰법을 쓰는 연구는 거의 없는 실정이다. 또한 가정폭력이나 근친 성폭력 등 심각한 가족문제의 경우, 관련자들이 솔직한 보고를 꺼리기 때문에 신뢰성 있는 측정이 더더욱 어렵게 된다. Fine(2001)은 1987년부터 1996년까지 개발된 가족관계 분야의 70개 도구를 검토하였는데, 이 중 52개(70%)가 설문지 유형이었고 약 21%가 실제 상호작용이나 녹화, 거시 평정척도(macroscopic rating scale, 예: 가족 내 친밀감 평정)나 미세 코딩 시스템(microscopic coding system, 예: 특정 행동 코딩)을 사용하며, 매우 적은 수가 심층면접과 투사기술을 사용하고 있다고 밝혔다. 또한 설문 응답자의 60%는 부모나 성인으로, 아동의 응답을 구한 경우는 10% 이하였다. 신뢰도나 타당도 등의 정보를 모두 제공하는 도구는 절반 이하였으며, 상업적으로 출판되는 도구를 제외하고는 매뉴얼과 함께 나오는 도구 역시 극히 드문 것으로 보고되었다(Fine, 2001).

3) 평가의 단위 및 정보를 얻는 방법

세 번째 어려움은 평가의 단위 및 정보를 얻는 출처에 따른 문제이다. 측정 단위가 가족이기 때문에 가족 구성원마다 지각의 차이로 인한 평가의 어려움이 있다. 평가의 단위가 개인, 2인 또는 가족 전체인가 하는 문제 및 정보를 누구에게 얻는가에 따라 평가 결과는 달라질 수 있다. 예컨대, 다음과 같은 쟁점들을 자문해 볼 수 있다. 한 개인의 관점에서 가족에 대해 보고한 것이 과연 전체 가족의 실체를 정확히 반영하는가? 자기보고식 질문지는 몇 살까지 적용할 수 있는가? 부부관계나 부모-자녀 관계 같은 2인 관계에서 한쪽에서만 정보를 얻어도 되는가? 가족 구성원 스스로 보고하는 (자기보고식의) 내부자 관점과 중립적인 제삼자의 외부자 관점 중 어느 쪽이 가족의 실체를 더 정확히 보고할 수 있는가? 지각 차이에 따른 한계를 극복하기 위해서는 다중 방법이나 다중 평정자를 활용하는 것이 바람직하지만, 실제로 시간과 비용의 문제로 다중 방법이나 다중 평정자의 활용은 적다.

4) 선호하는 관점의 차이

상담자가 선호하는 가족상담 모델에 따라 평가의 초점이 다를 수 있다. 행동주의 상담 모델은 특정한 표준검사를 시행하는 데 관심이 있다. 이들은 행동주의적 개입이 가족상담 전과 후에 어떤 변화를 가져왔는지를 과학적인 측정을 통해 알고자 하기 때문이다. 구조주의자들은 경계와 전반적인 상호교류 유형에 관심을 갖는다. 전략주의자들은 삼각화, 위계 및 증상을 유지시키는 유형의 평가에 초점을 둔다. 다세대 정서체계 가족치료 상담자들은 분화 수준의 평가를 우선할 것이다. 그러나 상담 모델을 불문하고 가족들을 관찰하고 그들과의 상호작용을 통해 임상적 판단을 내리는 점에서는 공통적이다.

근대주의 관점에서 가족을 평가하는 경우에는 가족의 기능에 대해 객관적이고 가치 중립적이며 결정적인 기준을 따른다. 즉, 기능적 가족과 역기능적 가족에 대한 명확하고 보편적인 기준을 사용해서 평가하는 편이다. 반면, 포스트모더니즘 접근에서는 객관성이나 진리가 사회적으로 구축되는 것이라고 보므로 가족평가도 평가자의 가치가 내재된 여러 맥락에서 영향을 받는다고 본다. 따라서 최근 들어 전문가의 평가는 최소화하고 내담자의 평가를 존중하는 추세이다.

3. 가족측정 방법

일반적으로 가족관계를 측정하는 방식에는 두 가지가 있다. 첫째, 본인 가족에 대한 내부자의 관점으로 가족 구성원 스스로 가족에 대해 평가하는 것이다. 이것은 주관적 평가일 수 있지만, 대부분의 사람은 일단 가족 안으로 들어오면 다른 집단에서와 매우 다른 방식으로 상호작용하는 경향이 있다. 둘째, 외부자 관점으로, 연구자 또는 상담자가 다른 가족의 외면적 가족생활에 대해 표면적으로 평가하는 것이다(김유숙 외, 2003).

내부자 관점과 **외부자 관점**의 측정 방식 간 괴리는 종종 가족을 평가하는 데 어려움으로 작용한다. 최근에는 가족관계 평가에서 외부자(상담자나 연구자)의 관점보다 내부자(가족 구성원)의 관점을 어느 때보다 존중하고 우선하는 추세가 보인다. 이는 사회구성주의의 영향으로 상담자나 관찰자가 가족에 대해 평가하는 것보다 가족 구성원이 가족에 대해 평가하는 것의 결과가 오히려 가족의 적응이나 복지를 예측하는 데 더 믿을 만하다는 주장에 근거한다(김유숙 외, 2003).

1) 자기보고식 평가

자기보고식에 근거한 내부자 관점의 측정 방식이 갖는 장점은, 첫째, 비용과 시간의 효율성이 높고, 둘째, 점수화와 분석, 관리가 용이하며, 셋째, 관계 역사의 포착 가능성이 높다는 점 등이다. 더구나 만족이나 친밀감 같은 개념을 측정하는 것은 외부자의 관찰보다 주관성이 더 요구된다. 이와 같은 이유로 자기보고식 측정은 일반적으로 관찰척도보다 높은 신뢰성을 가지고 있다. 자기보고식 방법의 제한점은 질문과 응답 형식에서의 제한점과 관련이 있다. 응답자는 조사자의 의도대로 문항을 해석하였는가? 응답자가 자신의 행동을 정확하게 보고하였다고 신뢰할 수 있는가? 회고식(retrospective) 응답은 가족의 실제 역사를 포착하였는가? 자기보고식은 읽고 쓰는 가족 구성원에게만 제한되는 단점이 있어 아동의 경험은 평가에서 묵살되는 경우가 있다.

2) 관찰법

외부자 접근은 보통 관찰법에 근거를 두고 있다. 이 방법의 장점은 읽고 쓰는 능력에 상관없이 전체 가족과정을 포착할 수 있는 능력이 있다는 것이다. 특정 구조를 이용한다면 이 방법의 타당성은 매우 높다. 평가의 질은 높은 안면타당도를 지닌다. 반면, 분자적인 코딩 형태는 높은 내적 평가자 신뢰도를 가지나 이론적 구조에서 벗어나는 경우가 많다. 외부 관찰자 접근의 단점은 고도의 훈련과 코딩, 평가 도식에 대한 준비가 필요하다는 것이다. 가족의 의미, 상징 교화, 역사는 그리 쉽게 포착되지 않는다. 역시 가족의 복합성을 가장 잘 포착하고 한 가지 방법에 의존할 때 생기는 제한점을 극복하기 위해서는 다중 방법이 필요하다.

실험실 환경 및 유사실험실(가족상담실) 환경에서 특정 행동에 초점을 두고 관찰하도록 하는 코딩이나 평정척도는 꽤 많이 개발되었다. 이는 행동에 대한 자기 지각(self-perception)에만 의존하는 방법에 비해 여러 이점을 갖고 있다. 그러나 가족 생활의 일상성을 고려할 때 실험실이나 유사실험실에서의 관찰은 자연스러운 환경(natural context)에서 가족의 행동을 측정하는 것과는 다르다는 점에서 한계로 지적되고 있다. 또한 가족의 행동은 시간에 따라 전이적(transitional) 속성을 가지므로 시간에 따라 반복검사를 실행할 필요가 있다. 그러나 시간에 따른 가족행동의 연속성을 측정하는 도구는 거의 없는데, 관찰과 코딩 절차가 복잡하기 때문이다.

3) 다중 방법

가족관계 측정에서 다중 관점을 사용해야 한다는 것은 자료 출처와 방법에 있어서 다양해야 한다는 의미이다. 자기보고식 설문지의 경우, 대부분 한 명의 가족 구성원에게 자료를 수집하는데, 이는 개인의 현상학적 경험을 제공하는 데 유용할지 몰라도 가족 전체의 기능에 대해 균형 잡힌 시각을 제공하는지에는 의문이 있다. 대안으로서 여러 가족 구성원에게 자료를 수집하는 것이 가족 내 관계 맺는 양식에 대한 보다 타당성 있는 정보를 제공할 것이다. 또한 가능하다면 자기보고식 이외의 방법들, 즉 관찰법이나 투사법, 심층면접 등을 병행한다면 한 가지 방법만을 사용하는 경우보다 연구의 타당도를 높일 수 있다. 그러나 다중 관점의 활용은 시간과 비용의 문제로 인하여 실행에 어려움이 있는 것이 사실이다.

4. 가족상담에서 평가의 틀

가족을 평가하는 관점에 따라 상담자나 연구자와 같은 전문가 중심의 평가와 내담자 중심의 평가로 나눌 수 있다. 가족상담 분야의 발전 초기에는 이론과 기법으로 무장된 중립적인 상담자가 가족의 역동을 평가하고 적절한 상담적 개입을 계획하였다. 즉, 상담자가 내담자 가족문제에 대한 평가의 주체였다. 그러나 최근 들어서는 내담자야말로 문제와 해결에 대한 전문가라는 인식이 확산되면서 상담자가 문제 해결에서 단지 조력자로서의 역할만 가질 뿐이라는 시각이 지배적인 추세이다. 이 장에서는 가족체계적 접근의 전문가 중심의 평가와 내담자 중심의 평가 개념에 대해 간단히 살펴보고, 이 두 관점을 통합함으로써 더욱 정확하고 다차원적인 평가에 다가갈 수 있다(김유숙 외, 2003; 정문자 외, 2011).

1) 가족체계론 관점의 평가

(1) 전체성

가족체계적 평가에서 평가자는 늘 개인보다 가족 전체에 초점을 둔다. 상담자는 가족 집단의 특성을 알기 위해서 가족 이미지나 가족이념을 물어볼 수 있다. 가족이 일치되고 일관성 있는 가족 이미지를 가질수록 편안하고 예측 가능한 의사소통이 이루어질 수 있다. 한편, 가족이념도 가족의 전체적 질을 반영하는 개념으로, 이 념은 정서, 동기, 가치, 관심사에 대한 관례화된 이해 방식이라 할 수 있다. 가족이념은 '가훈'으로 나타나기도 한다.

(2) 상호의존성의 정도

가족의 상호의존성 정도는 지속 기간이나 강도에 있어서 다른 어떤 집단보다 높다. 적당한 연결감(친밀감)과 적당한 분리감(자율성)을 보장하는 가족체계가 가장 기능적이다. 가족 구성원 간의 상호의존이 너무 낮아 가족관계가 소원하고 분리된 상태이거나 상호의존이 너무 높아 가족 구성원의 개별화를 억누르는 과잉 밀착된 가족은 종종 역기능을 발생시킨다.

(3) 경계의 투과성

가족은 기본적으로 개방적 체계를 지닌다. 명확한 경계는 가족 구성원의 발달 수준과 외부의 변화에 적절하게 분명한 경계를 유지하여 자율성과 독립성을 보장하는 한편, 융통성을 발휘해 원활한 의사소통과 정서적 지원을 교환할 수 있도록 해 준다. 가족경계의 투과성이 적절한 경우에는 가족 구성원이 가족 외부(친구, 종교기관, 지역사회)와 접하며 새로운 사고에 접하고 경험을 확장할 수 있지만, 가족의 경계가 엄격할 경우, 가족은 자칫 고립되어 문제가 발생했을 때 적절한 외부 지원을 받을 수 없다.

(4) 가족규칙

가족규칙(family rule)은 시간에 걸쳐 가족행동을 제한하는 관계상의 합의이다. 특히 상위규칙(meta-rule)은 많은 일반적 규칙 위에 작용하는 '규칙을 총괄하는 규칙'으로 가족 구성원들이 하위규칙들을 어떻게 유지하고 변화시킬 것인가에 대한 규칙을 의미한다. 종종 가족들은 상위규칙의 강력한 영향을 받으면서도 이를 의식하지 못하는데, 역기능적 가족일수록 자신들의 가족규칙을 어떻게 변화시킬 것인가에 대해 어떠한 상위규칙도 가지고 있지 않다.

(5) 가족신화

가족신화(family myth)는 가족 구성원이 공유하는 잘못된 기대와 신념으로, 현실에 대한 왜곡이나 부정의 요소를 갖는다. 가족신화는 역기능적 가족이 상호작용을 유지하는 과정에서 이를 합리화하는 데 조직적인 신념으로 활용한다. 예컨대, 가족이 문제의 책임을 공유하기보다 특정 가족 구성원에 대해 '우리 가족의 문제아' 또는 '병적이다'라며 비난하고 그에게 책임을 몰아 버림으로써 다른 가족 구성원은 스스로 정상적이라고 인식하려 한다.

(6) 위계와 가족권력

위계는 '층(layering)'을 이루는 체계의 배열로서, 가족 내 하위체계는 위계에 존재한다. 위계는 가족 내 구성원이나 하위체계가 가진 권력과 관련이 있다. 권력은 가족 구성원이 가진 (재정적·사회적·정서적) 자원에 따라 결정되며, 권력에 따라 하위체계 간에 위계질서가 조직화된다. 가족상담사는 가족 구성원 중 누구에게 권력이 집중되어 있는지, 누가 가장 영향력 있는 사람인지, 가족 구성원 중 누가 통제받는 입장인지 등에 주목하여 가족 내 권력과 위계를 평가한다.

(7) 하위체계

하위체계는 가족체계 내의 세대, 성, 애정 등 다양한 차원에 따라 구성된 하위집단이다. 부부 하위체계, 부모 하위체계, 부모-자녀 하위체계 등이 핵심적인 하위체계이나, 형제자매 하위체계, 고부 하위체계, 장서 하위체계 등 다양한 하위체계가 존재할 수 있다. 가족의 하위체계 기능을 살펴보고 재배열하거나 위계구조를 변화시키기 위한 개입을 계획한다. 역기능적 하위체계의 예로는, ① 자녀가 한쪽 부모에게 저항하고 한쪽 부모에게만 편드는 삼각관계, ② 부모 역할을 수행하는 자녀가 있는 가족, ③ 자녀의 삶에 지나치게 개입하는 부모, ④ 갈등관계의 부부와 자녀에게 부모 중 한쪽 편들기를 요구하는 가족, ⑤ 세대가 다른 가족 구성원이 동맹을 맺어 특정 가족 구성원에게 대항하는 가족 등을 들 수 있다(조홍식 외, 2017).

(8) 상위체계

상위체계(suprasystem)는 가족체계를 둘러싼 사회환경 또는 사회적 관계망(social network)을 의미한다. 상위체계는 끊임없이 가족과 상호작용하며 가족에 중요한 영향을 미치는 사람, 기관 또는 문화를 포함하는데, 공식적 관계망과 비공식적 관계망으로 나눌 수 있다. 공식적 관계망은 종교기관이나 복지기관, 학교와 같이 조직화된 관계망을 말하며, 비공식적 관계망은 친척이나 친구와 같이 조직화되지 않은 관계망을 의미한다. 상위체계의 평가는 매우 광범위할 수 있으나, 주로 가족의 자원을 평가하기 위해 생태도, 사회 지원망, 다이어그램 등의 도구를 활용한다.

2) 포스트모더니즘 관점의 평가

(1) 평가의 일방성과 객관성에 대한 회의

1980년대 이후 가족상담 분야는 체계론에서 벗어나 사회구성주의의 강력한 영향을 받게 된다. 근대주의 시대의 절대적 진리의 타당성을 의심한 **포스트모더니즘**의 등장은 사회현상에 대한 보편성과 객관성에 회의를 제기하였다.

포스트모더니즘의 영향으로 전문가의 중립적이고 객관적인 평가가 가장 중요하다는 기존의 믿음이 흔들리기 시작했다. 사회구성주의, 여성주의 등의 영향과 함께 포스트모더니즘은 가족상담의 방향을 내담자중심, 협력적 접근, 강점중심, 이야기중심으로 전환시켰다. 또한 포스트모더니즘 접근 모델들은 젠더나 문화, 사회계층, 영성 등 기존의 가족 내 역동에 맞추어진 초점에서 벗어나, 가족을 둘러싼 사회적 맥락에 대한 평가에 민감해졌다. 치료 모델에 있어서도 특정 모델의 경계를 넘어 사례에 최적화된 절충적·통합적 접근이 확산되었다.

(2) 평가자는 중립적인가

포스트모더니즘의 관점에서 볼 때 가족기능에 대한 평가는 사회·문화적 맥락에 따라서, 전문가의 지식 권력에 의해서, 또는 가치가 내재된 여러 맥락 내에서 영향을 받는 행위이다. 포스트모더니즘 상담자들은 자신들의 한계를 인정하면서 자신들의 역할에 대해 다시 생각하게 되었다. 가족을 평가하고 개입하는 과정에서 상담자(관찰자) 역시 주관적 가치와 선호하는 이론에 영향을 받는다는 점을 인정하게 되었다. 따라서 상담자들 스스로 자신의 신념체계를 검토하고, 그것이 내담자 가족에 대한 평가와 개입에 미치는 영향에 민감해져야 한다는 인식이 커졌다. 예컨대, 중산층의 핵가족에 대한 '정상 가족 이데올로기'를 내면화하고 있지는 않은지, 가족 내의 성별 권력 불평등에 관심을 가졌는지, 가족이 처한 빈곤과 차별의 문제에 관심을 가졌는지 등의 숱한 의문을 갖게 되었고, 올바른 평가와 개입이 가족을 변화시킬 수 있다는 낙관적인 믿음도 흔들리게 되었다.

(3) 전문가와 가족의 협력적 평가

포스트모더니즘 관점에서 볼 때 가족평가에서 상담자의 관점은 여러 관점 중의 하나에 지나지 않는다. 문제와 그 해결 방법에 대한 전문가는 상담자가 아닌 내담자이며, 상담자는 단지 가족의 이야기와 목표 반응에 대한 정보를 요청해야 하는 입장에 있다는 것이다. 상담자는 더 이상 자신이 세운 가설과 범주에 내담자의 정보를 맞춰 넣기보다는 내담자들이 자신들의 세계를 어떻게 보는지에 더 관심을 갖게 되었다. 가족평가에서 가족이 문제를 어떻게 인지하고 해결에 대해 어떤 생각을 하는지를 아는 것은 상담자가 보는 문제 못지않은 중요성을 갖는다. 따라서 내담자에 대한 전문가의 평가는 최소화되고, 내담자 자신의 평가 비중은 증가되었다고 하겠다. 전문가와 내담자의 통합적인 평가를 위해서 <자료 1-4>에 제시된 것처럼 체계적이며 협동적인 과정을 거친다.

<자료 1-4> 통합적 평가: 전문가와 내담자의 협력적 평가

Ⅰ. 내담자 체계의 평가
　A. 이름, 연령, 가족과 개인의 발달단계 및 관련 정보에 대해 이야기한다.
　B. 가족 구성원과 가족체계의 강점 및 자원에 대해 이야기한다.
　C. 가계도: 내담자 가족이 추론하는 경향과 추세를 토의한다.

Ⅱ. 내담자 환경의 평가
　A. 상호작용 유형
　　1. 가족 상호작용에서 추론되는 체계의 규칙과 경계에 대해 이야기한다.
　　2. 가족 구성원의 해석적 틀에 대해 이야기한다.
　　3. 의사소통의 방식에 대해 이야기한다.
　B. 관여된 다른 체계
　　1. 상담에 오게 된 방식에 대한 내담자의 관점을 이야기한다.
　　2. 법원과 관련되어 있다면 그 이유에 대해 이야기한다.
　　3. 내담자 체계의 가장 큰 관계망을 이야기한다.
　C. 생태지도
　　1. 내담자 체계에 관여된 다른 체계를 포함한다.
　　2. 생태지도에서 추론할 수 있는 경향성에 대해 토의한다.

Ⅲ. 현재 문제에 대한 평가
　A. 각 가족 구성원이 정의하는 문제
　　1. 처음 상담을 요청한 가족 구성원이 보는 문제에 대해 이야기한다.
　　2. 첫 면접상담에서 각 가족 구성원이 보는 문제에 대해 이야기한다.
　　3. 다른 가족 구성원의 문제 기술에 대한 가족 구성원들의 반응을 이야기한다.
　B. 시도했던 해결책
　　1. 문제가 발생했을 때 내담자에 대한 가족 구성원들의 반응을 이야기한다.
　　2. 전문가의 도움을 구했던 다른 시도를 이야기한다.
　　3. 상담에 오게 된 결정에 관한 내담자의 이야기를 한다.
　C. 현재 문제의 논리
　　1. 각 가족 구성원의 맥락에서 현재 문제가 발생한 방식을 이야기한다.

2. 새로운 맥락으로 변화되어야 하는 유형에 대해 이야기한다.

Ⅳ. 분석 과정의 반영
    A. 과정의 단계마다 상담자가 내담자에게 하는 이야기를 기술한다.
    B. 사건의 전개에 대한 상담자의 영향에 대해 토의한다.
    C. 사건의 전개에 영향을 미쳤을 다른 이야기들에 대해 토의한다.

Ⅴ. 목표설정
    A. 내담자가 바라는 방식대로 된다면 어떤 일이 생길지 내담자의 생각을 이야기한다.
    B. 상담자와 내담자의 관점에서 내담자의 욕구에 적절한 자원에 대해 이야기한다.
    C. 목표 선택에 있어서의 상담자의 영향에 대해 이야기한다.

Ⅵ. 개입실행
    A. 현재 문제가 더 이상 논리적이지 않으므로 희망하는 결과에 맞는 새로운 맥락을 함께
       창출할 수 있는 행동에 대해 이야기한다.
    B. 목표 달성을 위한 특정 과제나 개입과 관련하여 내담자와의 계약 과정을 이야기한다.
    C. 개입 과정에 대한 상담자의 생각과 그 영향에 대해 토의한다.

Ⅶ. 평가
    A. 개입이 실행되었을 때 어떤 일이 일어날지에 대해 이야기한다.
    B. 과정에서 피드백의 영향에 대해 토의한다.
    C. 성공/실패에 대해 상담자와 내담자가 스스로에게 한 이야기에 대해 토의한다.

Ⅷ. 전체적인 분석/평가 과정에 대한 반영
    A. 본 상담에 있어서의 가족상담 분야의 영향에 대해 이야기한다.
    B. 시간의 영향에 대해 이야기한다.
    C. 선택된 개입 접근의 영향에 대해 이야기한다.
    D. 상담자/내담자의 특성(성별, 계층, 연령, 문화 등)의 영향에 대해 이야기한다.
    E. 가치관과 윤리문제에 대해 이야기한다.
    F. 전체 사례에 대해 간략하게 요약한다.

출처: Becvar & Becvar (2003), pp. 290-291: 김유숙 외(2003)에서 재인용.

참고문헌

김유숙, 전영주, 김수연(2003). 가족평가핸드북. 서울: 학지사.

이원숙(2016). 가족복지론. 서울: 학지사.

정문자, 정혜정, 이선혜, 전영주(2011). 가족상담의 이해. 서울: 학지사.

조흥식, 김인숙, 김혜란, 김혜련, 신은주(2017). 가족복지학(5판). 서울: 학지사.

Fine, M. A. (2001). Measuring family relations. In J. Touliatos, B. F. Perlmutter, & G. W. Holden (Eds.), *Handbook of Family Measurement Techniques* (Vol. 2, pp. 19-31). London: Sage.

Klein, D. M., & White, J. M. (2000). 가족이론[*Family theories: An introduction*]. 김종천, 조은정, 이화영, 성준모, 이정숙, 오수정, 최윤신, 이상, 김선숙, 이혜경 공역. 서울: 대학출판사. (원저는 1996년에 출간).

제2장

가족상담 사례개념화

1. 사례개념화는 왜 필요한가

상담자들은 문제를 해결하기 위한 개입 방법을 찾기 위해 초기 상담 과정에서 문제를 둘러싼 여러 요인에 관한 정보를 수집하여 문제의 원인을 파악하려고 한다. 그동안에는 이 같은 일련의 과정에 대해 통일된 용어를 사용하지 않았지만, 1990년대에 들어서면서 사례개념화라는 용어를 사용하기 시작하였다. 그리고 최근에는 이것이 상담자의 능력을 가늠하는 핵심요소의 하나로 인식되고 있다. 상담 과정에서 사례개념화를 중시하는 이유는 최근의 상담 환경의 변화와 관련이 있다. 먼저, 임상 현장에서 객관적 평가에 대한 관심이 높아졌기 때문이다. 『정신장애의 진단 및 통계 편람(제5판)(Diagnostic and Statistical Manual of Mental Disorders: DSM-5)』에 따른 질병 분류나 심리검사를 통한 객관적 평가 자료가 보편화되면서 이를 토대로 문제를 보다 다양한 측면에서 총체적으로 바라보려는 움직임이 확산되었다. 또한 가지는 상담이 보편화되면서 일정한 회기를 정하여 진행하는 단기상담의 형태가 늘어났다는 점과 관련이 있다. 정신의학의 흐름이 치료에서 예방으로 전환되면서 바우처와 같은 공적 기관의 지원 또는 EAP(Employee Assistance Program)와 같은 기업의 지원으로 상담이나 심리치료를 받을 수 있는 기회가 확대되었다. 그리고 예방적 차원에서 많은 사람에게 상담이나 심리치료를 제공하면서 단기상담이 급속하게 늘어나고 있다. 이 같은 단기상담 과정을 진행할 때는 내담자는 물론 제공자를 만족시키기 위해서 객관적인 지식과 명확한 목표가 필요하다. 이런 최근의 동향과 맞물려서 사례개념화에 대한 관심이 높아지고 있다.

사례를 개념화하는 것은 평가와 임상적 과정의 중간점에 있다고 할 수 있다. 사례개념화의 궁극적인 목적은 한 개인이나 가족에 대한 진단이 아닌 바람직한 개입이다. 따라서 사례개념화는 내담자에 대한 정보를 모아서 조직화하고 내담자의 상황과 부적응적 패턴을 이해하고 설명하며, 상담을 안내하고 초점을 맞추고 도전과 장애를 예상하고 성공적인 종결을 준비하기 위한 방법 및 임상적 전략이라고 정의할 수 있다(Sperry & Sperry, 2012/2015). 이 같은 정의에 따르면, 상담자는 내담자를

〈자료 2-1〉 심리치료에서 사례개념화의 유용성

상담자들에게 사례개념화는 나침반, 이정표, 등대와 같은 이미지이다. 예를 들어, 특목고 입학이라는 목표를 향해 오랫동안 자신과 부모가 모든 것을 희생하여 원하던 학교에 입학한 소영이가 한 달도 지나지 않아 자퇴를 하겠다고 선언했다. 이에 당황한 부모나 교사는 소영이를 열심히 설득했지만, 소영이는 '좋은 대학에 입학하는 것이 가치 있는 일이라고 생각하지 않는다'는 자신의 생각을 말한 후 더 이상 대화를 원치 않았다. 상담 현장에서 흔히 만날 수 있을 법한 청소년의 이야기이다. 상담자는 면담 과정에서 소영이를 만나게 된다면 앞으로의 상담을 어떻게 진행할 것인가? 상담자는 어떻게 소영이를 도울 수 있는지를 결정해야 할 것이다. 즉, 심리검사를 통해서 개인적 특성을 파악할 것인가? 또는 소영이가 좋아하는 청소년 문화를 공유하면서 또래관계와 같은 학교환경을 파악해야 할 것인가? 아니면 최근의 가정환경의 변화는 무엇인지 파악해야 할 것인가? 등에 대한 선택을 고민할 것이다. 그것은 마치 망망대해에 출항을 앞두고 뱃머리를 어느 쪽으로 향해야 하는지를 결정해야 하는 선장의 심정과 같을 것이다. 정신분석 등 전통적 심리치료는 상담자가 한 개인의 무의식이라는 넓은 바다로 나가 내담자와 여러 가지 역경을 함께 경험하면서 바다를 이해하고 받아들이는 작업의 이미지이기 때문에 충분한 시간이 필요하다. 그러나 시간의 제약을 가진 단기상담을 주로 하는 최근의 심리치료에서는 항해를 하기 전에 이번 항해에서는 어떤 방향을 향해 나갈 것인지를 결정하는 것이 중요하다. 방향을 정하고 출발해야 주어진 시간에 효율적으로 바다를 이해하여 목표를 향해 나아가는 과정을 안내받을 수 있기 때문이다.

만나기 이전에 접수면담 자료나 의뢰기관의 의뢰서 등을 토대로 내담자의 주 호소문제를 둘러싼 잠재적 가설을 세우는 것이 바람직하다. 이 같은 가설은 초기면담 과정에서 지속적으로 검증해 가면서 무엇이 문제를 초래하는 실마리가 되는 유발요인이며, 그것이 어떻게 유지되고 있는지를 이해하는 것이 필요하다. [그림 2-1]과 같이 촉발요인과 유지요인에 대해 이해하게 되면 내담자의 주 호소문제를 둘러싼 부적응적 패턴이 드러나게 되어 임상적 정의를 내릴 수 있을 것이다.

그리고 이것은 상담 목표와 개입 방법을 결정하는 중요한 단서가 된다. 그러나 효율적인 사례개념화는 이 같은 문제를 둘러싼 악순환과 해결에만 초점을 두는 것보다 이 과정을 진행할 때 예상되는 어려움뿐만 아니라 내담자가 가진 강점이나 탄력성도 함께 파악하는 것이 중요하다.

스페리(Sperry) 등에 의하면 사례개념화는 진단 공식, 임상 공식, 문화 공식, 상담개입 공식으로 나눌 수 있다. 진단 공식이란 내담자의 호소문제와 촉발요인 또는 유지요인과 더불어 기본적인 성격 패턴을 기술하고 '무엇이 일어나고 있는가'를 파악하는 것이다. 임상 공식은 내담자의 부정응적 패턴을 설명하면서 '왜 일어났는가'에 대한 답을 찾는 것이다. 이것은 사례개념화의 중심이 되는 구성요소로서 진단 공식과 상담개입 공식을 연결한다. 문화 공식이란 사회적 · 문화적 요인을 분석하여서 '문화가 어떤 역할을 하는가?'라는 질문에 답을 하는 것이다. 문화적 정체성, 스트레스 등에 대한 각 개인의 상호작용을 구체화한다. 상담개입 공식은 상담개입 계획을 위한 명확한 청사진을 제공한다. 진단 공식, 임상 공식, 문화 공식의 논리적 확장으로 '어떻게 변화시킬 것인가?'에 대한 답을 찾는다. 여기에서 상담 목표, 상

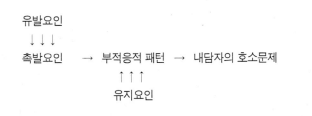

[그림 2-1] 요인, 부적응적 패턴, 호소문제의 관계

담의 초점, 구체적인 상담 개입, 목표 달성 과정에서 예상되는 도전과 장애물을 포함한다(Sperry & Sperry, 2012/2015). 이상의 설명에 따르면 사례개념화는 무엇이 일어나고 있으며, 그것이 왜 일어났는지를 이해하면서 그것에 대해 무엇을 하는 것이 적절한가를 다루는 것으로, 더 나아가 문화는 어떤 역할을 하는지까지 포괄적으로 이해하는 것이 이상적이다.

이처럼 모든 요소를 포함하여 보다 정교하게 내담자의 스토리와 패턴을 반영하며, 충분한 설명력과 예측력을 갖고 있어서 합리적으로 상담을 실행하고 효과적인 변화를 일으키도록 구성된 사례개념화가 이상적이다. 그러나 이러한 유형의 사례개념화는 내담자의 병리적 성격으로 촉발되거나 악화된 증상과 기능장애를 호소하며, 현재의 호소문제 이전에 기능 수준이 문제가 되었을 때 도움이 된다. 내담자의 기능 수준이 높고 일시적으로 증상을 드러내거나 갈등을 경험하고 있다고 판단되면 위의 요소 중 하나를 선택적으로 활용하는 상담자의 유연함이 필요하다. 예를 들어, 내담자를 만나기 이전에 접수면담과 의뢰서를 통해 가설을 세운 후, 내담자와 직접 만나는 면담 과정에서 관찰과 자신이 세운 추론의 타당성을 확인하는 정보를 수집할 수도 있다. 이 경우에는 면담 과정에서 새로운 정보가 드러나면 자신이 세운 가설을 변경해야 한다. 그리고 회복탄력성, 대처 자원 등의 자원의 긍정적인 면에도 관심을 갖는 것이 바람직하다.

2. 가족상담 사례개념화의 특징

지금까지 살펴본 것처럼 사례개념화나 사례개념화의 요소들은 대부분 개인상담에 초점을 맞추고 있어서 가족 단위의 상담을 진행할 경우 적합하지 않다. 이를 보완하기 위해 프로체스카(Prochaska, 1995)는 사례개념화의 요소로 내담자의 증상과 상황적 문제, 부적응적 사고, 현재의 대인관계 갈등, 가족체계적 갈등, 개인 내적 갈등을 제시하여 대인관계나 가족에 대한 변수를 고려하였다(성혜숙, 김희정, 2012 재인용). 그러나 이것은 가족 간의 역동을 중시하는 가족상담의 특수성을 충분히 담

아내지 못했다. 최근 들어 가족상담 영역에서도 증상보다는 가족 또는 사람들 간의 대인관계 역동이라는 개념을 토대로 한 사례개념화를 시도했으나(Reiter, 2016), 아직 가족상담의 목표나 특수성을 고려한 구체적인 사례개념화의 요소들을 제시한 경우는 많지 않다.

먼저, 개인 사례개념화와 가족상담 사례개념화의 차이점을 살펴보면 다음과 같이 정리할 수 있을 것이다.

첫째, 한 개인을 중심으로 이루어지는 개인상담의 사례개념화보다 더 많은 대상을 고려하여 사례를 이해해야 한다. 가족상담 사례개념화는 한 개인보다는 가족 전체를 포함한, 특히 그 사이의 역동을 포함한 큰 틀을 파악할 수 있어야 한다. 가족의 역동을 파악하는 것은 다수의 가족이 함께 참여할 때만이 아니라 한 명의 내담자와 면담을 진행할 때도 마찬가지이다. 이 경우의 상담자는 가족의 역동을 파악하려는 자세를 가지고 <자료 2-2>와 같이 순환적 질문 등을 통해 면담 과정에 여러 인물을 등장시킨다.

<자료 2-2> 상담과정에서 순환적 질문의 활용

현재 상황 탐색	과거 상황 탐색	미래 탐색 또는 대안적 탐색
• 누가 무엇을 하나요? • 그러면 어떤 일이 일어나나요? • 그다음에는 무슨 일이 일어나나요? • 이런 일이 일어날 때 그들은 어디에 있나요? • 그러면 그들은 무엇을 하나요? • 이런 일을 누가 처음 알아차리나요? • 그는 어떤 반응을 보이나요? • 그가 그렇게 하지 않을 때 어떤 일이 일어나나요?	• 그때 누가 무엇을 했나요? • 문제를 해결하기 위해 어떤 노력을 했나요?	• 만약 그가 그렇게 했다면(혹은 그렇게 하지 않았다면) 그들은 어떻게 다르게 했을까요?

차이의 탐색		
• 그것이 항상 이런 방식으로 이루어져 왔나요?	• 그것이 어떻게 달랐나요? • 그것이 언제 달랐나요? • 그때 또 어떤 것들이 달랐나요? • 그것이 지금 이루어지고 있는 것과는 어떻게 달랐나요?	• 만약 그들이 이것을 한다면 어떻게 달라질 것 같나요?
동의/비동의		
• 이 일이 이렇게 일어나는 것에 대해서 당신과 동의하는 사람이 누구인가요?	• 누가 당신에게 동의하나요?	• 만약 이런 일이 이루어진다고 할 때, 당신에게 동의할 것 같은 사람은 누구인가요?
설명/의미		
• 이것에 대한 당신의 설명은 무엇인가요? • 당신에게 이것은 무엇을 의미하나요?	• 당신은 이런 변화를 어떻게 설명하나요? • 이런 변화는(혹은 변화하기 어려운 것은) 당신에게 무엇을 의미하나요?	• 당신이 이것이 일어날지도 모른다고 믿는 이유를 저에게 말해 주세요. • 그들이 그렇게 설명한다면 당신은 어떻게 생각할까요? • 당신에게 이것이 의미하는 것은 어떤 것일까요?

출처: Thomlison (2015), p. 72.

가족상담 과정에서는 물리적이든, 상담자의 가설 속에서든 등장인물의 관계도가 복잡하기 때문에 초기면담을 통해 각 가족의 특성에 관한 정보를 파악하는 것이 중요하다. 그리고 가족 안에서 개인의 문제 행동은 선형적 인과관계보다 순환적 인식론으로 보는 것이 이해하기 쉽다. 이 같은 순환적 인과관계의 이해는 앞으로 상담 과정에 누구를 참여시킬 것인지를 결정하며, 표면에 드러난 내담자가 아닌 또 다른 내담자는 누구인지를 파악하는 중요한 단서가 된다.

둘째, 가족이나 가족체계를 포함한 보다 넓은 맥락에서 사례를 이해해야 한다. 상담자는 개인의 특성뿐만 아니라 가족이나 그를 둘러싼 체계를 포함한 다양한 관점에서 현재 드러난 문제를 이해해야 한다. 그렇기 때문에 상담자는 개인과 가족에게 무엇이 일어나고 있는지에 대한 다양한 관점으로 파악하는 기술이 필요하다. 상담자들은 초기상담 과정에서는 문제가 처음 발견된 시기 및 문제의 발생과 관련이 있다고 생각하는 사건들을 파악하려고 한다. 그리고 발생한 문제에 대한 주위 사람들의 반응과 해결 방법 등에도 관심을 가진다. 상담자들은 이와 같은 정보들을 파악할 때 보다 넓은 맥락을 포함하려고 노력한다. 예를 들면, 최근의 배경 정보뿐 아니라 그것과 관련된 역사적 배경도 함께 파악하려고 할 것이다. 즉, 가족사, 과거 치료 경험, 내담자가 경험했던 다른 증상과 문제에 대한 이해, 내담자 자신과 가족들의 경험 등 폭넓은 정보를 얻고자 노력할 것이다.

셋째, 체계론적 관점을 가지고 문제를 이해한다. 즉, 다양한 맥락에서 파악된 정보들을 선형적 인과관계로 이해하기보다는 순환적 인식론을 가지고 바라보려고 하는 것이다. [그림 2-2]와 같이 원인(A)에 의한 결과(B)가 일어난다고 생각할 때 이러한 인과관계에 관한 사고 모델을 선형적(linear)이라고 부른다. 그러나 살아 있는 생물체인 인간을 선형적 인과관계(A → B → C → D)로 이해하는 데는 한계가 있다. 따라서 체계적 관점에서는 순환적인 새로운 개념(A → B → C → D → A)으로 가족을 이해해야 한다고 보았다. 원인(A)에 의해 결과(B)가 일어나며 그것은 또 다른 결과(C)를 초래한다. 그러나 결과(C)가 최초의 원인(A)으로 되돌아온다고 생각할 때, 이러한 인과관계에 관한 사고 모델을 순환적(circular)이라고 부른다. 즉, 어떤 가족의 행동이 다른 가족에게 지속적으로 영향을 미치게 될 때 그 행동이 돌고 돌아서 첫 번째 가족에게 또다시 영향을 미치는 일종의 연쇄고리가 원을 만든다(김유숙, 2014).

이처럼 가족문제를 이해할 때에는 원인과 결과보다 생활체계 안에서 발생하는

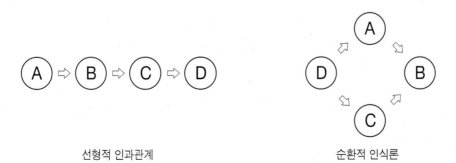

선형적 인과관계   순환적 인식론

[그림 2-2] 문제를 순환적으로 보기

과정, 즉 서로가 서로에게 영향을 주고받는 과정에 주목하는 것이 바람직하다. 역기능적인 행동을 유발하는 관계나 맥락이 무엇인지를 파악할 수 있다면 행동을 기능적으로 개념화하고 치료적 전략을 발전시키는 데 용이할 것이다. 더 나아가 이처럼 체계론적 관점에서 파악된 정보들을 수평적 관계, 때로는 세대 간의 관계를 넘어선 종적 상호작용의 패턴까지 이해할 수 있다면 사례를 보다 다각적인 면에서 이해할 수 있다. 이때 상담자들이 가족구조, 역할, 관계역동을 시각적으로 파악하기 쉬운 가계도를 활용하면 체계적인 관점으로 사례개념화를 하는 데 도움이 된다. 필요에 따라서는 생태지도 등을 통해 내담자와 가족을 둘러싼 보다 큰 체계를 이해하는 것도 바람직하다. 이것은 가족상담 사례개념화의 특징을 보다 잘 설명하고 있는 부분이라고 말할 수 있다.

넷째, 상담자가 추구하는 사례개념화의 관점을 파악하는 것이다. 산 정상을 오르는 데 다양한 등산로가 있듯이 문제를 이해하는 방법도 다양하다. 상담자가 가족과 문제를 어떻게 바라보고 있으며, 이런 상담자의 자세가 가족들에게 어떤 영향을 주고 있는지 인식할 필요가 있다. 1980년을 기점으로 가족상담은 전환점을 맞이하게 된다. 가족들의 관계를 이해하고 이를 토대로 사례를 이해하던 상담자들은 점차 가족과 상담자 자신의 관계를 재조명하며 이를 적극적으로 사례개념화와 평가에 반영했던 것이다. 내담자의 변화를 이끄는 영향력에 관한 연구에서 치료 여부와 무관한 내담자 및 가족을 둘러싼 환경요인을 의미하는 치료 외적 요인이 40%, 내담자와 상담자의 관계를 의미하는 관계요인이 30%, 치료에 대한 기대와 희망, 플래시보 요인이 15%, 모델과 기법이 15%라는 결과가 있었다(Lambert, 1992). 이 결과를 보면 상담 과정에서 모델이나 기법과 같은 전문적 영역보다는 내담자와 상담자의 치료 관계, 이에 영향을 받는 내담자의 상담에 대한 기대와 희망 그리고 이를 활용한 상담 이외의 환경 변화가 중요하다는 것을 알 수 있었다. 상담자 자신이 선호하는 가치, 자세, 접근 방법을 이해하고 그에 따른 한계를 인정할 때, 상담자는 내담자로부터 보다 많은 정보를 얻을 수 있다. 이런 정보를 통해 문제에 가려서 보이지 않던 가족의 탄력성과 강점을 보다 잘 파악할 수 있으며, 이는 내담자에게 희망을 주고 이런 희망이 상담 이외의 과정에서 변화로 이어지는 결과를 초래할 수 있다. 드러

나지 않지만 배경에 존재하는 이러한 내담자와 가족의 탄력성이나 강점을 이끌어
내는 것은 개인보다 가족, 상담자의 관계를 포함하여 고려할 때 더욱 빛을 발하게
된다.

<자료 2-3> 개인상담과 가족상담의 사례개념화

개인상담과 가족상담의 사례개념화를 어항 속의 물고기에 비유해 보고 싶다. 개인상담의 사
례개념화는 어항 속에 문제 행동을 보이는 물고기 한 마리만 넣고 바라보면서 '무엇이, 왜' '어
떻게 도울까?'를 고민하는 것과 같다. 상담자의 차이는 어항을 들여다보면서 '이 물고기의 환
경은 어떨까?' 또 '그것이 이 물고기의 문제 행동에 어떤 영향을 주었을까?'를 생각하면서 문
제의 인과 관계를 생각하려고 할 것이다.

가족상담 사례개념화는 어항 속에 문제 행동을 보이는 물고기뿐만 아니라 그의 가족인 물고
기들도 함께 넣고 그들의 행동을 관찰하는 것이다. 어항 속에 여러 마리의 물고기를 함께 넣
고 관찰할 때는 어떤 물고기 하나에만 초점을 맞추기 어렵다. 상담자는 눈에 띄는 행동을 하
는 물고기를 발견하면 자연스럽게 다른 물고기가 어떻게 자극하여 그런 행동을 하게 되었는
지, 아니면 그 물고기의 부적응적 행동에 대해 다른 물고기가 어떻게 반응하고, 그 같은 반응
이 문제의 물고기에게 어떻게 되돌아오는지를 보게 될 것이다. 이처럼 문제 행동을 보이는
물고기와 다른 물고기의 상호작용에 초점을 맞추게 될 것이다.

최근에는 어항을 들여다보면서 가족 물고기에게 어떤 일이 벌어지고 있느냐보다 상담자인
내가 지금 어떤 색의 렌즈를 끼고 보느냐에 관심을 가진 상담자들이 늘고 있다. 즉, 상담자가
어항 밖에서 어항 속의 물고기들을 관찰하는 것이 아니라, 자신도 어항 속으로 함께 들어가
'무엇이, 왜 일어났다고 보는지, 이런 자신의 관점이 물고기들에게 어떤 영향을 미치는지'를
파악하려고 한다. 이 같은 상담자의 태도는 개인의 병리적 문제에 초점을 맞추지 않고 상담
자 자신을 포함한 '우리'의 변화라는 보다 폭넓은 관점을 가지려는 방향으로 전환한 것이다.

3. 각 접근방법에 따른 가족상담 사례개념화

가족상담 사례개념화는 개인 사례개념화와 달리 개인에게서 문제의 원인을 찾는
개인적 결함 모델이 아니라, 관계와 관계 간의 역기능을 파악하는 대인관계적 모델
로 문제를 이해하는 것이 중요하다. 즉, 체계론적 관점에서 보면 체계 사이에서 일
어나는 상호관계의 변화는 문제 행동으로, 이것이 체계 사이 또는 요소와 체계 간

에 작용하는 상호관계의 변화와 관련이 있다고 본다. 인간의 증상 행동은 환경 속에서 전개되기 때문에 항상 환경에 영향을 받는다. 따라서 개인체계를 넘어서 대인관계라는 환경을 고려하지 않을 수 없다. 문제행동은 개인의 문제가 아닌 가족 또는 보다 넓은 맥락 속에서 이해되어야 한다고 강조하였다. 이 같은 가족상담 사례개념화의 공통분모를 가지고 각 접근이 문제를 바라보는 인식, 지향하는 상담 목표와 주요 개념을 포함하여 사례를 이해하는 것이 필요하다.

여기서는 임상 현장에서 자주 사용되는 다세대 정서체계 가족치료, 경험적 가족치료, 구조적 가족치료, 해결중심치료, 이야기치료를 중심으로 문제에 대한 인식, 상담 목표, 도움이 되는 개념을 〈자료 2-4〉에 정리하였다.

〈자료 2-4〉 가족치료 모델의 핵심적 개념

	다세대 정서체계 가족치료	경험적 가족치료	구조적 가족치료	해결중심치료	이야기치료
문제에 대한 인식	불안의 산물, 다세대에 걸친 정서적 융해의 결과	성장 과정 중의 일시적 실패, 환경요인에 의한 성장 지연	역기능적 가족구조	문제를 확대하여 인식함으로써 가족 스스로 해결할 수 있는 능력을 일시적으로 상실	사회적 담론에 의한 빈약한 이야기
상담 목표	자아분화, 탈삼각화	가족 구성원의 성장, 자존감 회복을 통한 가족 체계의 안정과 통합	문제를 유지시키는 가족 유형의 차단을 통한 구조 변화	이전 경험을 토대로 한 문제 해결책 구축	삶의 주인이라는 주체의식을 가지고 새로운 이야기의 재저작
사례개념화를 할 때 도움이 되는 개념	자아분화, 삼각관계, 핵가족 정서 과정, 가족투사 과정, 다세대 전수, 형제 순위, 정서적 단절, 사회적 정서 과정	가족규칙, 의사소통 방법	경계선, 제휴, 권력	내담자의 기대, 문제에서 벗어난 예외 탐색, 적용 가능한 해결 방안	이야기를 이끌고 있는 줄거리(plot)의 이해, 내면화된 담론, 담론에서 벗어난 독특한 성과의 탐색

1) 다세대 정서체계 가족치료

다세대 정서체계 가족치료에서 문제 행동은 증가된 불안의 산물이다. 그리고 이러한 문제는 한 세대에서 다른 세대로 전수된 정서적 융해의 결과이므로 치료 목표는 각 개인의 불안을 감소시키고 자아분화를 증가시키는 것이다. 문제는 개인이 아닌 체계에 내재하므로 개인의 변화는 다른 사람과의 관계 변화를 통하여 이루어질 수 있다. 체계를 변화시키고, 가족 구성원의 높은 분화 수준을 성취하기 위해서 가족 내에 존재하는 중요한 삼각관계의 변화가 있어야 한다.

보웬(Bowen)은 자아분화, 삼각관계, 핵가족의 정서 과정, 가족투사 과정, 다세대 전수 과정, 형제 순위, 정서적 단절, 사회적 정서 과정의 개념을 주창했는데, 이러한 개념들은 각각 독립되어 있지 않고 서로 맞물려 있다.

자아분화는 감정과 사고를 얼마나 분리시킬 수 있느냐 하는 정신 내적인 것과 타인과의 관계에서 얼마나 자율적인가의 대인관계 측면을 포함한다. 분화되지 못한 사람은 자율성이 부족하며, 다른 사람과 융해되려는 경향이 있다.

삼각관계는 어떤 두 사람이 자신들의 정서적 문제에 또 다른 한 사람을 끌어들이는 형태를 기술하는 개념이다. 삼각관계가 일어나는 주요 요인은 자아분화 수준과 경험하는 긴장 정도이다. 즉, 가족 내의 풀리지 않는 긴장은 자아분화 수준을 저하하고, 긴장이 심화되면 일련의 가족 삼각관계를 초래한다. 가정 내에서 흔히 볼 수 있는 삼각관계는 부모 한 사람과 자녀 사이의 강한 애착관계를 형성한다. 따라서 탈삼각관계를 치료 목표로 삼고 있다.

핵가족의 정서체계는 한 세대의 가족 내에서 보이는 정서적 기능을 설명한 것이다. 원가족과 분화가 이루어지지 못한 부모는 자신의 부모와 정서적 단절이 생기면 현재의 가족생활에서 융해를 이루어 안정을 찾으려 한다.

가족투사 과정은 부모가 자신의 미분화를 자녀에게 전달하고, 그것이 세대에 걸쳐서 진행된다. 투사 대상이 된 자녀는 최소한의 자아분화만을 한 채 부모와 밀착관계를 가지게 된다. 자아분화 수준이 낮은 부모는 미분화에서 오는 불안을 삼각관계를 통해 회피하려고 한다. 이러 삼각관계의 형태에서 자주 볼 수 있는 것은 어머니가 특정 자녀와 공생적 관계를 형성하여 미분화의 산물인 자기 문제를 투사시키려고 하는 것이다. 투사는 어느 가정에서나 일어나는 것인데, 분화 수준이 낮은 가정일수록 투사 경향이 심하다. 가족투사 과정은 다음 세대를 희생시키면서까지 이전 세대의 미분화에서 발생한 불안을 경감시키려고 한다.

다세대 전수 과정은 다세대를 통해 가족의 정서 과정이 전수되는 것이다. 보웬의 다세대 전수의 개념은 핵가족 안의 개인뿐 아니라 여러 세대에 걸친 핵가족을 포함하는 정서적 장애를 의미한다. 다세대 전수 과정은 개인의 자아분화 수준이 대대로 전달되는 것을 나타낸다.

출생 순위라는 개념은 가족체계 내의 정서적 힘의 관계가 각 출생 순위에 따라 특정한 방식으로 기능하는 것이라고 주장하였다. 출생 순위의 개념은 특정 자녀가 어떻게 가족투사 과정의 대상으로 선택되느냐를 이해하는 데 새로운 견해를 제공하였다.

정서적 단절은 한 개인과 자신의 원가족 간의 미분화, 그리고 그것과 관련된 정서적 긴장을 설명한 것으로, 극심한 정서적 분리의 양상을 의미한다. 정서적 단절은 세대 간의 잠재된 융해의 문제를 반영하는 것이다.

사회적 정서 과정은 사회 내의 정서적 과정이 가족 내의 정서적 과정에 영향을 미친다는 개념이다. 보웬에 의하면 가족은 만성적으로 불안에 휩싸이면 이러한 불안을 감정적으로 억제하지 못하여 이성적으로 행동할 수 없게 된다. 그 결과, 증상이 형성되며 가족의 기능에 퇴행이 일어난다는 것이다. 그러므로 사회적 퇴행은 불안에 의해 사회적 문제 해결 능력을 위태롭게 하는 정서적 과정이다.

2) 경험적 가족치료

경험적 가족치료에서 역기능적인 행동은 성장 과정 중의 일시적인 실패이며, 단지 그들의 능력과 가능성을 표현하는 데 무엇인가 부족한 결과이다. 즉, 환경요인에 의하여 개인의 충동이 부정되고 감정을 억제하는 것에서 역기능이 생기며, 이로 인해 성장은 지연된다. 따라서 치료 목표는 가족을 안정된 상황에 머무르게 하는 것이 아니라 성장시키는 데 있다. 가족 구성원에게 가족의 부분으로서 소속감을 가지게 하는 동시에, 독립된 개인으로서 자유를 인식할 수 있도록 원조하려고 노력하였다. 가족이 상담에 오는 것은 그들이 서로 가까워지는 능력과 개별화하는 능력이 부족하기 때문이다. 따라서 내담자가 자존감을 가지면서 자기 인생에 대한 선택권을 스스로 갖도록 돕는 개인의 성장을 최대의 목표로 한다. 한 개인의 성장은 가족체계의 건강과 통합됨으로써 이루어진다. 동시에 각 개인은 선택할 수 있으며 그 결과를 책임져야 한다는 것을 인식시킨다. 치료 과정을 통해 개인의 낮은 자존감을 회복시켜 자신의 가치를 인정할 수 있는 감정과 자원을 발견하도록 돕고, 이를 활용하여 문제 상황에 잘 대처할 수 있도록 원조한다.

　건강한 가족은 서로의 성장을 돕는 가족이다. 각 가족 구성원은 서로의 의견을 귀담아 듣고 사려 깊게 존중한다. 그리고 그들이 모두 가치가 있고 사랑을 받고 있다고 느끼게 하며 애정을 자유롭게 주고받는다. 또한 건강한 가족은 융통성과 건설적인 문제 해결 능력을 가지고 있다. 성장하는 부모는 변화의 불가피성을 깨닫고 그것을 받아들이고 창조적으로 사용하려고 노력한다. 상담자는 인간이 과거에 자신과 다른 사람에 대해 가졌던 또는 다른 사람이 자신에 대해 가졌던 기대, 자각, 열망 등이 현재까지 해결되지 못했거나 충족되지 못한 것에 초점을 두어야 한다.

　경험적 가족치료는 인간의 역기능의 근원이 되는 부분을 인간의 자존감, 가족의 규칙, 의사소통 방법, 지역사회와의 연계성에서 찾으려 한다. 그중에서도 '가족체계 내에서 가족 구성원이 자신과 다른 가족에 대하여 어떻게 느끼고 어떻게 반응하는가'라는 정서적 수준과 인간의 잠재적 능력에 많은 관심을 가졌다. 다시 말하면, 가족들이 정직하고, 직접적이며, 명확히 의사소통을 할 수 있도록 도와야 한다. 동시에 가족 구성원이 자존감을 발전시킬 수 있도록 돕는다. 자존감이란 한 개인이 자신에 대하여 가지는 일종의 평가 개념으로 자신의 사고, 가치관 그리고 행동에 많은 영향을 미친다. 우리 내면에는 항상 사랑받고 인정받고자 하는 욕구가 있다. 어린 아동의 경우 이러한 욕구를 충족시켜 줄 수 있는 사람은 부모이며, 점차 가족과 친구 그리고 주위 사람으로 확대되어 가는데 이 모든 관계는 사랑과 신뢰를 기초로 한다. 자존감의 형성은 가족구조와 부모-자녀 관계가 중요하게 부각되는 어린 시절의 관계 형성 과정에서 특히 중요하다. 낮은 자존감은 부모가 자녀에게 적절하게 반응하지 못했거나 자녀 자신이 자존감을 학습하고 발전할 수 있는 기회를 제공받지 못할 때 형성된다. 때로는 자녀에게 그와 같은 기회가 충분히 제공되었지만 결과적으로 낮은 자존감이 형성되기도 한다. 그뿐 아니라 부모가 역기능적 의사소통의 모델이 되고 의사소통의 내용이 부정적일 경우, 직접적으로 자녀의 자존감은 손상될 수 있다. 자존감은 인간의 기본 욕구이다. 왜냐하면 우리가 자신에 대해 가지고 있는 감정은 에너지를 만드는 중요한 요소이며, 이와 같은 에너지는 자기 자신을 사랑하고 감사를 느낄 때 만들어지기 때문이다. 그리고 에너지를 조화롭고 긍정적으로 사용할 때 에너지는 강하고 유용한 것이 되어, 현재 주어진 상황을 창조적이고 현실적으로 잘 극복할 수 있게 한다.

3) 구조적 가족치료

구조적 가족치료에서 문제는 역기능적 가족구조에 의해 유지되므로 치료 목표는 구조의 변화에 있다. 문제 행동의 변화와 향상된 가족기능은 서로 연관된 목표이다. 치료는 체계적 목표의 부산물로, 가족구조를 변화시켜서 가족의 문제를 해결할 수 있도록 하는 것이다. 상담자는 가족 구성원이 구조를 변화시키는 것을 돕기 위하여 가족체계에 참여함으로써 경계선을 바꾸거나 하위체계를 재정비하면서 가족 구성원들의 행동과 경험을 바꾼다.

문제 행동을 변화시키는 가장 효율적인 방법은 그것을 유지하는 가족유형을 변화시키는 것이다. 따라서 가족이 제시하는 증상과 구조적 역기능의 특성을 파악하는 것이 중요하다. 구조란 보이지 않는 일련의 기능적 요구이다. 이것이 가족 구성원끼리의 상호작용 방법과 연속성, 반복, 예측되는 가족행동 등을 조직한다면, 가족은 나름대로 고유한 구조를 가지고 있다고 생각할 수 있다. 그러나 가족구조란 추상적인 개념이므로 이를 이해하기 위해서 가족 구성원 간에 존재하는 인간관계의 규칙을 이해하지 않으면 안 된다. 인간관계의 규칙을 이해함으로써 파악된 가족구조는 가족과 가족 구성원의 기능 수준에서 추상적 구조일 경우가 많다. 예를 들면, 누가 안방을 사용하느냐, 누가 식탁에서 가장 좋은 자리에 앉느냐, 가족 구성원의 연령 등의 구체적 정보로부터 가족의 인간관계의 규칙, 즉 구조를 추리할 수 있다. 그러나 가족 내 인간관계의 규칙을 이해하기 위해서는 이러한 구체적인 정보만으로는 불충분하다. 왜냐하면 가족체계에서의 인간관계의 규칙은 그만큼 복잡하기 때문이다. 복잡한 인간관계의 규칙을 이해하기 위해서는 가족의 지배적 규칙을 찾아내는 것이 유익하다. 지배적 규칙이란 가족 구성원의 관계를 규정하는 규칙 중에서 보다 영향력이 강한 것이다. 이러한 추상적 수준에서 가족 구성원을 이해하기 위한 매개 개념으로는 경계선(boundary), 제휴(alignment), 권력(power)이 있다.

경계선은 개인과 하위체계 사이 또는 가족 구성원과 다른 가족 사이에 허용할 수 있는 접촉의 양과 종류로 파악한다. 이와 같이 경계선은 규칙과 하위체계 사이에 선호되는 관계이다. 각 하위체계는 독자성, 기능, 관계를 가지고 있는데, 이러한 하위체계 간의 독자성, 기능, 관계는 서로의 관계에 의해 지배된다. 경계선이란 가족의 상호작용 과정에 구성원이 어떤 방법으로 참가할 수 있는가에 대한 규약이다. 그리고 하위체계 간의 상호역동은 경계선이 명확한지, 애매한지, 분리되어 있는지에 따라 구분한다. 주로 명료한 경계선을 가진 가족은 정상적인 가족일 것이다. 또한 주로 애매한 경계선을 가진 가족은 가족체계에 참가하는 것에 대한 규칙이 애매하기 때문에 그 구성원은 모든 문제에 관해서 서로가 지나치게 얽혀서 필요 이상으로 관여하여 밀착되어 있다. 반대로 경계선이 경직된 경우 가족 구성원은 뿔뿔이 흩어져 버리는데, 이러한 가족을 격리된 가족이라고 부른다.

제휴는 하위체계 구성원들이 어떻게 연합하는가에 관한 개념으로, 경계선 안에서의 상호작용을 의미한다. 제휴는 가족의 상호작용 과정으로 가족체계의 한 개인이 다른 협력관계 또는 상반된 관계를 가지는 것이다.

권력이란 개개인의 가족 구성원이 상호작용 과정을 통하여 다른 사람에게 미치는 영향력이다. 권력은 일반적으로 절대적인 권한을 의미하는 것이 아니라 경우에 따라서 달라진다. 또한 권력은 가족 구성원이 서로 적극적 교류를 하는지 또는 소극적인 교류를 하는지에 따라서도 달라질 수 있다.

구조적 가족치료에서는 가족의 하위체계 유형, 바람직하지 않은 하위체계 간 경계, 가족체계와 그것을 둘러싼 생태학적 맥락과의 경계를 중요하게 인식하고 파악한다. 가족에 대한 구조적 개입에 앞서 구조의 평가와 함께 가족기능의 다음 세 가지 측면을 사정하는 것이 유용하다.

- 가족이 현재 가지고 있는 가족기능 패턴의 양적인 문제이다. 가족은 여러 가지 사태에 대해 여러 가지로 대처할 수 있으므로 동일한 대처 방법만을 고수할 수 없다.
- 가족의 유연성 또는 경직성이다. 생활주기에서 자녀가 성장함에 따라 상황이 변하면 가족은 어느 정도 범위 안에서 그 기능을 변화시키지 않으면 안 된다.
- 일관성과 비일관성의 문제이다. 일관성이란 가족에게 구체적인 변화가 일어날 때, 그것이 얼마나 지속되는가의 정도를 나타내는 것이다. 때때로 변화는 필요하지만, 가족의 구조와 기능은 어떤 일관성과 연속성을 가진다.

상담자는 가족체계에 합류하여, 그 구조에 대한 평가가 가능하면 가족이 도움을 원하는 문제를 드러낸 가족의 증상 또는 문제 행동이 가족 기능이나 구조와 어떤 관계를 가지고 있는지를 판단한다.

4) 해결중심치료

모든 사람은 이미 자신의 문제를 해결할 능력을 가지고 있다. 그러므로 가족은 스스로가 설정한 목표에 도달하기 위해서 자신이 가진 자원을 활용할 수 있다. 때로는 가족이 자신들이 가지고 있는 능력에 대하여 상실감을 느낄 때도 있다. 해결중심치료에서는 문제는 가족이 상실감을 느끼고 일시적으로 자신들이 잘할 수 있는 능력을 상실한 때와 관련이 있다고 보았다. 가족이 지금까지 잘 지내온 것들을 생각하지 못한 채 문제가 지나치게 부각되어 혼란스러워하면서 자신들의 해결 능력을 잘 사용하지 못한 결과라고 생각하였다. 그래서 도움을 받으러 온 가족으로 하여금 그들 자신의 생활을 보다 만족스럽게 하기 위해서 현재 하고 있는 것과는 다른 것을 하거나 생각해 내도록 하여 현재 가족이 가지고 있는 문제를 해결하고자 하는 데 목표가 있다. 따라서 상담자는 내담자가 아직 잘 사용하지 못하는 능력을 찾아 주어야 하며, 나아가 그들의 문제를 보다 잘 다룰 수 있는 기술을 이끌어 낸다. 성공하지 못한 해결 방안보다는 과거에 이미 성공했던 해결 방안에 관해 이야기함으로써 효과가 없는 것에 몰두해 있는 가족의 생각을 바꾸도록 돕는다.

해결중심치료는 모든 가족에게 일상생활에서 성공했던 여러 가지 경험이 있다고 믿었다. 그들은 이러한 경험을 근거로 문제를 해결할 수 있는 잠재능력이 있다는 사실을 인정하고 그것을 확대하거나 강화함으로써 가족 스스로가 자신의 실체를 완성해 나간다고 생각했다. 이처럼 인간관계에서는 분명한 원인과 결과란 없기 때문에, 문제의 원인을 밝히기보다는 문제가 해결된 것을 어떻게 알 수 있는가를 중시하는 상담자들은 사례개념화에서 관심이 다른 접근과는 다른 곳에 있다. 즉, 사례개념화는 문제의 내용보다는 그 해결 방안이 무엇이며, 어떻게 새로운 행동 유형을 만들어 낼 수 있는지에 초점을 둔다. 그들은 가족에게 왜 치료에 왔는지에 대한 다양한 정보를 요구하기보다는 가족이 적용할 수 있는 해결 방안을 모색해 보도록 돕는 데 초점을 맞춘다. 따라서 사례를 개념화하려고 하기보다는 가족과 상담자가 함께 해결 방안을 발견하고 구축하는 과정을 중시한다. 어떤 증상이나 불평을 일으키는 유형에도 항상 예외는 존재한다고 생각하여 초기 과정에서 이 같은 예외를 찾으려고 노력한다.

한 부분의 변화는 전체 체계의 변화를 가져온다는 체계론적 입장을 지지하지만, 살아 있는 생물체로서의 인간은 항상 변화하며 스스로 새로운 것을 창조할 수 있는 존재라고 믿는다. 따라서 상담자는 내담자에게 정상적이라고 생각되는 것을 강요하지 않고 가족이 현재 가지고 있는 불만에만 집중한다. 가족은 잠재적인 변화의 욕구를 가지고 있으며 진심으로 변화를 원한다고 가정한다. 따라서 치료 과정을 통해 성취할 수 있는 목표를 협상하여 가족에게 긍정적인 변화가 일어나도록 조장하는 것이 상담자의 역할이다. 또한 문제 해결에 있어서 복잡한 문제라고 해서 해결 방법도 반드시 복잡한 것은 아니다. 오히려 작고 성취할 수 있는 목표를 세워 가족

에게 성취감을 맛볼 수 있게 하는 것이 중요하다. 작은 변화는 눈덩이처럼 뭉쳐져
서 큰 변화를 일으키는 모체이자 해결을 위한 출발점이 된다. 따라서 사례개념화에
서는 한 번의 작은 긍정적인 변화를 찾는 것이 중요하다.

5) 이야기치료

이야기치료에서는 자신이 삶의 중심이 된 이야기가 아니라 사회적 담론에 의해
쓰인 빈약한 이야기가 문제를 초래한다고 보았다. 따라서 문제 해결보다는 내담자
스스로가 사회적 담론에 지나치게 의존하고 있다는 사실을 깨달으므로 삶에 대한
선택의 폭을 넓히도록 돕는 것이 목표이다. 더 나아가 상담자와 내담자가 협력하면
서 빈약한 이야기에서 벗어나 풍부한 새로운 이야기를 새롭게 쓰는 것을 목표로 한
다. 이야기를 새롭게 쓰려면 먼저 가족 구성원들이 갈등에 직면하거나 서로에게 더
정직해지도록 함으로써 사람과 문제를 분리시킨 후, 그들이 연합하여 각자를 비난
하지 않고 공통의 적에게 대항하게 한다. 따라서 사례개념화의 과정에서는 가족의
역사 속에서 새로운 이야기의 통로가 될 수 있는 예외의 사항을 탐색하거나 문제에
서 벗어난 독특한 성과(unique outcomes)를 찾아내기 위해 노력한다. 사람들이 과
거를 재조명하고 미래를 다시 쓰도록, 즉 그들의 삶의 이야기를 다시 쓰도록 한다.
해결해야 할 문제나 치료받아야 할 증상에 관한 용어로 사람을 객관화하기보다, 상
담자는 내담자들이 능력을 가진 사람으로서 삶의 이야기를 발전시킬 수 있도록 하
는 것이 필요하다.

이야기는 시작과 끝을 만든다. 즉, 계속 흘러가는 경험에 시작과 종말을 부여한
다. 우리는 항상 진행형의 인생 속에서 한 점을 잘라 내어 경험이라는 한 덩어리로
드러내고 거기서 의의를 발견하려고 한다. 모든 이야기는 기억이라는 시작도 끝도
없는, 또한 정리도 되어 있지 않은 흐름에 의미를 부여하기 위하여 하이라이트를
긋는다. 이와 같은 하이라이트 속에서 어떤 것은 언급되며 어떤 것은 버려지는데,
이러한 작업은 임의적이다(Bruner, 1986). 사람들이 말하는 중심적인 사건은 이미
어떤 줄거리를 가지고 있어서 그렇지 않은 것들은 무시한다는 것이다. 이런 관점에

서 본다면 내담자들이 상담 과정에서 우리에게 들려주는 이야기 이면에는 줄거리에 부합되지 못해서 버려지는 이야기들이 많다. 사례개념화를 할 때는 어떤 것이 내담자 이야기의 줄거리인지를 파악하고, 이러한 줄거리에 의해 과소평가되고 있는 경험들은 무엇인지를 파악해야 한다. 그리고 이러한 경험들을 현재에 나란히 가져와 사건의 진전을 의식적으로 바라보면서 새로운 이야기를 만들어 가야 한다. 경험의 진리는 발견되는 것이 아닌 창조되는 것이다.

　이야기치료를 지향하는 상담자들의 주장을 정리하면 다음과 같다.

- 어떤 경험은 다른 위치에 있는 또 다른 자신의 경험과 관계가 있으며, 그것이 어떠한 의미를 가지느냐는 자신의 이야기에 의해 결정된다.
- 자신의 경험 속에서 어떤 것을 버리고 어떤 것을 선택하는가는 이야기가 결정한다.
- 경험을 어떻게 표현하는가는 이야기가 결정한다.
- 이야기는 삶의 방식이나 인간관계에 영향을 주는 방향을 결정한다.

　우리는 자신의 경험을 가지고 이야기 속에 들어가게 되는데, 이와 같은 이야기는 실제 살아가는 방식에 영향을 미친다. 즉, 이야기를 통하여 자신에게 일어났던 것을 어떻게 표현하는가는 그 사람의 삶의 방식이나 인간관계를 형성하는 것과 연결된다. 때로는 반대로 우리의 삶의 방식이 자신이나 다른 사람이 등장하는 이야기의 해석 과정 자체에 의해 만들어지고 구성되기도 한다.

　사람들은 경험을 이야기로 엮으며, 그렇게 만들어진 이야기를 연기함으로써 자신의 인생에 정착시킨다. 그런데 매번 연기하기 위해서 우리는 자신이 살아온 삶이나 다른 사람과의 관계를 다시 써 내려간다. 어떤 이야기에나 비슷한 결론이 있지만 각자의 이야기는 다른 사람이 언급하지 않은 요소를 포함한다. 이렇게 우리의 삶의 방식이나 등장인물은 한정되어 있지만 어느 누구의 이야기도 같지 않다. 인생이나 인간관계는 지금까지의 이야기에 새로운 경험과 상상력을 더하여 자신의 이야기를 다시 쓰는 과정과 비슷하다.

이야기치료를 지향하는 상담자는 먼저 문제를 외재화시킨다. 즉, 자신들이 문제를 가지고 있거나 문제가 존재한다고 생각하는 대신에 문제에 대항할 수 있는 대화를 격려한다. 상담자는 문제가 문제 행동을 드러내는 내담자를 포함한 가족 내의 모든 사람을 압박하는 분리된 실체로서 문제를 기술하도록 돕는다. 다시 말하면, 환자나 가족은 문제가 아니다. 단지 문제가 문제일 뿐이다. 따라서 상담자는 문제에 공헌하고 있는 가족에게 관심을 가지지 않고, 문제가 가족에게 미치는 영향에 관심을 갖는다. 상담자는 내담자의 이야기가 무엇이든 간에 현재 지배적인 것에 의해서 구성되며, 본질적이거나 영구적인 특질은 아니라고 생각한다. 따라서 상담자는 내담자가 새로운 이야기를 만들어 내도록 돕는 공동 저작자가 될 수 있다고 생각한다. 또한 이와 같은 경험은 내담자의 자기개념과 생활 내의 변화를 일으킬 수 있다고 본다. 다시 말하면, 이야기치료를 지향하는 상담자는 억압받는 개인과 가족에게 내면화된 이야기로부터 그들이 해방되어야 한다.

참고문헌

김유숙(2014). 가족상담: 이론과 실제(3판). 서울: 학지사.
이윤주(2007). 상담사례개념화의 영역과 요소. 경기: 한국학술정보.
성혜숙, 김희정(2012). 학교상담사례 개념화 요소 목록개발. 교원교육, 28(4), 101-122.

Bruner, J. (1986). *Actual minds: Possible worlds*. Cambridge, MA: Harvard University Press.
Lambert, M. J. (1992). Psychotherapy outcome research: Implications for integrative and eclectic therapists. In J. C. Norcross & M. R. Goldfried (Eds.), *Handbook of psychotherapy integration*. New York: Basic Books.
Reiter, D. (2016). 가족상담 사례개념화[*Case conceptualization in family therapy*]. 정혜정 역. 서울: 학지사. (원저는 2014년에 출간).
Sperry, L., & Sperry, J. (Eds.). (2015). 상담 실무자를 위한 사례개념화: 이해와 실제[*Case*

conceptualization: Mastering this competency with ease and confidence]. 이명우 역. 서울: 학지사. (원저는 2012년에 출간).

Thomlison, B. (2015). *Family assessment handbook: An introductory practice guide to family assessment* (4th ed.). Pacific Grove, CA: Brooks/Cole.

제2부

가족평가의 범위와 초점

제3장 가족 구성원으로서 개인 평가

상담자가 개인상담을 진행할 때는 개인 평가를 통해 내담자 한 사람을 깊이 탐색하고 이해할 수 있다. 그런데 상담자가 한 사람의 총체를 모두 파악하는 것은 현실적으로 불가능하다. 상담자는 내담자가 상담을 받으러 온 주제, 즉 주 호소문제와 관련하여 내담자의 행동, 인지, 감정이 어떠한지를 파악한다. 따라서 내담자의 주 호소문제를 탐색하는 것은 내담자 한 개인을 평가하는 것의 시작점이며 가장 중요한 과정이다.

가족상담에서는 개인을 이해할 때 체계론적 관점에서 한 개인과 가족체계가 어떻게 상호작용하고, 가족체계가 한 가족 구성원에게 어떻게 영향을 주는지를 평가하고자 한다. 이에 반해 개인심리상담에서는 한 개인의 행동과 심리내면 (intrapsychic)의 특징을 탐색하고 평가하는 데에 초점을 맞춘다.

1. 주 호소문제 탐색

상담자가 가족이 아닌 개인을 평가할 때는 개인의 심리 상태에 초점을 맞추어 평가를 한다. 심리검사를 활용하고 개인의 행동을 관찰하며 면담을 통해 개인의 성장 과정과 현재의 대인관계 등을 파악한다. 이를 통해 개인의 심리 상태가 어떤 특징을 보이고 있는지, 심리적 장애-성격적 장애-정신적 장애로 진단할 수 있는 여지는 없는지, **주 호소문제**와 관련한 핵심 감정은 무엇인지 등을 평가하여 한 개인을 깊이 이해하는 것이 개인에 대한 평가에서 중요한 과정이다.

하지만 내담자의 모든 것을 이해하고 내담자의 전반적인 심리를 완벽히 이해하는 것은 아무리 전문적 훈련을 받은 상담자라고 할지라도 불가능하다. 상담자는 내담자가 이야기하는 주 호소문제에 집중하고, 그와 관련된 심리 상태와 핵심 감정을 추론할 수밖에 없다. 물론 내담자가 상담을 받기 위해 온 이유, 즉 내담자를 가장 힘들게 하는 주 호소문제는 내담자의 심리적 부적응을 야기하는 전반적인 원인과 관련이 있을 수 있지만, 극히 일부분에 해당할 수도 있다. 따라서 상담자는 내담자의 모든 문제를 해결해야 한다는 혹은 해결할 수 있다는 부담과 자만심에서 자유로워야 한다. 내담자가 주 호소문제를 가지고 왔을 때 상담자와의 상호작용을 통해 그 문제가 해결된다면, 내담자의 근본적이고 완전한 변화와 성장, 치료가 이루어진 상태가 아닐지라도 내담자에게 상담을 종결할 수 있는 선택권을 주어야 한다. 이후 내담자가 자신의 삶을 살아가다가 다시 혼자 힘으로는 도저히 생활하기 어려운 상태가 되어 상담자의 도움이 필요하다면 그때 내담자를 힘들게 하는 주 호소문제를 탐색하여 상담을 진행할 수 있다.

개인심리상담에서 상담자는 '지금-여기(here and now)'에서 내담자가 무슨 도움을 받고 싶어 하는지, 어떤 심리적인 어려움을 경험하여 상담실에 왔는지를 분명하게 파악할 필요가 있다. 특히 내담자가 장기적이고 만성적인 심리적 어려움을 경험하였다면, 어떤 어려움을 경험하였는지, 어떤 문제에 초점을 맞추어 상담을 받고 싶은지 잘 인식하지 못하는 경우가 있다. 이러한 내담자에게 주 호소문제를 탐색하려는 상담자의 질문은 내담자로 하여금 자신을 힘들게 하는 문제에 주의를 집중할 수 있도록 한다. 또한 내담자가 지나치게 상담자에게만 의존하려 할 때, 주 호소문제의 탐색은 상담실 내에서 무엇을 다룰지 그 대상을 구체화하고 이를 기반으로 상담 목표를 합의하게 함으로써 내담자의 주체성을 촉진하는 데에 도움을 준다.

주 호소문제를 탐색하기 위해서는 다음의 질문을 활용할 수 있다.

"어떤 도움이 필요하여 상담실에 오셨나요?"

"무슨 문제로 상담을 받고자 하시나요?"

"무엇이 ○○ 씨를 힘들게 하나요?"

"어떤 주제로 상담을 받고 싶으세요?"

"무엇이 나아지길 원하세요?"

내담자 중에 주 호소문제에 대해 깊이 생각하지 않고 막연하게 혼자 버티기 힘들어 상담실에 오거나, 주 호소문제가 만성적이어서 너무 많은 문제로 상담을 받고자 하는 경우가 있다. 이때 상담자가 기간을 한정하여 질문을 한다면 내담자가 자신의 문제를 구체화하는 데에 도움을 줄 수 있다.

"최근 한 달 동안 힘들었던 게 무엇이었나요?"

"최근 일주일 동안 어떤 문제로 가장 힘들었나요?"

"최근 1~2주 동안 어떤 주제가 ○○ 씨를 힘들게 했나요?"

상담자의 이러한 질문에 대해 내담자는 자신이 주관적으로 인식하는 문제, 상담을 받고자 하는 주제를 이야기하는데, 이때 상담자는 가능한 한 내담자의 이야기를 가공하지 않고 그대로 기억하거나 상담일지에 기록할 필요가 있다. 내담자가 이야기하는 주 호소문제 안에 중요한 단서들이 포함되어 있고 이러한 단서는 내담자를 깊이 이해하고 사례를 이론적으로 개념화하는 데에 도움이 되기 때문이다. 따라서 내담자가 주 호소문제를 이야기할 때에는 큰따옴표(" ")를 사용하여 들은 그대로를 상담일지에 기록하거나 기억한다. 주 호소문제와 관련하여 초보상담자들이 자주 하는 실수는 다음과 같다.

내담자의 진술: "최근 2달 동안 남편이 늦게 귀가해서 걱정이 돼요."

상담자의 인식: 최근 두 달 동안 남편이 바람을 피우는 것 같아 내담자가 불안해함.

앞의 예에서, 내담자가 주 호소문제를 이야기하였는데 상담자가 주관적 인식으로 가공하여 기록할 경우, 상담자는 내담자의 감정을 지금-여기에서 있는 그대로 반영하지 못하고 왜곡된 반영을 할 가능성이 있다. 내담자의 이야기에서는 늦게 귀가함으로 인해 안전이 걱정되는지, 직장에 어려움이 있는지 등을 아직 알 수 없는 상황이다. 하지만 상담자가 내담자의 주 호소문제에 관한 진술을 있는 그대로 기억하지 않고 자신의 가공의 언어로 요약하거나 추가한다면 현재 상태와는 전혀 다른 상황으로 내담자를 인식하는 오류를 범할 수 있다.

2. 행동 평가

행동 평가란 행동주의 심리학에 근거하여 목표하는 행동을 강화하기 위해 현재의 바람직한 행동 혹은 문제 행동을 평가하는 과정을 말한다. 하지만 행동 평가는 단순히 행동주의에 근거한 행동 수정, 혹은 인지행동치료(Cognitive Behavioral Therapy: CBT)에 입각한 상담뿐만 아니라 상담 목표를 설정하는 데에 있어 중요한 과정이다. 행동 평가 방법에는 행동 면담, 행동 관찰 등이 있다.

1) 행동 면담

행동 면담은 내담자와의 면담 과정에서 상담자가 내담자로 하여금 자신의 행동을 구체적으로 진술하게 하거나 내담자의 행동을 추론하는 것을 말한다.

(1) 행동화 진술
행동화 진술은 상담자가 내담자로 하여금 자신의 상태에 대해 모호한 단어, 성격의 문제로 인식하는 것을 구체적인 행동으로 연결시켜 인식할 수 있도록 면담하는 과정을 말한다.

　주 호소문제를 탐색하기 위한 앞의 질문을 통해 상담자는 내담자와 구체적인 상담 목표를 합의한다. 이때 상담자는 척도 질문을 통하여 목표의 달성 여부를 내담자 스스로 확인할 수 있도록 한다. 또한 내담자가 자신의 문제를 성격의 문제와 같이 그 정도를 분명하게 알 수 없는 용어로 인식할 때 이를 행동과 연결시켜 분명하게 인식하게 할 필요가 있다. 예를 들면, 주 호소문제에 대해 내담자가 "선생님, 저는 너무 우울해서 상담을 받고 싶어요."라고 이야기하였다면, 상담자는 내담자가 자신의 어떠한 행동들을 종합하여 '우울한 상태'라고 평가하였는지, 그 구체적인 행동들을 파악한다. 이때 상담자는 다음과 같은 질문을 통해 내담자의 상태를 행동화 진술로 이야기하게 할 수 있다.

> 내담자: 선생님, 저는 너무 우울해서 상담을 받고 싶어요.
>
> 상담자: 우울해서 상담을 받고 싶군요. 우울한 마음 때문에 많이 힘드셨나 봐요. ○○ 씨가 우울하다고 했는데, 구체적으로 자신의 어떤 모습을 보고 우울하다고 이야기하시나요?
>
> 내담자: 며칠씩 잠을 못 자다가도 한번 자면 3일 내내 잠을 자고요, 밥도 먹기 싫어서 거의 안 먹어요. 그리고 무기력해요.
>
> 상담자: 잠을 못 자가다도 한번 자기 시작하면 며칠씩 잠만 자고 식욕이 없어 식사를 거의 못하는 행동을 우울한 상태로 보시는군요. 잠과 식욕을 조절하지 못해서 ○○ 씨 스스로를 무기력하고 무능하다고 생각하시고요. 그렇게 생각해서 괴롭고 슬펐겠어요.
>
> 내담자: 네. 맞아요. 정말 괴로워요.
>
> 상담자: 많이 괴로웠겠어요. 그럼 잠자는 시간, 식사를 하는 횟수가 상담 후에 어떻게 변화하기를 원하세요?

　이와 같이 내담자가 '우울'이라는 상태를 수면 시간, 식사 횟수와 같은 행동과 연관시키고 이를 상담 목표와 관련하여 질문함으로써 측정 가능하고 달성 가능한 구체적인 목표를 설정할 수 있다.

(2) 행동 추론

행동 면담에는 **행동 추론**의 과정도 있는데, 이는 상담자가 내담자를 면담하면서 내담자의 행동을 추론하는 것이다. 즉, 내담자의 행동을 직접 관찰하는 행동 관찰과 구분되는 과정으로서, 상담자가 내담자의 이야기를 들으며 상담실 밖에서 행한 내담자의 행동을 추측하는 과정을 말한다.

2) 행동 관찰

행동 평가를 하는 데 있어서 또 다른 방법으로 **행동 관찰**이 있는데, 이는 상담자가 내담자의 행동을 직접 관찰하는 것이다. 즉, 상담자가 상담실 내에서 행동하는 내담자의 행동, 표정, 목소리 등을 직접 보고 듣는 과정을 말한다.

내담자의 행동을 관찰하는 것은 행동 추론의 결과를 검증하고 목표 행동을 정하는 데에 있다. 목표 행동을 정하는 데에 있어 구체적인 행동의 모습을 정하면서 척도 질문을 통해 구체적인 행동의 횟수 등을 정하면, 내담자가 합의한 상담 목표의 구체적인 상태와 목표점을 인식하는 데에 도움이 된다. 행동 관찰을 통해 행동 평가를 하기 위해서는 행동 나열 기록(narrative recording), 주기 기록(interval recording), 구체적 사건 기록(event recording), 척도 기록(rating recording)의 방법을 따른다(Groth-Marnat & Wrigh, 2016).

예를 들면, 내담자가 강박행동으로 인해 상담을 받으러 왔다면, 상담자는 행동 면담 중 행동화 진술을 통해 내담자가 구체적으로 어떤 행동으로 불편함을 경험하는지를 파악한다. 이를 토대로 상담자는 상담실에서 내담자의 진술과 관계있는 행동들을 관찰하고 이를 나열하여 기록한다(narrative recording). 또한 강박행동이라고 볼 수 있는 구체적인 행동의 시작과 끝의 모습과 사건을 기록하고(event recording), 주기(interval recording)와 정도를 척도로 기록하면(rating recording) 내담자의 행동을 매우 구체적으로 관찰할 수 있다.

　　이러한 행동 관찰은 자살 시도를 한 내담자를 상담할 때 매우 중요하다. 그동안 내담자가 어떻게 구체적인 행동으로 자살 시도를 했고 그 주기와 정도는 어땠는지 행동 관찰을 함으로써 자살 시도의 심각성을 확인할 수 있고, 그에 대처하는 위기 상담을 진행할 수 있다. 자살 시도를 한 내담자에 대한 행동 관찰을 할 때, 상담자는 먼저 내담자가 구체적으로 어떻게 자살을 시도했는지 행동을 나열하고 기록한다(행동 나열 기록). 어떤 도구를 활용하여 손목을 긋는 시도를 했는지, 어디에 어떤 도구를 활용하여 목을 매는 시도를 했는지 등에 대한 구체적인 모습과 사건을 기록한다(사건 기록). 또한 얼마나 잦은 주기로 자살 시도를 했는지, 마지막으로 자살 시도를 한 적은 언제인지 주기를 기록하고(주기 기록), 얼마나 심한 정도로 행했는지도 척도로 기록한다(척도 기록).

　　이러한 행동 관찰에 입각하여 상담 목표를 설정한다면 매우 구체적이고 달성 가능한 상담 목표를 설정할 수 있다. 특히 이러한 구체적이고 달성 가능한 상담 목표의 설정을 통해 내담자는 상담 종결의 시점을 스스로 인식하고 선택할 수 있다.

3. 인지 평가

　　주 호소문제와 관련하여 한 개인을 이해할 때, 스키마(schema)의 요소에 입각하여 인지-감정-행동을 평가하면 개인을 깊이 이해할 수 있다. 내담자 한 개인을 이해하는 과정 중에서 행동 평가는 상담자가 내담자를 파악하는 데에 가장 쉬운 과정이다. 행동 관찰을 통해 상담자가 내담자를 직접 목격할 수 있고, 행동 면담을 통해 내담자의 정서적 측면을 행동으로 표현(행동화 진술)하게 하거나 내담자의 이야기를 통해 내담자의 행동을 추론함으로써 내담자의 행동 패턴과 특징을 쉽게 파악할 수 있다. 하지만 눈에 보이지 않는 인지나 감정은 행동에 비해 상대적으로 평가하기가 어렵다. 이는 눈에 잘 보이지 않고 경청과 내담자 입장이 되어 생각해 보는 역지사지(易地思之)를 통해 추측하지 않으면 잘 파악하기가 어렵다. 또한 내담자의 **인지**를 평가할 때는 내담자의 여러 이야기에서 상담자가 정보를 다각적으로 수집하고 추론함으로써 추측을 할 수밖에 없는데, 이는 내담자가 자신의 인지를 잘 인식하기 어려울 뿐만 아니라 인지를 이야기하기도 어려워하기 때문이다. 이러한 상황에서 상담자가 내담자의 인지를 평가하기 위해서는, 먼저 상담자가 자신의 인지를 인식할 수 있는 예민함과 인지와 감정을 구분할 수 있는 능력이 필요하다.

인지는 외부의 정보를 접했을 때 정보를 해석하기 위해 자동적으로 일어나는 생각을 말한다(Dattilio & Padesky, 1990). 이러한 자동적 생각(automatic thinking)은 전의식 수준에서 작동하기 때문에 개인이 의식적으로 하는 생각은 아니지만, 주의를 기울여 집중해 보거나 어떠한 단서가 주어진다면 알 수 있다(Clark, Beck, & Alford, 1999). 이러한 인지는 합리적 정서적 행동치료(Rational Emotive Behavior Therapy: REBT)의 비합리적 신념(belief)과 관련이 있는데, 엘리스(Ellis, 1994)가 소개하는 열한 가지의 비합리적 신념은 다음과 같다.

① 주위에 있는 모든 사람으로부터 반드시 사랑과 인정을 받아야만 한다.
② 사람이 자기 자신을 가치 있다고 생각하기 위해서는 완벽하게 유능하고, 적절하게 행동하며, 성취적이어야 한다.
③ 나쁘고 사악한 사람들은 반드시 비난과 처벌을 받아야 한다.
④ 일이 바라는 대로 되지 않으면 끔찍하고 대단히 슬프다.
⑤ 불행은 외부 환경 때문이며, 사람은 이를 극복할 능력이 없다.
⑥ 위험하거나 두려운 일은 항상 일어날 가능성이 있으므로 걱정을 해야 한다.
⑦ 삶의 어려운 일이나 주어진 책임을 직면하는 것보다 회피하는 것이 더 쉽다.
⑧ 사람은 타인에게 의존해야 하며, 의존할 만한 더 강한 누군가가 있어야 한다.
⑨ 과거의 경험이 인간의 현재 행동을 결정하며, 사람은 과거의 영향에서 벗어날 수 없다.
⑩ 다른 사람들이 문제와 혼란에 처했을 때 자신도 당황할 수밖에 없다.
⑪ 모든 문제는 언제나 정확하고 완전한 해결책이 있으며, 만약에 이 해결책을 찾지 못한다면 그 결과는 비극적이다.

또한 인지는 인지행동치료(CBT)에서의 자동적 생각(automatic thinking)과 관련이 있다(Beck, 1967). 벡(Beck, 1967)이 주장한 자기파괴적이고 우울증을 야기하는 자동적 생각에는 임의적인 추론, 부정적 상황의 과장과 긍정적 상황의 축소 인식, 과잉일반화의 생각이 있다.

임의적인 추론은 정확한 사실관계를 파악하지 않고 외부 정보의 일부분 혹은 왜곡된 정보를 사실인 것으로 받아들이는데, 긍정적으로 해석하기보다 부정적으로 해석하는 양상을 말한다. 부정적 상황의 과장과 긍정적 상황의 축소 인식은 상황을 있는 그대로 인식하거나 상황을 자신에게 희망적이고 긍정적으로 받아들이기보다 안 좋은 상황을 더 안 좋게, 긍정적인 상황을 축소해서 인식하는 자동적 생각을 말한다. 과잉일반화는 하나의 특정한 사건이나 대상에 대한 인식을 전체로 일반화하는 자동적 생각을 말한다(Beck, 1967).

내담자 한 개인의 인지를 평가하는 과정에서 상담자는 내담자가 외부의 정보를 얼마나 왜곡·과장하지 않고 있는 그대로 인식하거나, 혹은 자신에게 희망을 주는 쪽으로 긍정적으로 인식하는지를 평가할 필요가 있다. 이를 위해 열한 가지 비합리적 신념을 평가하는 엘리스(1994)의 IBT(Irrational Beliefs Test; Jones, 1968)를 활용할 수 있고, 우울증을 야기하는 자동적 생각을 평가하는 벡(1967)의 BDI(Beck Depression Inventory; Beck, Steer, & Brown, 1996)를 활용할 수 있다.

또한 개인의 인지를 기록하는 방법으로는 생각을 중얼거리기, 혼잣말하기, 사고 표집 등이 있다(박경, 최순영, 2010). 생각을 중얼거리기(think aloud)는 내담자에게 떠오르는 생각을 생각 속에만 담아 두는 것이 아니라 말로 표현해 봄으로써 자신의 자동적 생각을 직접 인식하게 하는 방법이다. 혼잣말하기(private speech)는 무심코 혼잣말하는 것에 주의를 기울여 개인의 인지를 추측하는 방법이고, 사고 표집(thought sampling)은 잔소리 등과 같이 특정한 자극을 받을 때 그 자극을 받자마자 떠오르는 생각을 말로 표현하도록 하는 방법이다.

4. 감정 평가

개인을 평가할 때 **감정**을 평가하는 것은 결국 상담자가 내담자가 어떤 감정을 느끼는지, 내담자의 감정을 예민하게 인식하면서 동시에 감정의 종류를 구분하는 것을 말한다.

감정은 신체 반응을 동반한다. 예를 들면, 화가 나면 호흡이 빨라지고 얼굴이 붉어진다. 슬프면 눈물이 나고 가슴이 메며, 기쁘면 입꼬리가 올라가고 웃음이 난다. 이와 같이 감정은 신체의 반응을 동반하고, 특히 몸 중에 가슴 부위에 에너지가 집중되는 반면, 생각은 머리 부위에 에너지가 집중되고 눈동자가 위로 올라가거나 좌우로 움직인다.

인지와 감정을 구분하고, 특히 감정을 종류별로 인식하려고 하는 감정평가의 과정은 내담자를 깊이 공감하기 위해 필요한 과정이다. 상담(counseling)의 핵심은 내담자 자신도 인식하지 못한 깊은 감정을 상담 과정에서 상담자가 알아차리고 언어적으로 표현해 비춰 주는 반영을 통해 내담자에게 공감을 체험하게 하는 것이다. 이를 통해 내담자는 자신의 감정과 더불어 자신의 욕구를 인식하는 것처럼 자기지각이 확장된다. 내담자의 자각이 확장됨으로써 내담자는 자신이 조절하지 못했던 감정을 조절할 수 있게 되고 심리적으로 적응할 수 있게 된다.

감정을 평가하기 위해서는 감정에 어떤 종류가 있는지를 인식하는 것이 우선시된다. 동양에서는 감정을 희노애구애오욕(喜怒哀懼愛惡慾)과 같이 크게 일곱 가지 감정(七情)으로 구분하였다(劉向, 戴德, 戴聖, 2000). 희(喜)는 기쁨을 표현하고, 노(怒)는 분노를, 애(哀)는 슬픔을, 구(懼)는 두려움을, 애(愛)는 사랑의 마음을, 오(惡)는 미움을, 그리고 욕(慾)은 간절히 바라는 마음을 표현한다. 감정에는 좋은 감정이나 나쁜 감정, 즉 긍정적 감정이나 부정적 감정이 없이 모두 소중하다. 모든 감정은 인간이 유기체로서 어떤 환경에 놓이거나 자극을 받게 되면 당연히 느낄 수밖에 없는 신체적 반응이기 때문이다. 하지만 감정을 분류하는 데에 있어 편의상 개인에게 유쾌한 반응을 불러일으키는 감정을 긍정적 감정, 불유쾌한 반응을 불러일으키는 감정을 부정적 감정이라고 표현하는데, 이는 유쾌, 불유쾌의 의미일 뿐 좋거나 나쁜 의미와는 차이가 있음을 인식할 필요가 있다.

상담자가 특히 관심을 기울여야 하는 감정은 불유쾌한 반응을 불러일으키는 감정, 즉 분노(怒), 슬픔(哀), 불안·두려움(懼), 미움(惡)과 같은 감정이다. 내담자들은 이러한 불유쾌한 감정으로 인해 적응하지 못하고 어려움을 경험하여 상담자를 만나러 오기 때문이다. 따라서 상담자는 내담자가 현재 어떠한 불유쾌한 감정을 느끼는지 평가하고, 그 감정이 어떤 이유에서 발생하였는지 추론하고, 이를 탐색할 필요가 있다. 분노는 욕구가 좌절되었을 때, 슬픔은 좋아하는 대상으로부터 버림을 받았을 때, 불안·두려움은 무서운 경험을 하였을 때, 미움은 누군가를 미워할 때 느낄 수 있는 감정이다(이장호, 금명자, 2012). 따라서 내담자의 주 호소문제가 분노 감정과 관련이 있다면, 상담자는 내담자가 어떠한 욕구가 있었고, 어떤 경험으로 인해 욕구가 좌절된 경험을 하였으며, 이러한 경험을 어떻게 받아들여 분노 감정을 느끼고 있는지 탐색할 필요가 있다. 즉, 상담자는 내담자가 분노 감정을 느낄 때, 단순하게 함께 분노 감정을 느끼면서 표현하는 동감(sympathy)을 하는 것을 넘어 내담자가 현재 분노 감정을 느끼고 있다는 것을 말로 반영하고 그 내면에 어떤 욕구가 있었는지를 말로 전해 주는 공감(empathy)을 할 필요가 있다.

예를 들면, 내담자는 자신이 어떠한 감정을 느끼고 있는지에 대한 인식이 없이 그냥 힘들고 불유쾌하다고만 인식할 수 있다. 특히 '우울'이라는 감정은 슬픔, 분노, 무기력 등과 같은 복합적인 감정의 총체인데, 이때 상담자는 내담자의 감정을 평가함으로써 내담자가 어떤 감정을 느끼고 있는지 관찰하고 추측한다. 경청과 탐색적 질문을 통해 내담자가 경험한 에피소드를 탐색하고, 만약 인정받고자 하는 욕구의 좌절이 있었다면 분노라는 구체적인 감정으로 반영을 하고, 사랑하는 사람이 죽거나 떠나갔다면 슬픔으로 반영하며 내담자를 공감한다.

반영을 통해 내담자를 공감할 때는 내담자의 감정을 반영하는 것이지 인지를 반영하는 것이 아니다. 초보 상담자들이 내담자의 감정 평가를 할 때에는 감정의 종류뿐만 아니라 반영을 하려는 것이 감정인지 인지인지를 주의 깊게 구분할 필요가 있다. 다음은 초보 상담자들이 쉽게 하는 잘못된 반영이다.

내담자: 선생님, 아내가 요즘 매일 늦게 들어와요. 바람난 게 틀림없어요. 정말 괴로워요.

<잘못된 반영>

상담자 1: ○○ 씨 부인이 바람이 나서 정말 괴롭군요.

(정보를 해석하는 생각과 감정을 구분하지 않음.)

<적절한 반영>

상담자 2: ○○ 씨가 부인이 최근에 매일 늦게 들어오는 것을 보고 바람났다고 받아들이는군요. 부인이 바람났다고 생각하니 정말 화가 나겠어요.

(정보에 대한 내담자의 해석을 짚어 주고 그 해석에 따라 야기된 감정을 반영함.)

상담자 1에게 상담을 받은 내담자는 상담자 1의 반응으로 인해 왜곡된 인지, 과잉일반화하는 인지를 정당화할 수 있을 것이다. 상담자 1의 반응은 내담자의 분노 감정을 자극하고 폭발하게 하여 자신의 정보 해석에 오류와 왜곡이 있을 수 있다는 가정을 인식하지 못하게 할 수 있다. 이에 반해 상담자 2의 반응은 늦게 들어오는 사실(정보)을 바람이 났다고 해석(인지)하여 화가 난 것(감정)이라는 적절한 감정 평가를 통해, 자신이 화가 난 것은 부인이 늦게 귀가한 것을 바람이 난 것으로 해석하는 양상 때문인 것을 스스로 알 수 있도록 도와준다. 이를 통해 상담자 2는 과연 내담자의 해석(인식)에 있어 왜곡되고 과잉일반화하거나 부정적인 것을 과잉으로 받아들이는 것과 같은 인지 평가를 할 수 있는 가능성을 경험하게 한다.

따라서 상담자의 적절한 감정 평가는 적절한 인지 평가를 가능하게 함으로써 내담자의 인지적 오류를 수정하는 데에 도움을 줄 뿐만 아니라 내담자의 감정과 욕구를 깊이 반영함으로써 내담자의 감정을 수용하고 공감하는 데에 도움을 준다.

참고문헌

박경, 최순영(2010). 심리검사의 이론과 활용(2판). 서울: 학지사.
이장호, 금명자(2012). 상담연습 교본(3판). 서울: 법문사.

劉向, 戴德, 戴聖(2000). 예기: 동양학총서 45[禮記]. 지재희 역. 서울: 자유문고. (원저는 중국 한무제 때 출간).

Beck, A. T. (1967). *The diagnosis and management of depression*. Philadelphia, PA: University of Pennsylvania Press.

Beck, A. T., Steer R. A., & Brown G. K. (1996). *Beck depression inventory* (2nd manual). San Antonio, TX: The Psychological Corporation.

Clark, D. A., Beck, A. T., & Alford B. A. (1999). *Scientific foundations of cognitive theory and therapy of depression*. New York: Wiley.

Dattilio, F. M., & Padesky, C. A. (1990). *Cognitive therapy with couples*. Sarasota, FL: Professional Resource Exchange.

Ellis, A. (1994). *Reason and emotion in psychotherapy: Comprehensive method of treating human disturbances: Revised and updated*. New York: Citadel Press.

Groth-Marnat, G., & Wright, A. J. (2016). *Handbook of psychological assessment* (6th ed.). New York: Wiley.

Jones, R. G. (1968). *A factored measure of Ellis's irrational belief system with personality and maladjustment correlation*. Unpublished doctoral dissertation, Texas Technological College, Lubbock.

제4장 **커플 역동 평가**

가족을 체계적인 시각에서 평가하는 것은 가족상담사에게 중요한 상담 과정 중에 하나이다. 가족 내에 있는 여러 하위체계 중에 부부 하위체계는 가장 중요한 하위체계이고, 부부체계 역시 남편과 부인의 개인의 합이 아닌 체계로 이해하는 시각이 필요하다. 부부체계는 가족 및 개인과 구분되는 고유한 체계로서, 개인의 욕구, 부부간의 욕구, 원가족, 핵가족 내 다른 하위체계 등으로부터 영향을 받는다. 이러한 상황에서 부부체계가 다른 체계와 건강한 경계를 유지하고 부부체계 내에서 친밀한 상호작용을 유지하는 것이 중요하다(Nichols, 2013/2015).

이러한 시각에서 부부체계에 집중하는 상담이론들이 발전되고 있고, 개인심리치료이론들과 구분되는 가족상담 이론들이 발전되는 것처럼 가족상담에서도 부부치료이론들이 분화되고 있다. 즉, 전통적인 가족상담 이론과는 구분되게 부부체계에 집중하는 이마고 부부치료(imago couple therapy), 정서중심 부부치료(emotionally focused couple therapy), 가트먼(Gottman) 부부치료(Gottman couple therapy), 인지행동 부부치료(cognitive-behavioral couple therapy)와 같은 부부치료이론들이 개발되고 발전되고 있다(Gurman, Lebow, & Snyder, 2015).

부부라고 하면 전통적인 개념에서는 결혼식과 혼인신고를 한 관계를 일컫지만,

사회가 개방화되고 결혼식을 거행하기 어려운 경제 상황 등이 반영되어 최근에는 동거를 하거나 사실혼 관계로만 지내는 부부들이 증가하고 있다. 이처럼 결혼식과 혼인신고를 한 법적 부부, 사실혼 관계의 부부, 동거를 하고 있는 부부 등 부부의 다양한 형태가 현존하고 있는 상황에서, 이러한 다양한 형태의 관계를 '부부'라는 단어로 표현하는 데에는 언어적인 한계가 있다. 특히 최근에는 부부의 구성원에 대한 개념이 남성과 여성으로만 규정되지 않고 동성까지로 확대되고 있는 것이 사실이다. 결혼식과 혼인신고를 한 전통적인 부부와 그 외의 부부의 형태에 대한 선호, 가치에 대한 평가 등은 논외로 하고, 이러한 현존하는 부부의 다양한 형태를 지칭하는 용어를 선택하는 것도 어려운 것이 현실이어서, 이 장에서는 이러한 다양한 부부의 형태를 '커플(couple)'로 지칭하여 서술하고자 한다.

커플체계를 평가하는 데 있어, 윌리엄스, 에드워즈, 패터슨과 체모우(Williams, Edwards, Patterson, & Chamow, 2011)는 **8C**를 강조하였는데, 이는 커플의 의사소통 방식(Communication), 갈등 해결 방식(Conflict resolution), 헌신(Commitment), 계약 위반 여부(Contract), 상호 돌봄과 유대감(Caring & cohesion), 개인의 성격 문제(Character), 문화적 차이(Culture), 자녀 문제(Children)이다. 넬슨(Nelsen, 1998)은 **친밀감**(intimacy)과 **성관계**를, 니콜스(Nichols, 2013/2015)는 성역할, 외도와 폭력 여부 등을 커플의 역동을 평가하는 데에 중요한 요소로 보았다. 커플의 역동을 파악하기 위한 주요 요소를 종합해 보면 스턴버그(Sternberg, 1986)의 사랑의 3요소와 관련이 있다. 사랑의 3요소에는 **친밀감**(intimacy), **열정**(passion), 헌신과 관계 지속을 위한 **결심**(decision/commitment)이 있다(Sternberg, 1986). 즉, 사랑의 3요소를 사랑의 질(quality)이라고 할 때, 커플의 역동을 평가하기 위한 요소는 사랑의 질 자체를 평가하는 것과, 사랑의 질을 증가시키는 방식, 사랑의 질을 저해하는 요소 등과 관련이 있다. 이를 분류하면 다음과 같다.

- 사랑의 질(사랑의 3요소; Sternberg, 1986)
  - 친밀감: 친밀감(Nelsen, 1998), 상호돌봄과 유대감(Williams et al., 2011)
  - 열정: 성관계(Nelsen, 1998)

    - 헌신과 관계 지속을 위한 결심: 헌신(Williams et al., 2011)

- 사랑의 질을 증가시키는 방식: 의사소통 방식: 갈등 해결 방식(Williams et al., 2011)

- 사랑의 질을 저해하는 요소: 외도(Nichols, 2013/2015), 계약 위반 여부(Williams et al., 2011), 폭력과 성역할 갈등(Nichols, 2013/2015)

- 기타: 개인의 성격 문제 · 문화적 차이 · 자녀 문제(Williams et al., 2011)

1. 사랑의 질

1) 관계만족도

사랑의 질은 커플의 관계에 대한 만족과 관련이 있다. 따라서 커플 관계에 대한 만족도와 관련이 있는 대표적인 평가척도인 결혼만족도 검사(Marital Satisfaction Inventory: MSI; Snyder, 1979), 결혼만족도 척도(Marital Satisfaction Scale: MSS; Roach, Fraizier & Bowden, 1981), 캔자스 결혼만족도 척도(Revised-Kansas Marital Satisfaction Scale: R-KMS; Schumm, Nichols, Schectman, & Grigsby, 1983), 개정판 부부적응 척도(Revised Dyadic Adjustment Scale: R-DAS; Busby, Christenson, Crane, & Larson, 1995) 등도 사랑의 질이 어떠한지, 사랑을 유지하는 노력이 얼마나 많고 사랑을 저해하는 요소가 얼마나 적은지를 평가하는 내용으로 구성되었다.

2) 성관계

(1) 성관계에 관한 만족도

커플의 역동을 평가하는 데에서 중요한 것은 성관계에 대한 평가이다. 성관계는 사랑의 3요소(Sternberg, 1986) 중에서 열정을 유지시키고 극대화하는 데에 중요한 요인이 된다. 성행동(sexual behavior)에는 성교(sexual intercourse)를 포함하여 손잡음, 포옹, 입맞춤, 애무(heavy petting) 등의 스킨십이 포함된다(김요완, 2013). 데로가터스 성기능검사(Derogatis Sexual Function Inventory: DSFI) 중 성만족 평가척도(Derogatis, 1975)와 성만족 지표(Index of Sexual Satisfaction: ISS; Hudson, Dianne, & Paul, 1981) 등을 통해 커플 간 성관계에 대한 만족도를 평가할 수 있다.

(2) 성기능장애

카플란(Kaplan, 1974/1990)은 성기능장애를 야기하는 데에 신체적 기능 이상과 심리적 원인을 언급하였고, 심리적 원인에는 잘못된 성 지식과 성에 대한 무지, 수행불안(performance anxiety) 등이 있다고 하였다. 따라서 커플 간에 건전한 성 지식을 갖고 성에 대한 잘못된 인식과 비합리적 신념을 수정하는 노력이 필요하고, 커플 역동을 평가하는 데에 이를 평가할 필요가 있다. 성기능장애를 야기하는 왜곡된 성 지식은 다음과 같다(김요완, 2013).

- 성교할 때마다 커플은 각각 오르가슴을 경험하고 매번 오르가슴을 경험해야 건강한 성교를 하는 것이다.
  - → '성교=오르가슴' '성교 때마다 오르가슴을 느껴야 한다.'는 인식과 지식으로 인해 수행불안이 야기된다. 성교를 포함한 성행위를 놀이처럼 즐길 필요가 있다.
- 성교를 한 번도 안 한 여성에게 처녀막(hymen)이 있고 처녀막은 순결의 상징이다.
  - → 처녀막이란 용어는 남성 중심의, 여성을 상품화하는 명칭이다. 단, 처녀막은 성교와 상관없이 고열이 났을 때, 수영을 할 때, 자전거를 탈 때 등에도 파열된다.
- 음경이 길고 커야 여성이 오르가슴을 경험한다.
  - → 질 입구의 2/3 부위에만 감각세포가 있어 마찰감을 느낄 수 있다. 따라서 음경의 길이와 오르가슴은 상관없다.
- 폐경 이후에 여성은 성욕이 떨어진다.

→ 폐경은 난자의 생성과 관련이 있을 뿐 성욕과는 관련이 없다. 다만, 호르몬
의 불균형으로 인해 바르톨린샘(Bartholin's gland)에서 애액이 원만하게 나
오지 않아 성교 시 통증을 느낄 수 있다. 이때 수용성 젤을 사용하면 통증
을 예방할 수 있다.

이러한 왜곡된 성 지식, 특히 남성은 음경의 길이, 오르가슴에 대한 강박 등으로
인해 수행불안에 노출되어 발기장애를 경험할 가능성이 크다. 남성의 발기는 혈
액 순환과 관련이 있는데, 성행위를 놀이와 자연스러운 행위로 인식하지 않고 '성
관계=성교'라는 인식, '성교를 할 때마다 오르가슴을 느껴야 한다.'는 인식으로 인
해 성행위를 과제처럼 인식하게 된다. 이런 상황에서 상대방에게 오르가슴을 느끼
게 하지 못할 것에 대한 불안감, 즉 수행불안을 경험하게 되면 음경에 혈액을 가두
는 음경판막이 경직되며 발기에 문제가 있게 된다. 여성의 경우, 성 반응 4단계 중
흥분 단계(excitement phase)에서 정서적인 친밀감과 안정감을 느껴야 성욕이 생기
고(desire) 성교를 하고 싶은 흥분(arousal)이 생기는데(Masters & Johnson, 2010) 이
러한 상황에 대한 무지로 인해 충분한 성욕과 흥분이 없는 상태에서 성교를 하다가
애액이 분비되지 않아 통증을 경험하여 흥분장애 혹은 오르가슴장애를 경험하기도
한다. 따라서 커플의 역동을 평가할 때 커플들이 왜곡된 성 지식을 갖고 있는지, 이
로 인해 성기능장애를 경험하고 있는지를 평가하는 것은 커플의 성관계를 평가하
는 데에 중요한 과정이다.
뿐만 아니라 성기능장애를 경험하고 있을 때 커플이 얼마나 적극적으로 성기능
장애를 치료하기 위해 시도하고 있는지를 평가하는 과정도 필요하다. 성기능장
애 치료를 위한 진단 목록을 소개하면 다음과 같다(여성가족부, 한국건강가정진흥원,
2015, p. 92).

• 커플의 성기능장애가 성문제를 보고하는가?
• 문제를 확인하기 위해 적절한 질문을 했는가?
• 커플은 그들의 성관계를 논의할 때 얼마나 자발적인 용의가 있거나 얼마나 개

방적인가?

- 그들은 원가족으로부터의 성적 메시지를 탐색하였는가?
- 파트너 한쪽이 심각한 비난을 하는가? 아니면 양쪽 다 책임을 받아들이고 함께 변화를 바라는가?
- 그들은 자신의 욕구를 이해하기 위해 정확한 성 지식을 가지고 있는가?
- 성기능에 영향을 미칠지 모르는 약이나 알코올 혹은 다른 의약품을 과도하게 사용하는가?
- 커플 중 한 사람이 어린 시절 성학대를 경험한 적이 있는가?
- 커플은 모두 그들의 성문제에 대해 함께 대응하려는 의지가 있는 것으로 보이는가?

2. 커플 의사소통

가족상담을 할 때 "의사소통(communication)에 대해 작업하는 것은 다소 진부한 것이 되었다."라는 주장도 있으나(Nichols, 2013/2015, p. 72), 의사소통 방식이 커플의 관계를 와해시키면서 동시에 회복시키는 원인이 되기에(김요완, 2007) 커플의 역동을 평가할 때 의사소통 방식을 평가하는 것은 중요한 과정이다.

의사소통에는 언어적 요소와 비언어적 요소가 있다(Galvin & Brommel, 2007). 커플의 역동을 평가할 때 커플 간에 언어와 비언어를 얼마나 자유롭게 교환하는지, 언어와 비언어를 통해서 얼마나 활발하게 감정의 교류를 하는지를 평가하는 것이 중요하다(Gross & Muñoz, 1995; Griffin, 2012; Johnson, 2004/2006; Hawkins, Weisberg, & Rag, 1977, 1980). 또한 경험주의 가족상담에서 강조하듯이, 커플의 역동을 평가할 때에도 자신의 생각과 감정을 얼마나 일치적으로 표현하는지를 평가한다(Nichols, 2013/2015). 이뿐만 아니라 커플 간에 얼마나 역기능적인 의사소통을 많이 하는지를 평가하는데, 예를 들면 비판(criticism), 비난(contempt), 자기변호(defensiveness), 담쌓기(stonewalling)와 같은 관계를 와해시키는 의사소통을 하는지(Gottman, 1994)와 왜곡된 인지를 갖고 커플 간에 의사소통을 하는지(Dattilio & Padesky, 1990) 등을 평가한다.

커플 간에 얼마나 정서적 교류를 하는지를 평가할 수 있는 척도로 비엔베누(Bienvenu, 1970)가 개발한 **결혼 의사소통 검사**(Marital Communication Inventory: MCI)가 있다. MCI는 커플 간 언어적 · 비언어적 의사소통의 활발함 정도, 감정의 교류 정도, 커플 간 경청의 정도를 평가하는 요소로 구성되어 있다. 각 문항은 1점(전혀 그렇지 않다)에서 4점(언제나 그렇다)까지의 4점 척도로 구성되어 있고, 15~60점의 범위를 가지며, 역채점 문항으로는 7문항(7, 8, 9, 10, 12, 13, 15번 문항)이 있다. 점수가 높을수록 서로 경청하며 감정의 교류가 활발한 의사소통을 한다고 평가할 수 있다. 이상선(2017, p. 63)의 연구에서 번안한 내용을 인용하면 〈자료 4-1〉과 같다.

〈자료 4-1〉 MCI 문항

	문항	전혀 그렇지 않다	그렇지 않다	대체로 그렇다	항상 그렇다
1	배우자는 나의 감정을 잘 이해해 주는 편이다.				
2	대부분의 경우에 내가 말하고자 하는 바를 배우자가 이해한다고 생각한다.				
3	나와 배우자는 반대 의견을 이야기할 때 기분 상하지 않고 말할 수 있다.				
4	나는 배우자가 이야기하고 있을 때 잘 들으려고 노력한다.				
5	내가 생각하고 느끼고 옳다고 믿는 견해들을 배우자에게 털어놓음으로써 나를 쉽게 이해하도록 설득한다.				
6	나와 배우자는 서로의 개인적인 문제를 상의한다.				
7	나는 대화 중 배우자의 목소리 톤이 귀에 거슬릴 때가 있다.*				
8	나는 진실된 감정을 배우자에게 표현하는 데 어려움이 있다.*				

9	배우자가 무슨 이야기를 할 때 실제로는 겉과 속이 다르게 말할 때가 있다.*				
10	어떤 문제를 의논해야 할 경우 배우자가 나의 감정을 상하게 할까 봐 두려워 상의하기가 망설여질 때가 있다.*				
11	나는 비밀스러운 일을 누구보다 먼저 배우자에게 털어놓는 편이다.				
12	나는 배우자에게 이야기 중 내가 하는 말에 관심을 기울이지 않는다고 불평할 때가 있다.*				
13	배우자가 나로 인해 화가 났을 경우 나에게 일부러 마음 상하는 말을 할 때가 있다.*				
14	의욕이 상실되었거나 우울할 때 배우자는 나를 격려해 주고 용기를 북돋아 준다.				
15	나는 배우자가 화낼까 봐 두려워서 반대 의견을 표현하지 못하는 경우가 있다.*				

*는 역채점 문항.
출처: 이상선(2017), p. 63.

3. 외도, 폭력, 성역할 갈등

1) 외도 등 계약 위반 여부

혼인신고를 통해 법적인 지위를 보장받는 부부가 아니라고 할지라도, 사실혼 관계의 커플, 동거 중의 커플에게도 외도의 문제는 관계를 파국으로 몰고 가는 원인이 된다. 가족으로서의 커플 관계는 단순하게 연애를 하는 관계가 아니고 사랑의 관계를 지속하겠다는 것과 파트너 외의 다른 사람과는 사랑의 관계를 맺지 않겠다는 다짐을 구두 혹은 서면으로 계약하는 관계이다. 서면계약은 우리나라의 경우 혼인신고를 통해 계약이 체결되는 것이고, 이를 통해 부부로서의 법적인 권리가 생김과 동시에 동거, 부양, 정조의 의무가 생기는 것이다. 이러한 배경에서 「민법」 제

840조(법률 제14409호, 시행 2016. 12. 20.)에서는 외도, 즉 부정한 행위를 재판상 이혼 사유로 규정하고 있다.

「민법」 제840조(재판상 이혼원인)
부부의 일방은 다음 각 호의 사유가 있는 경우에는 가정법원에 이혼을 청구할 수 있다.

1. 배우자에 부정한 행위가 있었을 때
2. 배우자가 악의로 다른 일방을 유기한 때
3. 배우자 또는 그 직계존속으로부터 심히 부당한 대우를 받았을 때
4. 자기의 직계존속이 배우자로부터 심히 부당한 대우를 받았을 때
5. 배우자의 생사가 3년 이상 분명하지 아니한 때
6. 기타 혼인을 계속하기 어려운 중대한 사유가 있을 때

외도의 개념에 대해서, 파트너 외 타인과 성교를 했을 때로 한정한 협의의 개념과 성교를 포함한 정서적 밀착까지 확대한 광의의 개념이 있다(김요완, 2013). 보수적인 입장에서, 심리적 에너지를 타인에게 집중하는 것까지 외도로 포함하는 경우도 있다(Brown, 1991). 외도와 관련한 커플의 역동을 평가할 때, "외도의 지속 기간, 정서적 밀착 여부, 성교 여부, 공개 여부, 커플 일방 혹은 모두 여부, 외도한 파트너의 개인적 성적 취향" 등을 평가한다(Weeks et al., 2003, p. 13). 또한 외도 사실이 공개된 커플의 경우, "사과 여부, 책임 인정 여부, 파트너의 심리적 상처에 대한 인식 여부, 죄책감 인식 여부, 부정행위를 한 이유에 대한 설명 여부, 신뢰를 회복하려는 노력 여부" 등에 대해 평가를 한다(Williams et al., 2011, p. 219).

2) 폭력

가족상담사가 커플의 역동을 평가할 때는 필수적으로 폭력이 있었는지를 확인해야 한다. 많은 커플은 신체적인 폭력만을 폭력으로 인식하지만 기물을 파손하는 것도 폭력에 해당할 뿐만 아니라(김요완, 2016), 신체적 폭력 외에 "정서적 폭력, 경

제적 폭력, 성학대, 유기, 가족 내 왕따" 등도 폭력에 해당한다(Williams et al., 2011, pp. 56-57). 따라서 커플의 역동을 평가할 때, 가족상담사는 "커플들이 폭력을 행한 경험이 있다고 먼저 이야기하는 것과 상관없이 커플 간에 폭력의 종류를 이야기하며 폭력을 행한 적이 있는지를 먼저 질문"해야 한다(Williams et al., 2011, p. 57).

커플이 동시에 상담을 받을 경우, 폭력 피해를 경험한 파트너는 상대방 앞에서 폭력 피해를 당했다고 이야기했을 때 상담실 밖에서 다시 폭력 피해를 경험할 가능성이 있다. 따라서 "합동 회기(conjoint therapy session)라고 할지라도 개인상담 세션으로 상담을 진행하며 커플 내에 폭력이 있었는지를 평가할 필요"가 있다(Williams et al., 2011, p. 58). 또한 심각한 신체적 폭력과 상해에 노출되어 있는 커플의 경우 커플체계를 변화시켜 폭력이 반복되는 상호작용을 중단하도록 하는 접근도 필요하지만, 우선적으로 폭력의 피해자가 더 이상 폭력에 노출되지 않도록 보호하는 조치가 필요하다(김요완, 2016). 이럴 경우, 가족상담사는 커플을 동시에 상담하는 세션을 지양하고 폭력 피해자에 대하여 개인상담을 하고 법적·제도적인 지원이 연결되도록 하여 폭력이 중단되고 지원을 받을 수 있도록 역할을 할 필요가 있다(김요완, 2016). 또한 파트너 일방이 심리적·성격적 장애가 있어서 매우 심각한 폭력을 행사할 경우, 개인심리상담으로 상담을 진행하고, 커플을 동시에 상담하는 것은 금기시된다(Williams et al., 2011, p. 58).

커플 내에 폭력이 발생하였는지를 평가하는 도구로, 갈등표출척도(Conflict Tactics Scal: CTS; Straus, 1979)와 개정판인 CTS-2(Straus et al., 1996)가 많이 활용된다(Williams et al., 2011 재인용). 이를 통해 커플 내 폭력의 유형을 평가하며 커플의 역동을 파악한다. Greene과 Bogo(2002)는 폭력과 관련하여 커플의 역동을 파악할 때, 가족상담사는 폭력을 조절하기 위해 커플이 어떠한 전략을 활용하는지, 폭력의 동기는 무엇인지, 폭력의 영향은 어떠한지, 폭력과 관련한 개인의 주관적인 경험은 어떤지를 파악해야 한다고 주장하였다.

3) 성역할 갈등

킬마틴(Kilmartin, 2007)에 따르면, 성역할(gender role)은 "생물학적 성에 기초하여 개인이 속한 사회·문화에 맞게 기대되는 행동양식"이다(하문선, 2013, p. 22 재인용). 성역할로 인한 불평등은 커플의 관계에 여러 문제를 야기한다. 커플 중에서 남성 파트너가 가사에 더 많이 관여하지 않으려고 하는 것은 성격상의 문제라기보다 사회문화적인 영향일 수 있고(Nichols, 2013/2015), 이러한 성역할 차이로 인해 갈등이 심각해질 수 있다. 따라서 커플의 역동을 이해하기 위해 성역할 갈등 여부를 평가하는 것은 커플 간 갈등의 심각성을 평가하는 지표가 될 수 있다.

성역할은 전통적으로 신체적 성차에 따라 극단의 성역할을 기대하는 양상인 전통적 일치 모델(congruence model), 한 개인에게 남녀의 성역할이 모두 나타나는 양성성 모델(androgyny model), 남녀 모두 남성성을 추구해야 심리적 안정을 경험한다는 남성성 모델(masculinity model)로 구분할 수 있다(박양균, 2016). 특히 벰(Bem, 1974)은 양성성 모델에 근거하여 이를 평가할 수 있는 **벰 성역할 검사**(Bem Sex Role Inventory: BSRI)를 개발하였다(하문선, 2013 재인용).

남성의 성역할 갈등을 평가하는 도구로서, **성역할 갈등 척도**(Gender Role Conflict Scale: GRCS; O'Neil et al., 1986)와 **남성 성역할 스트레스 척도**(Masculine Gender Role Stress Scale: MGRSS; Eisler & Skidmore, 1987)를 참고하여 **한국형 남성 성역할 갈등 검사도구**가 개발되었다(이수연, 김인순, 김지현, 2011 재인용). 이수연 등(2011, p. 145)이 개발한 한국형 남성 성역할 갈등 검사도구는 성공·권력·경쟁, 남성우월, 가장 의무감, 일·가정 양립 갈등, 감정 표현 억제, 남성과의 애정 행동 억제와 같은 하위요인으로 구성되어 있다. 이 도구의 축약형을 소개하면 〈자료 4-2〉와 같다.

여성 성역할 갈등을 평가하는 도구는 하정혜와 김지현(2012)이 개발하고 타당화한 **한국 중년여성 성역할 갈등 척도**(Korean Middle-Aged Female Gender Role Conflict Scale: K-FGRCS-MA)가 있다. 이 척도의 각 문항은 1점(전혀 그렇지 않다)에서 6점(매우 그렇다)까지의 6점 척도이며, 총 20문항으로 구성되어 있다. 하위요인으로는 양육과 가사에 대한 과중한 책임, 타인을 우선 돌봄, 매력 없음에 대한 두려움, 피해자가 되는 것에 대한 두려움, 자기주장 억제 등이 있다. 이 척도를 박양균(2016, pp. 105-106)의 연구에서 인용한 것을 소개하면 〈자료 4-3〉과 같다.

〈자료 4-2〉한국형 남성 성역할 갈등 검사도구 축약형 문항

	번호	문항 내용
성공 · 권력 · 경쟁	1	다른 남성들보다 더 똑똑하고 힘센 것이 나에게는 중요하다.
	2	나는 다른 사람들보다 우월하다고 느끼고 싶다.
남성우월	3	나보다 더 성공적인 여성과 같이 지내는 것은 불편하다.
	4	여성 상사 밑에서 일하는 것을 원하지 않는다.
가장 의무감	5	나는 가족의 생계를 책임져야 한다.
	6	나는 가족을 위해 희생해야 한다.
일 · 가정 양립 갈등	7	나의 일이나 학업이 종종 내 생활의 다른 영역(가정, 가족, 건강, 여가)을 방해한다.
	8	일이나 공부에 대한 성취욕구로 과로하고 스트레스를 받게 되어 힘들다.
감정표현 억제	9	나는 섬세한 감정을 잘 표현하지 못한다.
	10	나의 감정을 표현할 수 있는 적절한 단어를 찾기 어려울 때가 종종 있다.
남성과의 애정행동 억제	11	나는 때로 다른 사람들이 나를 어떻게 생각할지 염려되어 남자들에게 다정하게 대하는 것을 주저한다.
	12	다른 남성들과 너무 친밀해지는 것은 나를 불편하게 만든다.

출처: 이수연, 김인순, 김지현(2011), p. 145.

〈자료 4-3〉 한국 중년여성 성역할 갈등 척도(K-FGRCS-MA) 문항

다음은 여성의 역할과 관련한 질문입니다. 평소 여러분의 생각을 가장 잘 표현하는 정도에 ○표해 주십시오.

번호	문항 내용	전혀 그렇지 않다	그렇지 않다	조금 그렇지 않다	조금 그렇다	그렇다	매우 그렇다
1	자녀에게 일이 생기면 내 책임이 가장 크다.						
2	자녀의 가정교육은 내 책임이 가장 크다.						
3	가족들이 편안히 잘 쉬도록 내가 집안 분위기에 늘 신경을 써야 한다.						
4	나는 가족을 위해 희생해야 한다.						
5	파트너 가족과의 관계는 전적으로 내가 어떻게 하느냐에 달려 있다.						
6	나는 나 자신을 돌볼 여유가 없다.						
7	집안의 대소사는 내가 골고루 챙겨야 한다.						
8	나는 다른 사람의 문제를 자주 걱정한다.						
9	다른 사람들이 행복해야 내가 행복하다.						
10	배가 나오고 처져서 옷맵시가 안 난다는 말을 듣는다.						
11	나는 팔뚝이 굵다.						
12	이전에 비해 더 뚱뚱해졌다는 말을 듣는다.						
13	밤길에 혼자 걸으면 불안하다.						
14	집에 혼자 있는데 밖에서 낯선 소리가 나면 불안하다.						
15	남자 앞에서 자세가 흐트러지면 안 된다.						
16	성관계를 하면서 내 감정과 느낌을 자연스럽게 말하기 어렵다.						
17	나는 화가 나도 미련스레 참는 편이다.						
18	다른 사람들과 조화를 이루기 위해서 내 기분을 잘 드러내지 않는다.						
19	파트너의 성관계 요구가 당연하게 여겨지는 것이 불편하다.						
20	파트너에게 적극적으로 성관계를 요구하는 것은 조심스럽다.						

출처: 박양균(2016), pp. 105-106.

참고문헌

김요완(2007). 이혼소송 중인 부부의 부부관계 와해 과정 연구. 연세대학교 대학원 박사학위 논문.

김요완(2013). 현장중심의 성상담과 성교육. 서울: 교문사.

김요완(2016). 현장중심의 가정폭력과 상담. 서울: 교문사.

박양균(2016). 중년기 여성의 자아분화, 사회적 지지와 자아정체감과의 관계에서 성역할갈 등의 매개효과. 한영신학대학교 대학원 박사학위논문.

여성가족부, 한국건강가정진흥원(2015). 가족상담 매뉴얼. 서울: 한국건강가정진흥원.

이경주(2012). 남자간호사의 성역할 갈등, 직무만족 및 조직몰입에 관한 연구. 이화여자대학 교 대학원 석사학위논문.

이상선(2017). 고위험 신생아 부모의 스트레스, 부부의사소통, 배우자 지지가 부모적응에 미 치는 영향. 연세대학교 대학원 석사학위논문.

이수연, 김인순, 김지현(2011). 한국형 남성 성역할 갈등 검사 개발 및 타당화. 여성연구, 82, 5-33.

하문선(2013) 자율성, 관계성 및 우울을 매개로 한 초기 청소년의 성역할갈등과 공격성의 관 계. 홍익대학교 대학원 박사학위논문.

하정혜, 김지현(2012). 한국 중년여성 성역할갈등척도 개발 및 타당화 연구. 상담학연구, 13(6), 2523-2543.

한재희, 김영희, 김용태, 서진숙, 송정아, 신혜종, 양유성, 임윤희, 장진경, 최규련, 최은영 (2013). 한국상담학회 상담학총서 5: 부부 및 가족상담. 서울: 학지사.

Bienvenu, M. J. (1970). Measurement of marital communication. *Family Coordinator*, *19*(1), 26-31.

Brown, E. M. (1991). *Patterns of infidelity and their treatment*. New York: Brunner/ Mazel.

Busby, D. M., Christensen, C., Crane, D. R., & Larson, J. H. (1995). A revision of the Dyadic Adjustment Scale for use with distressed and nondistressed couples: Construct hierarchy and multidimensional scales. *Journal of Marital and Family Therapy*, *21*, 289-308.

Dattilio, F. M., & Padesky, C. A. (1990). *Cognitive therapy with couples*. Sarasota, FL:

Professional Resource Exchange.

Derogatis, L. R. (1975). *Derogatis sexual functioning inventory (DSFI): Preliminary scoring manual*. Baltimore, ML: Clinical Psychometric Research.

Galvin, K. M., & Brommel, B. J. (2007). *Family communication: Cohesion and change* (7th ed.). Boston, MA: Pearson Allyn & Bacon.

Gottman, J. M. (1994). *What predicts divorce?: The relationship between marital processes and marital outcomes*. Hillsdale, NJ: Lawrence Erlbaum Associates.

Greene, K., & Bogo, M. (2002). The different faces of intimate violence: Implications for assessment and treatment. *Journal of Marital and Family Therapy, 28*, 455–466.

Griffin, E. (2012). *A first look at communication theory* (8th ed.). New York: McGrow-Hill.

Gurman, A. S., Lebow, J. L., & Snyder, D. K. (2015). *Clinical handbook of couple therapy* (5th ed.). New York: The Guilford Press.

Hawkins, J. L., Weisberg, C., & Ray, D. L. (1977). Marital communication style and social class. *Journal of Marriage and the Family, 39*(3), 479–490.

Hawkins, J. L., Weisberg, C., & Ray D. L. (1980). Spouse differences in communication style: Preference, perception, behavior. *Journal of Marriage and the Family, 42*(3), 585–593.

Hudson, W. W., Dianne, F. H., & Paul, C. C. (1981). A short-form scale to measure sexual discord in dyadic relationships. *The Journal of Sex Research, 17*(2), 157–174.

Johnson, S. M. (2006). 정서중심적 부부치료: 부부관계의 회복[*The practice of emotional focused couple therapy* (2nd ed.)]. 박성덕 역. 서울: 학지사. (원저는 2004년에 출간).

Kaplan, H. S. (1990). 새로운 성치료[*The new sex therapy: Active treatment of sexual dysfunctions*]. 이근후, 성금영, 박영숙 공역. 서울: 하나의학사. (원저는 1974년에 출간).

Masters, W. H., & Johnson, V. E. (2010). *Human sexual response*. New York: Ishi Press.

Nelsen, J. (1998). Couple treatment: Assessment and intervention. New Jersey: Jason Aronson.

Nichols, M. P. (2015). 가족상담 이론과 실제(6판)[*The essentials of family therapy* (6th ed.).]. 김영애 역. 서울: 시그마프레스. (원저는 2013년에 출간).

Roach, A. J., Fraizier, L. P., & Bowden, S. R. (1981). The marital satisfaction scale:

Development of a measure for intervention research. *Journal of Marriage & the Family, 43*, 538-546.

Schumm, W. A., Nichols, C. W., Schectman, K. L., & Grigsby, C. C. (1983). Characteristics of responses to the Kansas Marital Satisfaction Scale by a sample of 84 married mothers. *Psychological Reports, 53*, 567-572.

Snyder, D. K. (1997). *Marital Satisfaction Inventory, Revised (MSI-R) manual.* Los Angeles, CA: Western Psychological Service.

Sternberg, R. J. (1986). A triangular theory of love. *Psychological Review, 93*(2), 119-135.

Weeks, G. R., Gambescia, N., & Jenkins, R. E. (2003). *Treating infidelity.* New York: W. W. Norton & Company.

Williams, L., Edwards, T. M., Patterson, J., & Chamow, L. (2011). *Essential assessment skills for couple and family therapists.* New York: The Guilford Press.

제5장 **가족 단위의 평가**

1. 가족과정

가족은 명백하게 다른 인간관계에 비해 정서적 집단이라는 특징을 갖는다. 가족이라는 정서적 관계에는 사랑과 보호, 애정과 양육과 같은 측면과 함께 갈등과 다툼 등의 측면도 함께 존재한다. 가족의 역동, 즉 상호교류 과정을 설명하는 데 가장 유용한 틀로 알려진 **가족과정**(family process) 관점은 의사와 심리치료사, 사회복지사 등 전문가 집단이 일반체계이론을 가족에 적용해 가족상담 분야에 활용하면서 발전된 관점이다. 가족과정 관점은 정신증 또는 신경증과 가족역동 간의 관계를 연구하는 과정에서 이론의 정교화가 이루어졌으며, 가족 구성원들이 서로의 의미, 권력, 영향력을 통제하는 과정을 개념화하였다(Klein & White, 2000; Whitchurch & Constantine, 1993).

초기 가족상담 분야의 선구자 중 한 명인 사티어(Virginia Satir)는 가족 의사소통과 정서적 경험에 주목하고, 기능적인 가족일수록 융통성 있고 양육적인 가족규칙을 가지며, 가족 구성원들의 자유로운 정서 표현을 격려하고, 가족 구성원의 높은 자존감을 보장하는 가족이라고 하였다. 가족 구성원들이 자신과 타인, 주어진 상황을 모두 존중하고, 수평적이고 일치적인 의사소통을 하며, 정서 억압을 하지 않고 자신의 감정을 진솔하게 드러낼 때 원활한 가족과정이 이루어진다고 할 수 있다(정문자, 정혜정, 이선혜, 전영주, 2011).

가족과정에서 구조와 경계, 위계에 주목한 미누친(S. Minuchin)은 가족이 기능적인 구조를 가지고 있을 때 건강하다고 하였다. 기능적인 가족은 개인 간 또는 하위체계 간에 지나치게 경직되거나 느슨하지 않은 명확한 경계를 가지고 있으며, 윗세대가 아랫세대보다 더 많은 권위와 통제를 지니고 있어 분명한 위계질서를 유지한다고 하였다. 특히 부부 하위체계의 경계와 지위가 분명하여, 부부간의 연합이 부모-자녀 간 세대 동맹보다 강한 것이 기능적 가족의 특징이다. 건강 가족은 가족생활주기의 전이기에 기존 규칙에 집착하기보다 융통적으로 가족 경계와 위계를 재정렬하여 가족의 역할과 기능을 재구조화하는 적응력을 보인다(정문자 외, 2011).

이와 같이 가족과정은 가족 구성원들 간의 교류를 통해 나타나는 가족 역동 과정에 초점을 두기 때문에 의사소통, 애착, 돌봄, 권력, 갈등 등을 다룬다. 가족상담 이론라고 하는 대부분의 모델이 가족과정 관점에 해당된다. 가족과정 관점에서는 가족은 개별 가족에 대한 분석보다 가족 전체로서 보다 잘 이해될 수 있다고 본다. 즉, 부부관계, 부모-자녀 관계, 형제자매 관계, 고부관계와 같은 하위체계보다 가족에 대한 전체적 관점을 강조한다.

1) 의사소통

의사소통은 언어적 또는 비언어적 상징을 이용하여 이루어지는 교류(transaction)이다. 원활한 의사소통은 서로의 상징을 잘 이해하고 의미를 공유할 수 있는 관계라는 것을 뜻한다. 의사소통의 상징과 신호체계에 대한 오해가 없기 위해서는 가족 간에 공유하는 의미를 만드는 과정, 즉 소통에 참여해야 한다. 이러한 과정을 통해 가족은 고유한 가족문화를 형성하게 되고 친밀감을 높이게 된다.

가족 의사소통의 구성요소로는 송신자와 수신자, 사회적 상황의 3요소가 있다.

소통에 참여하는 사람들은 단지 메시지나 정보만 주고받는 것이 아니라 관계 속에서 영향력을 행사한다. 의사소통은 일정한 규칙 안에서 이루어지는 교류의 특성이 있으므로 피드백을 통해 가족 항상성을 유지하게 된다.

가족 의사소통은 가족과정의 핵심 개념으로 총체적인 가족관계의 질을 반영하는 기준이다. 가족의 친밀감과 적응, 권력, 갈등은 물론이고 규칙, 신화, 이미지 등 가족의 기능을 평가하는 데 있어서 의사소통은 중요한 대상이 된다.

가족 의사소통을 평가하기 위해서는 일반적으로 가족의 의사소통의 양(시간), 명료성, 자기노출, 의사소통 유형, 대화의 금기, 이중 구속 또는 위장, 메타의사소통 여부 등에 대한 정보를 수집하여 분석한다. 더 나아가 가족이 의사소통하는 방식

〈자료 5-1〉 가족 의사소통 척도

가족 의사소통 척도

(1: 전혀 그렇지 않다, 2: 대체로 그렇지 않다, 3: 중간이다, 4: 대체로 그렇다, 5: 매우 그렇다)

번호	문항 내용	응답 점수
1	우리 가족은 부정적인 감정과 긍정적인 감정을 함께 나눈다.	
2	우리 가족은 내 이야기를 잘 들어준다.	
3	우리 가족은 각자의 생각을 편하게 이야기할 수 있다.	
4	우리 가족은 가족관계에서 생긴 문제를 쉽게 이야기할 수 있다.	
5	우리 가족은 나를 잘 이해해 준다.	
총점		

- 4점 또는 5점을 응답한 경우 그 문항이 가족의 강점입니다.
- 총점 분석
  - 5~10점: 가족 의사소통을 향상시켜야 합니다.
  - 11~14점: 가족 의사소통에서 바람직한 부분도 있지만 향상시킬 부분도 있습니다.
  - 15~20점: 가족 의사소통이 비교적 바람직하지만 향상시킬 부분도 있습니다.
  - 21~25점: 가족 의사소통이 바람직합니다.
- 가족 의사소통의 강점에 대해 이야기해 보고, 부족한 부분을 향상시킬 수 있는 방법을 생각해 봅시다.

출처: Olson & Olson (2000/2003), pp. 49-50에서 수정·발췌.

은 가족 구성원의 성별과 가족이 속한 문화 그리고 원가족의 의사소통 방식, 가족의 생활주기 등 여러 가지 요인에 영향을 받기 때문에 소통의 맥락을 고려하는 것이 중요하다.

2) 친밀감

친밀감(intimacy)은 서로 가깝게 느끼는 감정으로, 사람들은 친밀감을 위해 결혼하고 가족을 이룬다. 그러나 가족관계 안에서 친밀감의 욕구를 채우지 못하는 경우가 적지 않다. 특히 친밀감 연구의 주 관심 대상은 부부인데, 결혼 만족도나 결혼

〈자료 5-2〉 부부 친밀감 척도

부부 친밀감 척도

(1: 전혀 그렇지 않다, 2: 대체로 그렇지 않다, 3: 중간이다, 4: 대체로 그렇다, 5: 매우 그렇다)

번호	문항 내용	응답 점수
1	우리 부부는 함께 시간을 보낸다.	
2	우리 부부는 서로에게 헌신적이다.	
3	우리 부부는 서로를 가깝게 느낀다.	
4	우리 부부는 함께 있는 것을 좋아하며 즐긴다.	
5	우리 부부는 서로의 원함을 만족시켜 주려고 노력한다.	
총점		

• 4점 또는 5점을 응답한 경우 그 문항이 부부의 강점입니다.
• 총점 분석
  – 5~10점: 부부 친밀감은 개선되어야 합니다.
  – 11~14점: 부부 친밀감은 바람직한 부분도 있지만 향상시킬 부분도 있습니다.
  – 15~20점: 부부 친밀감은 비교적 바람직하지만 향상시킬 부분도 있습니다.
  – 21~25점: 부부 친밀감이 매우 바람직합니다.
• 부부 친밀감 영역의 강점에 대해 이야기해 보고, 부족한 부분을 향상시킬 수 있는 방법을 생각해 봅시다.

출처: Olson & Olson (2000/2003), p. 157에서 수정 · 발췌.

적응은 친밀감과 높은 연관성이 있다. 두 남녀가 성숙한 친밀감을 맺기 위해서는 독립성의 성취가 선행되어야 하며, 관계 속에서 충분한 의사소통의 양과 질, 자기 노출이 이루어져야 한다.

친밀감과 유사한 개념인 애착(attachment)은 인간의 선천적 욕구 중 하나로, 생애 초기 유아가 주 양육자와 맺은 정서적 유대에서 시작된 관계 양식은 이후 발달과정의 정서적·사회적 결과에 중요한 영향을 미치게 된다. 최적의 애착 유형은 안정애착으로, 주 양육자와의 관계에서 안정감과 신뢰를 느낀다면 이후 성인이 되어서 타인과의 친밀한 관계에서 안정된 애착을 형성할 수 있다.

유아 애착이나 성인 애착 모두 관찰과 면접, 설문을 통해 평가할 수 있다. 가족관계 안에서 애착이 개인과 가족의 발달과정을 통해, 또한 세대 전수를 통해 어떻게 지속되거나 변형되는지에 주목하는 것은 원가족과 생성가족의 친밀감, 유대감, 사랑 등을 평가하는 데 중요한 요소이다.

3) 돌봄

돌봄(care)은 가족의 핵심적 특성 중 하나로, 관계에서 일어나는 일련의 감정과 행동 및 자원을 의미하며, 보호와 양육, 훈련 등의 개념을 내포한다(McCarthy & Edwards, 2013). 가족은 돌봄이 일어나는 중요한 장소로 아동과 노인, 장애인 등 사회적 약자에 대한 돌봄의 일차적 책임을 가진다. 돌봄은 폭력이나 통제와 대비되는 개념이지만 종종 경계가 흐려지기도 한다. 예를 들어, 자녀에 대한 양육 행동은 적절한 경우 돌봄이 될 수도 있지만 부적절하면 학대가 될 수도 있다.

돌봄은 연약한 타인에 대한 자연스러운 반응으로, 가족의 핵심 기능이다. 거시적 관점에서 볼 때 돌봄은 성별과 계층, 인종, 세계화에 관련된 사회적 행동으로 분석되기도 한다. 예를 들어, 가족 돌봄의 제공자 대부분이 여성이며 돌봄이 성차가 존재하는 무임금 또는 저임금 노동이라는 점에서 중요한 젠더 이슈이기도 하다. 따라서 상담자는 가족의 돌봄 기능과 유형, 돌봄의 질에 대해 평가하는 것은 중요하며, 아동이나 노인 가족원이 포함된 가족에서 특히 주목해야 한다.

〈자료 5-3〉 부모역할 척도

부모역할 척도

(1: 전혀 그렇지 않다, 2: 대체로 그렇지 않다, 3: 중간이다, 4: 대체로 그렇다, 5: 매우 그렇다)

번호	문항 내용	응답 점수
1	남편(또는 아내)은 자녀 양육에 적극적으로 참여한다.	
2	우리 부부는 자녀 훈육 방식에 대해 만족한다.	
3	부모역할이 결혼생활에 스트레스를 준다.	
4	우리 부부는 부부관계보다 자녀에게 더 많은 관심을 둔다.	
5	우리 부부는 자녀 양육 분담에 대해 만족한다.	
총점		

• 3번과 4번 문항을 역채점(예: 1점 → 5점, 2점 → 3점 등)한 후에 합산합니다.
• 총점 분석
  - 5~10점: 부부가 합심해 부모역할을 수행해야 합니다.
  - 11~14점: 부부의 부모역할은 바람직한 부분도 있지만 노력할 여지가 있습니다.
  - 15~20점: 부부의 부모역할은 대체로 바람직하지만 약간 향상시킬 부분도 있습니다.
  - 21~25점: 부모역할에서 많은 강점을 가지고 있습니다.
• 부부의 부모역할의 강점에 대해 이야기해 보고, 부족한 부분을 향상시킬 수 있는 방법을 생각해 봅시다.

출처: Olson & Olson (2000/2003), pp. 139-140에서 수정 · 발췌.

4) 권력

권력(power)은 타인에게 영향을 주는 능력이나 잠재력이라고 할 수 있다. 가족은 냉정한 바깥 세계와 차별화되는 사랑과 유대로 충만한 안전한 온실이라는 이상화된 사회적 관념의 영향으로, 가족 안에서 일어나는 권력관계에 대해서는 주목하지 못하는 경우가 많다. 그러나 실제로 부부관계와 부모-자녀 관계에서 권력은 주요한 이슈이다.

가족과정에서 드러나는 가족의 정치적 측면에 주목하는 것은 가족문제를 다룰 때 매우 중요하다. 의사결정은 권력의 중요한 지표이므로, 가족권력을 평가하기 위해서 가족 내 중요한 의사결정을 누가 하는지 질문해 볼 수 있다.

〈자료 5-4〉 **부부양성평등 척도**

가족평등 척도

(1: 전혀 그렇지 않다, 2: 대체로 그렇지 않다, 3: 중간이다, 4: 대체로 그렇다, 5: 매우 그렇다)

번호	문항 내용	응답 점수
1	직업은 남성과 여성에게 동등하게 중요하다.	
2	평등한 관계를 유지하기 위해 우리 부부는 더 많은 노력을 해야 한다.	
3	맞벌이 부부의 경우, 남편도 아내가 하는 만큼 가사노동을 해야 한다.	
4	우리 부부는 성별에 의한 역할분담이 아니라 각자의 관심과 적성에 맞게 역할을 분담한다.	
5	우리 부부는 대다수의 의사결정을 함께한다.	
총점		

• 4점 또는 5점을 응답한 경우 그 문항이 가족의 강점입니다.
• 총점 분석
 - 5~10점: 부부역할관계는 전통적이다.
 - 11~14점: 부부역할관계는 평등한 면과 전통적 면이 있다.
 - 15~20점: 부부역할관계는 비교적 평등하다.
 - 21~25점: 부부역할관계는 매우 평등하다.
• 가족관계의 강점에 대해 이야기해 보고, 부족한 부분을 향상시킬 수 있는 방법을 생각해 봅시다.

출처: Olson & Olson (2000/2003), pp. 90-91에서 수정·발췌.

한편, 가족 내 자원 분포는 권력을 식별하는 데 중요한 요소로 가족 내 불평등은 권력 작용의 결과라 할 수 있다. 상담자는 부부관계나 부모-자녀 관계에서 권력의 양상이 어떠한지 주목하고, 권력이 학대적 또는 양육적 방식으로 행사되고 있는지 살펴볼 필요가 있다.

5) 갈등

갈등(conflict)은 개인 또는 집단 간의 욕구가 상충되어 대립하는 과정으로, 제한된 자원이나 양립할 수 없는 가치 및 목적으로 인해 발생한다. 갈등은 어떤 사건의 결과라기보다 과정이며 인간관계에서 필연적으로 존재한다. 가족관계에서도 자원의 희소성과 상호의존된 조건 때문에 갈등이 불가피한 요인이며, 갈등 해결 방식은 가족마다 매우 다양하다. 갈등이 항상 문제가 되는 것은 아니며, 갈등 없는 가족이 건강한 가족이라고 할 수도 없다. 최근으로 올수록 갈등은 자연스러운 가족과정의 일부이며 잘 대처하고 관리한다면 긍정적 변화의 원동력이 될 수 있다고 보는 경향이 강하다.

〈자료 5-5〉 갈등해결 방식 척도

갈등해결 방식 척도

(1: 전혀 그렇지 않다, 2: 대체로 그렇지 않다, 3: 중간이다, 4: 대체로 그렇다, 5: 매우 그렇다)

번호	문항 내용	응답 점수
1	우리 가족은 적절할 때 화해한다.	
2	우리 가족은 갈등의 소지가 있는 문제들을 무시한다.	
3	우리 가족은 사소한 문제를 큰 문제로 만든다.	
4	우리 가족은 문제를 해결하는 방식이 다르다.	
5	우리 가족은 문제를 함께 의논하여 해결한다.	
총점		

- 4점 또는 5점을 응답한 경우 그 문항이 가족의 강점입니다.
- 2번, 3번, 4번 문항은 역채점(예: 1점 → 5점, 2점 → 3점 등)한 후에 합산합니다.
- 총점 분석
  - 5~10점: 가족 갈등해결 방식은 개선되어야 합니다.
  - 11~14점: 가족 갈등해결 방식은 바람직한 부분도 있지만 향상시킬 부분도 있습니다.
  - 15~20점: 가족 갈등해결 방식은 비교적 바람직하지만 향상시킬 부분도 있습니다.
  - 21~25점: 가족 갈등해결 방식이 매우 바람직합니다.
- 가족 갈등해결 방식의 강점에 대해 이야기해 보고, 부족한 부분을 향상시킬 수 있는 방법을 생각해 봅시다.

출처: Olson & Olson (2000/2003), pp. 72-73에서 수정·발췌.

갈등을 억압하거나 회피하는 것은 건설적인 대처 방식이 아니다. 상대방을 비난하는 것은 분노와 비난의 악순환에 갇히기 때문에 파괴적이다. 현재의 문제를 다루기보다 과거를 들추어내는 것 또한 갈등의 문제를 객관적으로 보는 데 장애가 된다.

갈등의 원천에 대해 가족 구성원 간에 의사소통이 원활하게 이루어지고 갈등을 일으키는 불평등에 대해 기꺼이 재협상할 준비가 되어 있다면, 갈등은 오히려 가족의 응집력을 높이고 성장할 수 있는 계기를 제공한다. 만일 가족이 갈등관리 능력이 부족해 파괴적으로 대처하면 가출, 폭력, 이혼, 자살 등 극단적인 결과를 초래할수도 있다.

2. 가족 위기와 스트레스

가족은 정상적인 가족 발달과정에서 출생이나 자녀 사춘기, 은퇴 등 발달적 과도기에 위기를 맞기도 하지만, 실업이나 사고, 재해 등 예측하기 어려운 상황적 사건이나 세대 전수되어 온 만성적 가족문제에서 벗어나지 못한 채 위기를 경험하기도 한다. 어떤 가족은 가족 내외의 자원을 활용하여 위기를 잘 헤쳐 나가지만 외부의 도움 없이는 문제를 해결하기 어려운 상황에 처하는 경우도 있다.

최근의 보고에 의하면 우리나라의 **위기 · 취약가족**은 1,000만 가구 이상으로 추정되는데, 이는 전체 가족의 약 58%에 이른다(김승권, 2012). 즉, 우리 사회의 절반 이상의 가구가 질병, 빚, 실업 등으로 인한 위기 상태를 겪고 있는 셈이다. 위기 사유의 비중을 보면, 가족의 건강문제, 경제적 어려움(부채, 빚), 취업 및 실업, 자녀 문제, 가족관계 문제, 주거 문제, 알코올 문제, 가출, 폭력 등의 순으로 나타났다. 이혼, 사고사, 자살, 타살에 의한 사망, 화재, 교통사고 등의 기타 다양한 원인에 의해 발생한 위기가족도 28만 가구 이상으로 추정되고 있다(김승권, 2012). 이 보고에 따르면, '가구원의 건강'으로 위기를 맞은 가구가 400만 1,000 가구로 가장 많고, '부채 · 카드 빚 등 경제적인 어려움'을 겪는 가구도 386만 6,600 가구에 달하는 것으로 나타났다. '가구원의 취업 및 실업'(82만 1,900 가구)과 '자녀 교육 혹은 행동'(53만 5,800 가구) 때문에 위기에 처한 가구도 130만 가구가 넘었다(한국일보, 2012. 6. 17.). 이 외에도 이혼으로 위기를 맞은 가족 11만 4,284명, 가족 구성원이 질병 외 사고사, 자살, 타살로 사망한 가족 3만 2,647명(2010년), 화재로 재난을 겪은 가족 4만 1,863명(2010년)을 포함하면 19만 명 정도가 추가된다.

가족의 위기성 및 취약성 증가는 해당 가족의 고통 외에도 지역사회와 국가에 부담으로 작용해 사회 통합을 저해한다. 가족 위기를 적절하게 평가하기 위해서는 가족생활주기에 따른 생활 사건과 다양한 스트레스를 명확히 평가해야 한다. 이 절에서는 가족 스트레스 모델 및 가족문제와 트라우마 대처에 대해 살펴보도록 한다.

1) 가족 스트레스

가족위기(family crisis)란 가족 내부나 외부의 극심한 변화에 의해 평형이 깨진 상태를 의미하며, 위기에 처한 가족은 제대로 기능을 수행할 수 없게 된다. **가족 스트레스**는 가족에 변화를 유발하는 사건이나 상태인데, 가족 스트레스가 반드시 가족위기를 유발하는 것은 아니다. 이혼이나 장애 등은 스트레스이지만, 알코올중독이나 가정폭력 등은 위기라고 할 수 있고, 이러한 위기가 이미 표출되었을 때 가족문제라고 말할 수 있다. 가족위기를 유발할 수 있는 스트레스를 설명하는 몇 가지 모델은 다음과 같다.

(1) 스트레스 취약성 모델

스트레스 취약성 모델은 개인이 어떤 행동이나 문제에 대한 생물학적·유전적·인지적 소인을 가지고 있는 상태에서 환경적 스트레스와 상호작용하여 질병 발생 조건이 만들어진다는 것이다. 즉, 신경전달물질이나 유전적 요인으로 인해 스트레스에 취약한 사람이 경제적 어려움이나 이혼 등 심리사회적 스트레스원(stressor) 또는 발달적 생활 사건이 출현함에 따라 취약성의 경계를 넘게 되면 특정 문제가 발생할 가능성이 높아진다는 것이다. 생활 사건이 취약성 경계 범위 내에 있으면 항상성으로 반응하여 정상 범주에서 기능할 수 있으나, 만일 경계를 넘으면 장애가

[그림 5-1] 스트레스 취약성 모델

출처: 서미경(2014), p. 22에서 재인용.

발생하게 된다. 그러나 시간이 지나면서 생활 사건이 경계선 내에서 안정화되면 발생한 문제가 감소하며 이전 상황으로 돌아온다.

(2) ABC-X 모델과 이중 ABC-X 모델

힐(Hill, 1958)의 가족 스트레스 이론인 **ABC-X 모델**은 네 가지 구성요인(A: 스트레스원, B: 가족의 위기대처 자원, C: 스트레스원에 대한 가족의 정의, X: 가족의 위기)으로 구성된다. 즉, 가족의 위기는 스트레스원의 정도, 가족의 자원, 스트레스원에 대한 가족의 인지의 세 요인에 따라 위기의 정도가 결정된다는 것이다(McCubbin & Patterson, 1983에서 재인용).

ABC-X 모델을 기본으로 진일보한 **이중 ABC-X 모델**에서는 시간에 따른 가족의

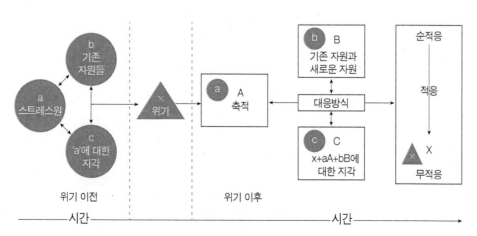

[그림 5-2] 이중 ABC-X 모델

출처: McCubbin & Patterson (1983), p. 12.

적응 과정과 스트레스의 누적에 따라 가족의 적응 정도가 결정된다고 설명한다. 이
중 ABC-X 모델은 기존의 ABC-X 모델을 단일 위기를 설명하는 틀로 보고, 가족의
위기가 축적됨에 따른 누적 스트레스에 대한 가족의 대처 과정을 강조한다.

(3) FARR 모델

가족 조절 및 적응 반응(Family Adjustment & Adaptation Response: FAAR) **모델**은 가

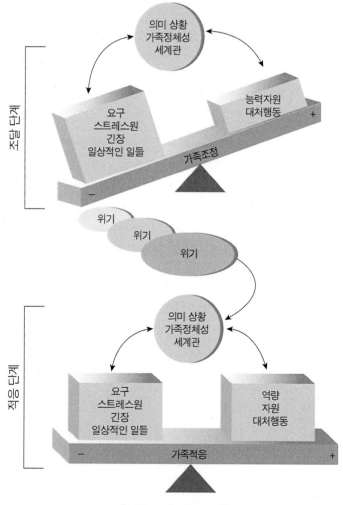

[그림 5-3] FARR 모델

출처: Patterson (2002); 조성연 등(2009)에서 재인용.

족 탄력성 모델과 스트레스 모델을 통합하여, 스트레스에 대한 가족의 적응과정을 조정(adjustment) 단계와 적응(adaptation) 단계로 나누어 설명한다(Patterson, 2002: 조성연, 백경숙, 옥경희, 전효정, 전연진, 2009에서 재인용). **FARR 모델**의 세 가지 개념은 생활 사건을 포함한 스트레스원을 의미하는 요구(demands), 가족의 자원과 대처행동을 의미하는 역량(capabilities), 가족의 정체성과 보호능력, 위험의 본질을 뜻하는 의미(meanings)이다. 이들 요소는 상호작용하는 과정에서 조정 단계를 거쳐 적응하는 단계에 이른다. 위기를 균형 있게 처리하는 과정을 조절이라고 하고, 만일 가족의 역량을 벗어나 조절이 안 되면 부적응 상태가 되어 위기를 맞게 된다.

(4) 수평적 대 수직적 스트레스 모델

카터와 맥골드릭(Carter & McGoldrick, 1989)은 다세대 관점에서 수평적 스트레스원과 수직적 스트레스원 모델을 제시하였다(조성연 외, 2009). **수평적 스트레스원**은 가족 발달에서 겪을 수 있는 다양한 생활 사건을 의미하며, 이는 다시 규범적 스트레스원과 비규범적 스트레스원으로 나눌 수 있다. 규범적 스트레스원은 결혼, 출산, 은퇴와 같은 예측 가능한 발달적 요인들인 반면, 비규범적 스트레스원은 사고, 질병, 자연재해와 같은 예측하기 어려운 상황적 요인을 의미한다.

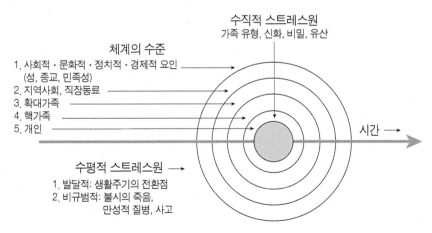

[그림 5-4] 수평적 대 수직적 스트레스 모델

출처: Carter & McGoldrick (1988/2000), p. 9.

수직적 스트레스원은 세대에서 세대로 전수되는 요인들로 가족규칙, 가족신화, 신앙이나 가훈 등 가족과정이나 가족의 기능과 관련된 부분을 포함한다. 가족 내 폭력이나 중독도 세대 전수되는 경우가 적지 않으므로 긍정적이거나 부정적인 수직적 스트레스원을 평가하는 것은 필요하다.

　　수평적 스트레스원과 수직적 스트레스원은 상호작용하여 가족에게 복잡한 영향을 미칠 수 있다. 두 차원의 스트레스원을 평가하면서 스트레스원들이 지속되거나 겹치는 기간과 고통의 정도를 평가하는 것이 필요하다. 가족과 면담할 때 기본 정보 수집 과정에서 수평적 스트레스원을 먼저 평가할 수 있으며, 이후 심층적인 면접을 통해 수직적 스트레스원을 평가하는 것이 용이하다.

〈자료 5-6〉 청소년-가족의 생활사건 척도

청소년-가족의 생활사건 척도

(Adolescent-Family Inventory of Life Events & Changes)

① 척도 소개: 최근에 겪은 여러 가지 생활사건의 빈도 누적을 평가한다.
② 척도 개발 과정 및 신뢰도: 올슨 등(Olson et al., 1992)이 개발한 이후, 연구대상이나 문화적 맥락에 맞게 수정되어 사용되었다. 원판의 문항은 50문항으로 이루어졌으나, 한국 상황에 맞게 재구성한 49문항을 제시한다. 전체 신뢰도(내적상관도)는 .60 안팎이나 이는 각 생활사건 간의 연계가 부족할 수밖에 없는 점을 고려해야 한다.
③ 채점 방법: 가능한 점수 범위는 0~49점으로, 점수가 높을수록 청소년에게 스트레스를 주는 생활사건이 누적되었음을 의미한다.
④ 출처: Olson, D. H., McCubbin, H. I., Barnes, H., Larsen, A., Muxen, M., & Wilson, M. (1992). *Family inventories*. St. Paul, MN: Department of Family Social Science, University of Minnesota.

* 다음 문항 중 여러분이나 여러분의 가족이 지난 6개월간 경험한 사건들에 표시하여 주십시오.

1. 부모님이 새로운 사업을 시작하셨다.	2. 부모님이 직장을 그만두셨다.
3. 부모님이 이혼이나 별거를 하셨다.	4. 부모님이 재혼하셨다.
5. 가족 중에 장애인이 있다.	6. 가족 중에 한 명이 결혼을 하였다.
7. 입양한 형제가 있다.	8. 새로 학교에 입학한 형제가 있다.
9. 전학한 형제가 있다.	10. 부모님이 공부를 시작하였다.

11. 가출한 형제가 있었다.

12. 대학이나 군대에 간 형제가 있다.

13. 부모님이 새 직장으로 옮겼다.

14. 이사를 했다.

15. 가족 중에 성(性) 관련 문제가 있었다.

16. 가족의 재산 손실이 있었다.

17. 가족 구성원의 죽음을 겪었다.

18. 가까운 친척의 죽음이 있었다.

19. 가까운 친구의 죽음이 있었다.

20. 자살을 시도한 가족이 있었다.

21. 심각하게 아픈 가족 구성원이 있었다.

22. 정서적 문제가 있는 가족 구성원이 있었다.

23. 조부모님이 심각하게 아프셨다.

24. 부모님이 조부모님을 모시게 되었다.

25. 가출한 가족이 있었다.

26. 가족의 빚(채무)이 늘어났다.

27. 가족의 재정 문제가 있었다.

28. 부모님이 바깥일로 더 바쁘셨다.

29. 가족과 어울리는 것을 싫어하는 형제가 있다.

30. 부모님끼리 언쟁이 많아졌다.

31. 형제들끼리 언쟁이 많아졌다.

32. 부모님과 내 친구 문제로 갈등이 많아졌다.

33. 부모님과 귀가 시간 문제로 갈등이 많아졌다.

34. 부모님과 종교 활동 문제로 갈등이 많아졌다.

35. 나와 부모님 간에 외모나 치장 문제로 갈등이 많아졌다.

36. 나와 부모님 간에 공부와 성적 문제로 갈등이 많아졌다.

37. 약물이나 흡연, 음주로 인한 문제가 있는 가족 구성원이 있다.

38. 형제가 학교를 중퇴했다.

39. 흡연, 음주 등의 문제로 부모님과 갈등이 많아졌다.

40. 가족 중에 집행유예 또는 구속·수감·재판 중인 사람이 있다.

41. 가족이 범죄의 피해를 입었다.

42. 친구와 갈등이 있었다.

43. 선생님과 갈등이 있었다.

44. 친척과 갈등이 있었다.

45. 이성 문제로 고민이 있었다.

46. 성(性) 문제로 고민이 있었다.

47. 장래진로 문제로 고민이 있다.

48. 성적 문제로 고민이 있었다.

49. 외모 때문에 고민이 있었다.

2) 가족문제

가족문제(family problem)라는 용어는 가족기능상의 장애가 유발된 상태로, 가족이 적응에 실패해 위기에 처한 상태를 의미한다. 가족의 역기능(dysfunction)은 단기적으로 발생하는 경우보다 여러 세대에 걸쳐 진행된 박탈의 순환, 부적절한 양육과 학대, 정신질환, 도덕적 질서와 통제로부터 벗어난 생활 습관 등을 의미한다. 이러한 문제들은 세대 전수된 빈곤과 폭력, 차별 속에서 가족의 부적응이 증폭되기도 한다(McCarthy & Edwards, 2013).

전통적인 가족문제 또는 역기능적 현상으로 이혼, 외도, 알코올중독, 아내구타, 청소년 비행 등이 있지만, 최근 사회 변화와 맞물려 청소년 자녀의 부모학대, 게임 중독 등 새로운 문제들이 주목받고 있다. 가족문제는 특정 가족유형, 즉 가족의 구조와는 관계없이 어떤 형태의 가족에서든 준비되지 않은 결혼과 가족생활이라면 문제가 발생할 가능성이 있다.

전국 건강가족지원센터에 의뢰된 상담사유를 바탕으로 우리나라 가족들이 어려움을 호소하는 문제를 분석해 본 결과, 첫째, 부부상담의 주요 문제로는 부부관계 갈등 및 의사소통(약 4만 3,000명)이 가장 높았고, 성격과 가치관 차이(4,294명), 배우자 외도(3,463명), 배우자 폭력(2,014명), 성문제와 중독, 경제 문제(8,463명) 순으로 나타났다. 둘째, 부모-자녀 상담의 주요 내용으로는 세대 갈등(10,079명)이 가장 높았고, 그다음은 자녀 양육(7,777명), 자녀 성격/정신건강(4,085명), 대인관계(936명), ADHD(807명), 비행 및 학교폭력(460명), 자녀 간 갈등(394명), 학업/진로(271명), 자녀의 성/이성 문제(110명) 등의 순이었다. 셋째, 기타 가족상담에 의뢰된 사유로는 원가족 갈등(1,918명), 친지 갈등(335명)과 부양/간병(235명), 가족의 죽음(187명), 역할 분담 및 기대(179명) 등의 순으로 나타났다(한국건강가족진흥원, 2017).

가족상담사가 초기면접에서 가족문제 평가를 할 때, 가족이 호소하는 문제와 심층적인 문제는 다를 수 있으므로 유의해야 한다. 즉, 가족이 상담에 가져오는 주요 문제는 종종 가족에게 고통을 주는 만성적인 문제와 동일한 것일 수도 있지만 다른 경우도 적지 않다. 따라서 상담자는 가족생활의 광범위한 영역에 걸쳐 가족문제가 나타날 수 있음을 염두에 두고 진단지를 활용해 영역별 가족문제를 꼼꼼하게 확인한다. 일반적으로 가족은 안전하게 느끼는 문제를 상담자에게 우선 제시하며, 상담이 진행되면서 충분한 안전감을 느낄 때 심층적인 문제를 노출할 수 있다.

가족문제 영역 평가를 위해 14장 〈자료 14-2〉의 문제영역 평가지를 참고하기 바란다.

3) 가족 트라우마

가족이 경험하는 외상 사건, 즉 **트라우마**(trauma)에 대한 사회적 관심이 높아지고 있다. 트라우마는 '내부와 외부의 극심한 충격으로 인해 발생하는 정신적 외상'을 의미하며, 상당수의 가족이 학대, 자살, 타살, 납치, 자연재해, 교통사고, 질병 선고 등으로 심각한 트라우마에 시달린다. 가족이 경험한 트라우마는 종종 여러 세대를 거쳐 전수되는데, 부모의 트라우마 전력은 폭력이나 부적절한 양육을 통해 또다시 자녀 세대의 트라우마를 야기한다(제석봉 외, 2014).

트라우마의 일차적 충격은 외상을 경험한 개인에게 가해지지만, 그 가족 역시 이차적인 트라우마 과정을 경험한다. 예상치 못한 극심한 사건이나 학대와 같은 만성적 트라우마에 노출되면, 개인과 가족은 무기력감과 함께 통제력을 상실하게 되고 가족생활 전체에 심각한 영향을 받게 된다. 트라우마를 겪은 가족은 악몽, 플래시백(회상 장면), 소외감, 수면장애, 과도한 경계심, 사건을 상기시키는 활동 회피 등의 증상을 보인다.

가족은 위기가 시작되는 단계에서 갑작스러운 스트레스에 무감각해지고 위기 자체를 부인하기도 한다. 그러나 위기의 현실을 이해하게 되면서 점차 와해(disorganization) 단계에 접어든다. 와해 단계의 가족 조직은 혼란에 빠지며 일상적인 생활과 역할이 모호해진다. 가족 구성원의 외부 활동이 위축되고, 가족관계와 친족관계가 변화한다. 와해 단계에서 가족 구성원들이 갈등과 정서 표현을 어떤 방식으로 하는가는 가족의 전반적인 회복 수준에 영향을 미친다. 일단 위기가 최악의 상태를 지나면 가족 구성원들은 새로운 일상에 적응하며 회복 단계를 준비한다. 어떤 가족은 위기 상황 이전보다 낮은 수준에서 가족을 조직하며 정체 상태에 머물기도 하지만, 다른 가족은 원래 상태로 돌아오거나 위기 상황을 돌아보며 더 나은 수준의 가족을 조직하기도 한다(제석봉 외, 2014).

가족이 스트레스 사건에 대처하기 위해 사용하는 기존의 전략이 효과가 없을 때 가족은 와해 위기에 처한다. 힐은 위기(crisis)를 '일상적인 행동 패턴으로 해결하기 어렵고 즉각적으로 새로운 행동이 요구되는 상황'이라고 정의하였다(문혁준 외,

2015 재인용). 한편, 가족의 취약성은 사회경제적으로 약자의 위치에 있거나 질병, 사고 등이 발생했을 때 현재의 상황을 유지하기 어려운 상황을 의미한다(김승권, 2012). 현대사회에서 모든 가족은 다양한 스트레스에 직면하고, 나름의 위기 대처 방식을 통해 위기 상황을 해결하려고 노력한다. 정책 지원을 필요로 하는 위기 수준 순으로 볼 때, 이혼가족, 자살유가족, 가정폭력피해가족, 인적재난피해가족 등이 대표적인 위기가족이라 할 수 있다(김승권, 2012).

복잡한 현대사회에서 스트레스와 트라우마 사건에 노출될 경우 가족은 쉽게 취약한 상태가 되어 와해의 위기에 처한다. 더욱이 핵가족이나 그보다 더 작은 단위의 가족 형태가 늘어나고 있는 현실에서 친족 네트워크도 과거와 같지 않아 더욱 위기에 취약한 가족이 늘고 있다. 우리나라 가족의 위기성 및 취약성 증가는 위기에 처한 가족의 고통을 유발할 뿐만 아니라 사회적 비용의 증가와 사회 통합의 저해를 초래한다(김승권, 2012).

〈자료 5-7〉 '세월호 생존자'의 트라우마

세월호 일반인 생존자 이영준(40대, 가명) 씨는 스스로 '외상후 스트레스 장애(PTSD)'(트라우마)가 없다고 여겼다. 그래서 사고 직후 병원에 18일 남짓 입원했다가 곧장 업무에 복귀했다. 하지만 그게 아니었다. 지난해 12월부터 작은 소리에도 가슴이 답답해 숨이 막히고 사고 당시 장면이 자꾸 떠올라 일상생활을 제대로 할 수 없었다. 전형적인 외상후 스트레스 장애 증상이다. 나흘이나 잠을 못 자다가 약을 먹고 이틀 내내 잠들기도 했다. 제때 출근하지 못하는 날도 잦아졌다. 결국 2월 초 권고사직을 당했다.

정부는 2014년 5월 생존자 · 유가족이 몰려 있는 경기도 안산에 '안산정신건강트라우마센터(안산온마음센터)'를 열고 심리상담 · 치료 등을 지원하고 있다. 하지만 다른 지역에 흩어진 생존자와 유가족은 적극적인 관리 대상에서 벗어나 있다. 보건복지부는 사고 직후 세월호에서 구조된 일반인 승선자와 희생자 가족 등을 대상으로 광역 단위로 가족방문이나 전화를 통한 '찾아가는 심리지원 서비스'를 제공하겠다고 발표했다. 그러나 '대상자들이 적극적이지 않다'는 이유로 흐지부지되고 있다.

전문가들은 세월호 생존자 등이 지속적인 상담 · 치료를 받을 수 있도록 주변 사람과 지역사회가 적극적으로 도와야 한다고 조언한다. 조인희 대한소아청소년정신의학회 재난특임위원회 이사는 "안산에 살지도 않고 성인인 생존자는 시간이 흐르며 세상의 관심에서 멀어지고 무엇보다 생계 부담 탓에 트라우마 치료를 받지 않을 위험이 매우 크다. 그러나 잠재된 트라우마가 해결되지 않으면 시간이 지난 뒤에라도 자책감 등으로 괴로워할 수 있다. 정부와 지방자치단체가 지속적인 지원 시스템을 갖추고 생존자들이 상담과 치료를 받도록 이끌어야 한다."고 말했다.

출처: 한겨레(2015. 3. 24.)에서 일부 발췌 · 수정.

3. 가족 건강성

1) 가족 강점 접근

1980년대 이전까지 상담자들은 병리적 가족의 특성에 집중해 왔지만, 점차 가족의 강점과 자원에 관심을 두기 시작했다. 연구자들은 정상 가족(normal family), 강한 가족(strong family), 기능적 가족(functional family), 탄력적 가족(resilient family), 균형적 가족(balanced family) 등 다양한 명칭으로 건강 가족에 대해 서술하였으며, 가족의 실패보다 성공에, 가족의 부정적인 측면보다 잠재력 개발과 성장에 초점을 둔다는 특징을 갖는다.

개인 또는 가족이 건강하다는 것은 신체적 질병이 없다는 협의의 의미뿐만 아니라 정신적·사회적·도덕적 복지 상태를 의미한다. 즉, 건강한 가족은 공동체로서 개인을 보호하고 사회에 적응하는 데 있어 가족 구성원들의 신체적·심리적 행복을 보장해 주는 체계임을 나타낸다. 유영주(1995)는 건강한 가족이란 외부의 환경 변화에 잘 적응하고, 스트레스에 긍정적으로 대처하며, 가족 구성원들 간에 의사소통이 원활하고, 협동과 타협이 잘 이루어지는 가족이라고 정의하였다(조희금 외, 2013 재인용).

강점 관점을 기반으로 하는 접근은 가족의 강점을 활용하고, 가족을 둘러싼 환경에서 자원을 발견하며, 필요한 자원을 개발하여 가족의 능력을 향상시키는 데 초점을 둔다. 이 접근은 병리적 관점에서 기인된 의료적 모델에서 벗어나 내담자의 능력과 강점에 초점을 두며, 문제 해결을 위해 가족을 전문가(상담자)와 협력적 관계에 있는 파트너로 보고 권한을 부여하는 실천 모델이다(서미경, 2014).

이 접근의 특성은 다음과 같다. 첫째, 문제를 치료하는 것보다 성장을 지향하여 가족의 기능을 강화한다. 둘째, 전문가와 가족 간 공동 책임을 전제로 하는 협력적 파트너 관계를 수립한다. 셋째, 내담자의 문화에 맞고 그들의 방식에 맞도록 문제와 욕구를 평가한다. 넷째, 가족이 가지고 있는 자연스러운 지지망을 최대한 활용한다.

<자료 5-8> 건강 가족 관점의 명제

- 모든 가족은 강점을 가진다.
- 가족의 약점은 문제를 해결해 주지 못하지만 강점은 문제를 해결해 준다.
- 가족의 강점은 가족구조에 대한 것이 아니라 가족기능에 대한 것이다.
- 건강한 결혼이 건강한 가족의 중심이다.
- 건강한 가족에서 성장한 자녀는 성인이 되어 건강한 가족을 만들 가능성이 높다.
- 가족의 경제력과 가족의 건강성이 비례하는 것은 아니다.
- 가족의 건강성은 시간에 따라 변한다.
- 가족생활주기의 전환기에서 가족의 건강성은 도전을 받는다.
- 가족의 건강성은 위기에 대한 반응으로 개발될 수 있다.
- 가족이 속한 문화에 따라 건강성이 표현되는 방식은 독특할 수 있지만, 문화 간 차이보다는 유사성이 높다.
- 건강한 가족이라도 갈등을 가진다.
- 가족 건강성은 긍정적인 정신적 연결과 소속감과 같은 건강한 정서로 특징지어진다.

출처: 이선형, 임춘희(2009), pp. 65-67에서 발췌·수정.

조희금 등(2013)은 건강 가족이 어떤 일정한 형태로 존재하는 정적 상태가 아니라 가족생활의 토대가 되는 여러 요소를 유지할 때 가능한 복합적 개념이라 하였다. 어떤 형태의 가족도 어느 정도의 건강성은 가지고 있으며, 동시에 특정 영역에서 부족함이 있을 수 있다. 조희금 등(2013)은 건강한 가족생활의 토대가 되는 다양한 요소를 <자료 5-9>와 같이 다섯 가지 영역의 열두 가지 요인으로 설명하였다.

<자료 5-9> 건강 가족의 구성요소

영역	요소
1. 기본 토대	가족경제의 안정, 안정적 의식주 생활
2. 가족관계	민주적이며 양성 평등한 가족관계, 열린 대화, 휴식과 여가 공유
3. 가족역할	자녀의 성장·발달 지원, 합리적인 자원 관리, 가족 역할의 공유
4. 사회와의 관계	일과 가족의 조화, 건강한 시민의식과 자원봉사활동, 지역사회활동 참여
5. 가족문화	건강한 가족생활문화의 유지와 창조

출처: 조희금 외(2013).

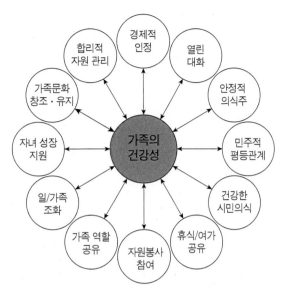

경제적 인정
열린 대화
합리적 자원 관리
안정적 의식주
가족문화 창조·유지
민주적 평등관계
가족의 건강성
자녀 성장 지원
건강한 시민의식
일/가족 조화
휴식/여가 공유
가족 역할 공유
자원봉사 참여

[그림 5-5] 가족 건강성의 12요소

출처: 조희금 외(2013), p. 38.

2) 강점기반 평가

최근 가족상담 현장에서는 내담자 가족의 탄력성에 주목하는 강점 활용에 대한 관심이 증가하고 있다. 가족강점이란 가족 구성원의 자원, 재능, 능력, 소망, 기술, 기회 등과 함께 가족 구성원 상호 간의 지지, 헌신, 인정, 적응성과 융통성, 상호 인정, 가족 정체성과 자부심, 가훈이나 신념체계 등도 포함한다(이원숙, 2016).

만일 상담자나 사회복지사가 가족의 결함이나 결핍에 초점을 두고 평가를 하게 되면, 이후 모든 개입 과정에서 가족의 결함에만 집중하게 된다. 문제에 치중하는 병리적 관점을 취할 경우 내담자의 성장 잠재력을 파악하는 데 장애가 되며, 이미 자신이 무가치하다고 느끼는 내담자들의 자존감을 향상시켜 주기 어렵다.

강점기반 관점에서는 상담자가 내담자와 함께 작업하는 관계이기에 상호 간의 대화(dialogue)와 협력(collaboration)이 중요하다. 따라서 상담자는 전문가로서의 입장을 취하기보다 내담자와 공동 작업을 하는 파트너로서 공감, 포용력, 평등에 기반을 둔 진정성 있는 관계를 형성하는 것이 강조된다.

〈자료 5-10〉 병리적 접근과 강점기반 접근의 비교

병리적(pathology) 접근	강점기반(strength) 접근
• 개인은 하나의 '사례'로 규정되며 개인의 증상을 진단한다.	• 개인은 고유한 존재로 규정되며 그의 특성과 자원은 강점이 된다.
• 치료의 초점은 문제이다.	• 치료의 초점은 가능성에 있다.
• 개인의 진술은 전문가의 재해석을 통해 진단 내려진다.	• 개인의 진술은 그 사람을 이해하기 위한 중요한 과정이다.
• 상담자는 내담자가 자신의 이야기를 합리화하는 것은 아닌지 의구심을 갖는다.	• 상담자는 내담자의 내면을 이해하기 위해 노력한다.
• 유년기에 겪은 트라우마는 성인기 병리의 예측 요인이다.	• 유년기에 겪은 트라우마는 예측 가능하지 않다.
• 치료는 전문가가 세운 치료 계획에 의해 이루어진다.	• 가족, 개인, 공동체의 참여에 의해 개입 활동이 이루어진다.
• 전문가의 기술과 지식이 실천을 위한 자원이다.	• 개인, 가족, 공동체의 강점, 능력, 적응기술 등이 실천을 위한 자원이다.
• 서비스의 목적은 증상의 영향을 감소시키고, 개인과 가족, 공동체에 미치는 부정적 결과를 감소시키는 데 있다.	• 서비스의 목적은 개인과 가족의 삶이 성공적으로 영위되고, 공동체에 대한 소속이 형성되도록 도와주는 데 있다.

출처: Schriver (2011/2013), p. 144에서 재인용.

〈자료 5-11〉 가족강점(Family Strength) 척도

문항
1. 우리 가족은 서로를 위해 좋을 일을 한다.
2. 우리 가족은 느끼는 대로 말할 수 있다.
3. 우리는 가족을 자랑스러워한다.
4. 문제가 있을 때 자녀의 제안도 환영받는다.
5. 우리 가족은 필요시 도움을 요청할 수 있는 친구와 친척이 있다.
6. 우리는 서로에게 관심이 있다는 사실을 표현하다.
7. 우리는 서로의 이야기를 경청한다.
8. 우리는 가족으로서 함께 뭉친다.
9. 우리 가족은 유사한 가치와 신념을 가진다.
10. 우리 가족은 지역사회 혹은 종교집단 활동에 참여한다.
11. 나는 우리가 가족으로서 친밀한 것에 대해 행복하다.
12. 우리는 서로의 강점을 이해하는 것이 중요하다고 믿는다.
13. 우리는 가족전통을 가지고 있고 이를 지켜 나간다.
14. 자녀는 규칙과 훈육에 대한 의견을 말할 수 있다.

15. 문제가 있을 때, 우리는 동일한 문제를 겪는 다른 가족에게 기꺼이 도움을 요청할 의사가 있다.
16. 우리는 가족 내 다른 사람들이 어떻게 느끼는지에 대해 관심을 쏟는다.
17. 우리는 논쟁하지 않으면서 문제에 대해 이야기할 수 있다.
18. 우리는 우리 가족의 역사에 대해 자랑스러워한다.
19. 집안일은 가족 구성원들에게 공정하게 나뉜다.
20. 우리 가족은 필요할 때 외부의 전문적 도움을 받을 의사가 있다.
21. 우리는 서로를 존중한다.
22. 우리는 함께 이야기 나누는 것을 즐거워한다.
23. 가족 구성원은 서로에게 충성심을 느낀다.
24. 주요한 가족문제를 결정할 때 각 가족 구성원은 의견을 표명할 수 있다.
25. 떨어져 사는 가족 구성원과 만남을 지속하고 있다.

하위 영역별 가족강점 점수표
가족돌봄: 1, 6, 11, 16, 21번 문항의 총점
의사소통: 2, 7, 12, 17, 22번 문항의 총점
가족 자부심: 3, 8, 13, 18, 23번 문항의 총점
가족 결속감: 4, 9, 14, 19, 24번 문항의 총점
지역사회 및 가족유대: 5, 10, 15, 20, 26번 문항의 총점

출처: 이원숙(2016), p. 132.

3) 가족 탄력성

탄력성(resilience)이란 '탄성' '회복력'으로, 즉 '질병이나 트라우마, 역경을 극복하고 빨리 회복하는 힘' 또는 '사람(가족)들이 역경을 극복하고 시련에 맞서 싸우면서 오랜 시간에 걸쳐 축적한 기술, 능력, 지식, 통찰력'을 의미한다. 개인이나 가족이 역경 속에서도 다시 일어나 강해지고 자원을 풍부하게 만들 수 있는 적응 유연성, 복원력을 뜻하는 용어이기도 하다.

가족 탄력성은 가족강점 접근에서 가장 대표적 개념이라고 할 수 있다. 월시(Walsh, 2002)는 가족 탄력성이 '취약하지 않음'을 의미하는 것이 아니라 고통에 효과적으로 맞서 '잘 견뎌 내는 것'이라고 강조하였다(문혁준 외, 2015 재인용). 즉, 곤궁한 상태를 의미하는 것이 아니라 어려운 상황에 적극적으로 대처하여 극복하려

는 자세를 의미하는 것이다. 빈곤이나 장애, 알코올중독, 만성질환 등에 대한 과거의 연구들이 가족의 문제와 역기능적 측면을 부각했다면, 최근의 연구들은 긍정적인 시각에서 역경 속의 가족일지라도 어려움을 견디고 환경을 조절해 나가는 역량에 초점을 두고 있다.

가족 탄력성은 역경을 강화와 성장의 기회로 변화시킨다. 위기 상황에 직면하고 극복하려는 가족의 잠재력은 자신의 삶을 책임지게 하고, 상처를 치유할 수 있도록 하며, 문제를 통해 오히려 가족이 강화되고 성장하게 하는 원동력이 된다. 가족 탄력성의 구성요인으로 월시는 신념체계, 조직 유형, 의사소통 과정의 세 가지를 지적하였다(Walsh, 2002).

> 나는 나 자신이 고통받고 있는 가족의 결함과 역경에도 '불구하고' 강하다고 생각했다. 그러나 나는 근래에 들어서야 그런 경험들 '때문에' 나의 강점이 나타난 것이라는 것을 깨달았다. 탄력성은 '역경에도 불구하고'가 아니라 '역경을 통해' 형성된다. 삶의 위기와 어려움은 우리가 그 도전에 직면하여 일어설 때 최고의 것을 가져다준다(Walsh, 2002, p. 37).

(1) 신념체계

신념체계(belief system)는 가족기능의 핵심이며 탄력성의 본질이고 강력한 힘이다. 가족들이 공유하고 있는 신념체계는 가치와 태도, 편견 등을 포함하며, 행동의 지침을 제공한다. 신념체계의 하위 영역으로 역경에 의미를 부여하는 능력, 긍정적 시각과 가능성에 대한 확신, 가치와 목적을 가진 초월적인 신념 등을 들 수 있다.

(2) 조직 유형

조직 유형(organizational patterns)은 가족이 하나의 단위체계로 통합되어 있는 정도를 의미한다. 위기를 잘 극복하기 위해서는 다양한 방법으로 가족생활을 구조화함으로써 자원을 동원하고 스트레스를 중재하며 변화하는 조건에 가족조직을 적절하게 재조직하는 능력이 필요하다. 가족기능의 조직적 요소로는 융통성, 연결성,

사회 · 경제적 자원 등을 들 수 있다.

(3) 의사소통 과정

건강한 의사소통 과정(communication process)은 가족기능에 필수적이다. 가족 탄력성의 핵심이라고 할 수 있는 의사소통 과정의 요소는 명료성, 개방적 정서 표현, 상호협력적 문제 해결 등을 포함한다.

〈자료 5-12〉 가족 탄력성의 개념과 하위영역

탄력성의 개념	개념별 하위영역	하위영역의 내용
신념체계	역경에 대한 의미 부여	가족들의 위기 상황에 대한 해석 및 의미와 평가
	긍정적 시간	주도성, 희망 유지 및 강점과 잠재력에 초점 두기
	초월과 영성	보다 큰 가치들과 목적, 영감, 학습과 성장
조직 유형	융통성	안정성과 변화의 균형, 가족구조의 재조직
	연결성	상호지지, 재결합, 화해와 용서
	사회 · 경제적 자원	친족망, 지역사회망 확인, 재정 보장 확립
의사소통 과정	명료성	명확하고 지속적인 의사소통
	개방적 정서 표현	감정공유와 감정이입, 유머, 자신의 행동 책임지기
	상호협력적 문제 해결	공유된 의사결정과 갈등 해결, 미래의 도전에 준비하기

출처: Walsh (2002), p. 63에서 수정 · 발췌.

〈자료 5-13〉 가족 탄력성 강화를 위한 지침

- 가족이 함께 노력해 역경을 극복할 수 있다는 자신감을 전달한다.
- 공손한 언어를 사용하고, 고통을 공감하고, 전후 사정을 이해하려고 한다.
- 고통과 두려움을 함께 극복하기 위한 안전한 안식처를 제공한다.
- 강점과 잠재력을 확인하고 지지한다.
- 문제 해결을 위해 친족과 지역사회, 영성적인 자원을 활용한다.
- 위기를 학습과 변화, 성장의 기회로 본다.
- 초점을 문제에서 가능성으로 이동한다.
- 역경을 헤쳐 나간 경험을 개인의 삶의 일부로 통합한다.

출처: 제석봉 외(2014), p. 78.

〈자료 5-14〉 원가족 건강성 척도

원가족 건강성 척도
(Family of Origin Scale: FOS-16)

① 척도 소개: 원가족의 전반적 건강성을 측정하며, 자율적이고 친밀한 관계를 격려하는 정도를 본다.

② 척도 개발 과정 및 신뢰도: The Family-of-Origin-55 중에 '가족의 전반적인 건강' 하위척도로 16문항 5점척도로 이루어져 있으며, 최현미(1996)가 우리나라에 번안하여 문화적 타당도 검증을 거쳤다. 결혼 5년 이내의 한국 부부를 대상으로 70문항의 원가족척도 수정안을 요인 분석한 결과 다차원적 8요인의 총 55문항을 추출했고, 전체신뢰도는 .95(Cronbach'a)로 나타났다.

③ 채점 방법: 평점합산척도로 높은 점수를 받을수록 원가족의 자율감과 친밀감이 높음을 의미한다.

④ 이 척도의 출처: 최현미(1997). 원가족척도연구: 결혼초기 부부를 중심으로. 이화여자대학교 대학원 박사학위논문.

⑤ 원판의 출처: Hovestadt, A. J., Piercy, F. P., Anderson, W. T., Cochran, S. W., & Fine, M. (1995). A family-of-origin scale. *Journal of Marital and Family Therapy*, *11*, 287-297.

⑥ 척도:

다음은 당신의 원가족에 관한 기술들입니다. 적당한 곳에 표시하십시오.

1	2	3	4	5
전혀 아니다	그렇지 않은 편이다	보통이다	그런 편이다	항상 그렇다

1. 우리 가족은 새로운 친구와의 교제를 지지한다.
2. 우리 가족은 자신이 갖고 있는 어떤 감정도 표현할 수 있다.
3. 우리 가족은 서로 다른 사고방식이나 생활방식을 존중한다.
4. 우리 부모님은 내가 나의 견해를 자유롭게 표현하도록 격려하신다.
5. 우리 가족 내에서 내 태도나 감정은 자주 무시당하거나 비난받는다.
6. 가족 앞에서 나의 의견을 표현하는 것이 자유롭다는 느낌이 든다.
7. 때때로 우리 가족 내에서 내가 아무 말도 하지 않아도 이해받고 있다는 느낌이 든다.
8. 우리 가족의 분위기는 차갑고 부정적이다.
9. 우리 가족은 서로의 견해에 수용적이지 못하다.
10. 우리 가족에게는 갈등을 말할 수 있고, 해결할 수 있다는 느낌이 든다.
11. 가족 앞에서 나의 의견을 표현하는 것이 어렵다.
12. 우리 가족의 식사시간은 대개는 정겹고 즐거운 시간이다.

13. 우리 가족은 서로의 감정에 무관심하다.
14. 나의 생각과 느낌을 표현하는 것이 쉽다.
15. 우리 가족은 서로의 감정을 잘 헤아려 주는 때가 많다.
16. 나는 우리 가족을 따스하고 지지적이라고 생각한다.

참고문헌

김승권(2012). 한국가족의 위기성 및 취약성과 정책과제. 보건복지포럼, 5월호(통계 제187호), 6-19.

문혁준, 손서희, 김상림, 양성은, 임양미, 전영주(2015). 건강가정론. 서울: 창지사.

서미경(2014). 정신장애인과 가족, 함께 살아가기. 경기: 양서원.

여성가족부(2010). 다문화가족지원센터 다문화가족 방문상담 매뉴얼. 서울: 전국다문화가족사업지원단.

이선형, 임춘희(2009). 건강가족론. 서울: 학지사.

이원숙(2016). 가족복지론. 서울: 학지사.

전영주(2001). 우울증을 매개로 한 청소년의 자살구상에 관한 가족 및 학교환경의 경로분석 모델. 대한가족학회지, 39(1), 151-167.

정문자, 정혜정, 이선혜, 전영주(2011). 가족상담의 이해. 서울: 학지사.

제석봉, 김춘경, 천성문, 이영순, 김미애, 이지민(2014). 가족상담. 경기: 정민사.

조성연, 백경숙, 옥경희, 전효정, 전연진(2009). 가족 관계. 경기: 양서원.

조희금, 김경신, 정민자, 송혜림, 이승미, 성미애, 이현아(2013). 건강가족론. 서울: 신정.

최현미(1997). 원가족척도연구: 결혼초기 부부를 중심으로. 이화여자대학교 대학원 박사학위논문.

한국가족상담교육연구소(2010). 변화하는 사회의 가족학. 경기: 교문사.

한겨레(2015. 3. 24.). '세월호 생존자'는 괜찮지가 않다. http://www.hani.co.kr/arti/society/rights/683608.html

Carter, B., & McGoldrick, M. (2000). 가족생활주기와 치료적 개입[*The changing family life cycle: A framework for family therapy*]. 정문자 역. 서울: 중앙적성출판사. (원저는 1988년에 출간).

Hovestadt, A. J., Piercy, F. P., Anderson, W. T., Cochran, S. W., & Fine, M. (1995). A family-of-origin scale. *Journal of Marital and Family Therapy, 11*, 287-297.

Klein, D. M., & White, J. M. (2000). 가족이론[*Family theories: An introduction*]. 김종천, 조은정, 이화영, 성준모, 이정숙, 오수정, 최윤신, 이상, 김선숙, 이혜경 공역. 서울: 대학출판사. (원저는 1996년에 출간).

McCarthy, J. R., & Edwards, R. (2013). 가족학의 핵심개념[*Key concepts in family studies*]. 전영주, 원성희, 황경란, 양무희, 배덕경, 송정숙, 이복숙, 정수빈 공역. 서울: 시그마프레스. (원저는 2010년에 출간).

McCubbin, H. I., & Patterson, J. M. (1983). The family stress process: The double ABCX model of adjustment and adaptation. In H. I. McCubbin, M. B. Sussman, & J. M. Patterson (Eds.), *Social stress and the family: advances and developments in family stress theory and research* (pp. 7-37). New York: Haworth Press.

Olson, D. H., & Olson, A. K. (2003). 건강한 부부관계 만들기[*Empowering couples: Building on your strengths*]. 21세기 가족문화연구소 역. 경기: 양서원. (원저는 2000년에 출간).

Olson, D. H., McCubbin, H. I., Barnes, H., Larsen, A., Muxen, M., & Wilson, M. (1992). *Family inventories*. St. Paul, MN: Department of Family Social Science, University of Minnesota.

Patterson, J. M. (2002). Integrating family resilience and family stress theory. *Journal of Marriage and the Family, 64*, 351.

Schriver, J. M. (2013). 인간행동이론과 사회복지실천: 패러다임의 경쟁과 전환[*Human behavior and the social environment: Shifting paradigms in essential knowledge for social work practice* (5th ed.)]. 성균관대학교 사회복지연구회 역. 서울: 박영사. (원저는 2011년에 출간).

Walsh, F. (2002). 가족과 레질리언스[*Strengthening family reselience*]. 양옥경, 김미옥, 최명민 공역. 서울: 나남출판. (원저는 1998년에 출간).

Whitchurch, G. G., & Constantine, L. L. (1993). Systems theory. In P. G. Boss, W. J. Doherty, R. LaRossa, W. R. Schumm, & S. K. Steinmetz (Eds.), *Sourcebook of family theories and methods: A contextual approach* (pp. 325-352). New York: Plenum Press.

한겨레(2015. 3. 24.). '세월호 생존자'의 트라우마.
한국건강가족진흥원 http://familynet.or.kr/index.jsp

제6장 사회 맥락적 평가

과학기술의 진보, 세계화, 환경오염 등 역사상 어느 때보다 빠르게 변화하는 현대사회에서 인간 행동과 가족생활을 바라보는 기존의 지배적 시각을 새롭게 전환할 필요성이 꾸준히 제기되고 있다. 개인과 가족의 문제를 바라볼 때 개인의 심리적 특질이나 가족 내 관계 역동에서 문제의 원인과 해결을 찾던 기존의 관점에서 벗어나 개인과 가족에게 중대한 영향을 미치는 가족 밖의 맥락요인에 눈을 돌리지 않을 수 없게 된 것이다. 특히 빈부 격차의 심화와 그에 따른 과학기술 혜택 불균형과 정보 격차, 환경오염 문제 등이 개인과 가족, 인류 공동체의 지속 가능한 발전을 위협하고 있다는 각성이 높아지고 있다. 가족상담 분야에서도 가족을 둘러싼 맥락과 사회체계에 대한 이해 없이는 효율적인 임상적 개입이 어렵다는 인식이 확산되어 왔다.

이 장에서는 가족평가에서 고려해야 할 주요 맥락적 요인인 젠더, 문화와 민족, 사회계층과 빈곤, 영성과 종교, 법 제도와 정책 등에 대해 살펴볼 것이다. 또한 가족생태학적 관점에서 주목하는 개인과 가족, 사회의 유기적 관계, 사회지지망 및 생태도의 활용에 대해 고찰하고자 한다.

1. 주요 맥락요인

1) 젠더

(1) 가족과 성 불평등

'여성의 결혼 대 남성의 결혼'이라는 말이 암시하듯이 결혼 관계나 가족 안에서의 여성과 남성의 위치나 관점, 경험은 동일하지 않다. 페미니스트 관점은 가족 안에서 여성과 남성의 삶이 다르게 나타나며, 안식처로 묘사된 가족이 젠더 간 갈등의 장이라는 점을 강조한다(Osmond & Thorne, 1993). **젠더**(gender)는 남성과 여성 간의 사회적 관계 및 양성 간의 불평등한 권력관계에 주목하기 위해 사용되는 주요 방법이다(정혜정, 공미혜, 정현숙, 전영주, 2009).

성별에 대한 고정관념과 성차별은 우리가 접하는 문화 구석구석에 스며 있다. 부부 문제와 가족 문제를 다루는 상담자 입장에서 오랫동안 당연하게 여겼던 전통적인 사고방식을 인식하고, 임상 현장에서 성 중립적 자세를 취하는 것은 쉬운 일이 아니다.

젠더는 생물학적 성(sex)을 기반해 사회문화적으로 학습된 행동과 심리적 특성을 의미하며, '사회적 성' 또는 '문화적 성'이라고도 한다. 생물학적 성이 타고난 성이라면 젠더(gender, 문화적 성)는 출생 후 사회화의 결과 획득된 성 정체성이라고 할 수 있다(정혜정 외, 2009). 여권주의 시초부터 생물학적 성과 문화적 성을 구분하는 것은 중요한 문제였다. 생물학적 성과 구분되는 젠더는 사회적으로 구성된 남성성과 여성성을 의미하는 것으로 각 문화에서 자신의 성별에 기대되는 행동과 특성을 포함한다. 젠더는 사회문화적 기대치이므로 가족뿐만 아니라 종교, 교육, 과학, 법, 정치 등 광범위한 영역의 규범에 내재되어 있으며 조직에 반영되고 있다. 여성의 억압은 생물학적 특성에 의해서가 아니라 생물학적 특성을 통제하는 남성의 권력, 즉 젠더 관계에서 발생한다고 보았다.

(2) 가족상담사의 젠더 민감성

가족상담 분야는 전통적으로 상담자의 중립성을 강조하지만, 페미니스트 상담자들은 상대적인 중립성을 인정하지 않고 가부장적 가치에 물들어 있는 가족이 스스로 해결책을 찾기 어렵다고 보았다. 젠더 렌즈를 통해 가족을 보면서 전통적인 핵가족과 성역할을 이상화함으로써 전통적 가족 모델에 내재된 성차별적 요소를 무시해 왔으며, 이러한 가족만이 건강하고 기능적인 가족이라고 함으로써 여성의 자율성을 침해하고 개인적인 발전의 기회를 제한해 왔다는 것이다. 상담자는 가족을 넘어서는 사회체계의 성차별적 역기능과 가족의 역기능이 연관되어 있다는 점을 인식해야 하며, 가정폭력과 같은 문제가 단지 가족 내 기능 문제만이 아니라 더 큰 사회체계의 폭력과 억압, 성차별과 관련되어 있다는 관점을 가져야 한다고 본다.

<자료 6-1> 성역할 사회화, 성역할 고정관념, 성역할 정체성

- 성역할 사회화: 젠더에 대한 사회문화적 기대치를 충족시키면서 자신의 성별에 맞는 역할을 습득해 가는 과정을 성역할 사회화(gender role socialization) 혹은 젠더화(gendering)라고 한다. 성역할 사회화는 출생 순간부터 시작되어 평생 동안 지속되며, 사회문화적으로 개인의 성별에 기대되는 행위나 특성은 권장하는 반면, 그렇지 못한 행위는 제재함으로써 발달을 막는다.
- 성역할 고정관념: 성역할 사회화의 결과로서 나타나는 성역할 고정관념(gender stereotype)은 여성과 남성의 본질에 대한 일련의 신념으로, 과학적 검증 없이 사회 구성원들에게 폭넓게 받아들여진다. 성역할 고정관념은 개인의 특성이나 기질은 간과하고, 특정 성에 소속된 사람들은 모두 일정한 특징을 갖는 것으로 간주하므로 종종 왜곡된 신념으로 나타난다. 남성성 고정관념을 나타내는 특징으로 모험성, 독립성, 이성적, 강인함 등이 있으며, 여성성 고정관념을 나타내는 특징으로는 감성적, 순종적, 양육적, 부드러움 등이 대표적이다. 성역할 고정관념은 어느 문화에서나 유사하며, 시간이 지나도 변화하지 않는 경향이 있다(정혜정 외, 2009).
- 성역할 정체성: 성역할 정체성(gender-role identity)이란 개인이 사회문화적으로 각 성에 적절하다고 인정하는 특성과 태도, 흥미를 내면화한 정도를 의미한다. 초기 성역할 정체감은 여성성과 남성성의 두 차원은 단일 차원의 양극단으로서 심리적으로 반대되는 특성을 반영하는 것으로 간주했다. 그러나 현대에 와서는 여성성과 남성성을 별개의 독립된 차원으로 간주하고, 개인은 두 성 모두 낮거나 높을 수도 있고 둘 중 하나만 높게 나타날 수도 있다고 보았다. 따라서 두 성의 특성이 모두 높은 '양성성 정체감'을 보다 기능적인 성역할 정체감이라고 보았다.

출처: 정혜정, 공미혜, 전영주, 정현숙(2009).

성별(젠더) 문제가 부부 및 가족 생활에 미치는 영향에 대해 민감하지 않다면 공정하고 중립적인 상담자가 되는 것은 불가능하다. 예를 들어, 젠더에 민감하지 않은 상담자는 무의식적으로 이중적 기준을 가지고 외도를 다루거나, 양육 책임이 어머니에게 있다고 생각하거나, 아버지의 가사에 대한 무관심을 당연한 것으로 여길 수 있다. 전통적으로 강조되는 상담자의 중립성만 고려하다 보면 자칫 가정폭력의 희생자인 아내에게 폭력의 책임을 묻게 되고 현 상태를 합리화할 수 있다.

가족상담사가 성 중립적 상담자가 되기 위한 **젠더 민감성** 훈련을 받아야 내담자 가족의 성역할 사회화, 성역할 고정관념, 성역할 정체성 등에 대해 탐색할 수 있다. 가족상담사들은 가족 내 성역할, 가정폭력, 섹슈얼리티 문제, 모성 경험 등 가족 생활의 중요한 문제들을 다룰 때 성 인지적 관점에서 평가할 수 있어야 한다.

2) 사회계층

(1) 가족과 사회계층

상담자가 내담자(가족)와 돈 문제나 **사회계층**을 주제로 이야기를 나누는 것은 쉽지 않다. 그러나 현대 자본주의 사회에서 돈에 관한 가족 이슈나 빈곤문제는 가족 생활 전반에 지대한 영향을 미치기 때문에 상담자가 내담자의 경제적 자원이나 사회계층에 관심을 두지 않을 수 없다.

사회계층(social class)이란 '개인이나 가족이 위치한 사회경제적 지위(socio-economic status)로 인해 발생하는 특별한 지위와 가치'를 의미하며, 소득, 교육 수준, 직업 등이 하위지표가 된다. 사회경제적 지위는 발달 환경과 경험을 결정하는 주요 요소로, 사회환경, 생활양식, 교육 수준, 직업 등에 있어 개인과 가족의 경험과 기회에 대한 한계를 규정한다(Schriver, 2013). 내담자의 사회계층에 대한 정보는 개인이나 가족의 위기 또는 자원으로 중요한 의미가 있으므로 기본 정보로 수집되어야 한다.

사회계층은 일반적으로 노동자 계층, 중산층, 상류층의 3단계로 나누지만, 좀 더 세분화하여 빈곤층, 노동자 계층, 중류층, 중상층, 상류층의 5단계로 나누기도 한다. 일반적으로 하위계층에 속하는 사람들은 지배 집단에 의해 모든 면에서 본질적으로 열등한 것으로 간주되기도 한다. 하위계층에 속한 사람들은 그들의 능력이나 훈련 여부와 상관없이 사회적으로 덜 가치 있는 역할을 수행하도록 강요받으며, 이러한 정치적 예속은 경제적 예속에 의해 더욱 강화된다(Schriver, 2013). 사회계층은 종종 한부모가족, 조손가족, 다문화가족 등 특정 가족 유형과 연관되어 있는데, 빈곤이 젠더, 연령, 문화, 인종 등의 요인과 결합하여 이중 또는 삼중의 낙인이 되어서 개인과 가족의 발달 과정 전체에 중대한 영향을 미칠 수 있다.

사회계층에 따른 **결혼의 양극화**도 주목해야 할 현상이다. 경제적 자원이 풍족한 계층은 결혼을 통해 탄탄한 가족을 이루는 반면, 저소득층은 동거나 결혼하지 않은 채 아이를 낳아 한부모가족이 되는 경향성이 심화되고 있다. 이러한 결혼 양극화는 부모의 교육 수준에서 시작해 자녀의 교육 격차로 이어져, 좋은 교육과 높은 임금을 주는 직장을 다니는 사람일수록 결혼할 가능성이 크고, 그 자녀도 안정적인 환경에서 학교를 다니게 되는 선순환 구조가 형성된다. 경제적 어려움 탓에 아이를 낳고 결혼을 미루는 커플은 갈라설 확률이 더 높으며, 아이의 성장 환경도 불안정해진다(조선일보, 2012. 7. 17.).

(2) 가족상담과 사회계층

가족상담사는 국가의 정치적 · 경제적 · 사회적 현실을 이해해야 하며, 상담 현장에서 내담자의 경제적 어려움으로 인한 파괴적인 영향력에 관심을 가져야 한다. 경제적 곤궁은 개인이나 가족이 의식주 해결을 위한 분투로 삶의 즐거움을 상실하게 하거나, 양육 자원의 고갈, 비인간적이고 스트레스가 많은 일터, 중독이나 폭력과 같은 절망적 상태에 대한 경험 등에 영향을 미친다. 대중매체를 통해 접하는 중산층의 풍요로운 일상과 자신의 삶을 비교하게 될 때 상실감과 박탈감은 더욱 심화될 수 있다. 상담자가 내담자의 사회계층을 단지 문화적 배경의 일부로만 생각하고 깊이 고려하지 않은 채 내담자를 판단한다면, 내담자 역시 부정적 자아상에서 벗어나기 어렵다(Nichols & Schwartz, 2002).

상담 과정에서 사회계층에 대해 탐색하는 것은 긴장을 유발할 수 있다(Kliman,

1998). 내담자의 직업이나 신용불량 상태에 대해 자세히 질문하는 것은 자칫 빈곤한 내담자를 수치스럽거나 무기력하게 느끼게 만들 수도 있다. 경제적 자원과 계층에 대한 탐색이 필요할 경우, 비난으로 느껴지지 않도록 주의하면서 내담자의 생존전략과 강점에 초점을 맞추어야 한다. 상담자가 내담자의 계층을 이해함으로써 가족들의 자존감을 높일 수 있도록 돕고, 가족이 지역사회 자원을 활용할 수 있는 새로운 방법을 찾을 수 있도록 도와야 한다. 즉, 이들을 빈곤 문제의 피해자나 책임자로 간주하기보다 생존자로 접근하여 개입하는 것이 적절할 것이다. 최근 실업이나 빈곤으로 인한 부담감과 불안, 수치심 등의 문제는 만성적인 빈곤층의 문제만이 아니다. 취업시장의 위축과 양극화의 심화로 인해 극소수의 부유층을 제외한 중산층에게도 경제적 실패와 불안감이 넓게 퍼져 있는 상황이다(Nichols & Schwartz, 2002).

<자료 6-2> 결혼이 계층 구분의 기준이 되다

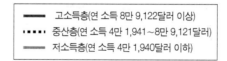

자녀 있는 미(美) 가족 중 저소득층 41% · 고소득층 88%가 결혼

결혼 여부도 대물림: 싱글맘 등 한부모 자녀, 결혼할 가능성 낮아져

출처: 조선일보(2012. 7. 17.).

　　사회계층은 종종 세대를 통해 전수되므로 다세대적 관점으로 가족의 사회계층 정보에 접근해 보는 것은 의미가 있다. 즉, 여러 세대에 걸쳐 가족의 신분 상승이 이루어지고 있는지, 어느 세대에서 신분 하락이 이루어지고 있는지 등 가족의 사회계층의 변화를 탐색해 볼 수 있다. 또한 상담자는 사회계층이 내담자의 문제 행동이나 가족의 이슈에 미치는 영향력을 다각적으로 평가해야 한다(McGoldrick, Gerson, & Petry, 2011).

3) 문화와 민족

(1) 가족과 문화

　　21세기 들어 탈근대주의적 다원주의와 세계화의 전개 및 인터넷 이용이 늘면서 다른 문화권의 생활방식과 관점을 접하게 되는 기회가 늘어났다. 이와 함께 자신의 세계관이 옳다는 자민족중심주의(ethnocentrism)가 쇠퇴하고 다문화주의에 대한 관심이 높아지고 있다.

　　가족행동을 형성하는 요인 중 가장 영향력이 큰 것이 문화적 배경이다. 대부분의 가족은 다양한 문화의 영향을 받고 있지만, 우리 사회에 외국인 노동자나 결혼이주여성, 북한 이탈자 등 다른 문화권의 사람들이 많이 유입되고 있는 최근의 상황에서 '문화'에 대한 임상적 평가는 더욱 중요해지고 있다.

　　문화(culture)와 민족(ethnicity)이라는 용어는 상호교환적으로 사용되기도 하지만 차이가 있다. '**문화**'가 집단 구성원들이 공유하는 가치, 전통, 규범, 관습, 행동 패턴이라고 한다면, '**민족**'은 공통된 조상을 가진 집단이 공유하는 가치와 풍습, 민속 제도 등을 의미한다. 문화 전승은 사회화, 즉 앞 세대가 뒤 세대에게 공식적인 교육을 통해 계승하기도 하지만, 일상생활을 통한 문화 적응을 통해 이루어지기도 한다(Schriver, 2013). 문화는 단순히 사람들을 하나로 묶거나 동질화하는 것이 아니다. 즉, 문화란 어떤 경우에는 일탈을 허용하거나 조장하는 경향을 보이기도 한다. 다시 말해, 문화는 동질성과 개별성의 양자를 모두 필요로 한다.

　　다문화가족뿐만 아니라 모든 가족의 문제는 가족의 문화적 배경과 떼어놓고 생각할 수 없다. 상담자들은 내담자들이 그들 가족의 문화적 정체성과 주제, 연속성을 분명하게 자각하고 탐색할 수 있도록 조력해야 한다. 최근 국제결혼이 늘면서 이중문화가족이 많아져서 가족의 문화적 역사를 탐색하는 일은 더욱 중요한 작업이 되었다. 우리나라의 결혼이민자가족의 경우, 부부와 자녀가 주류문화인 한국 문화뿐만 아니라 비주류 문화인 아내(어머니) 쪽 문화를 이해하는 것도 필수적이다.

〈자료 6-3〉 인종과 인종차별

우리 사회는 오랫동안 단일민족의 관념이 지배적이었기 때문에 인종이나 인종차별에 대한 사회적 관심이 깊지 않았다. 그러나 백인에 대한 선호나 흑인이나 동남아시아인에 대한 인종차별은 우리 사회의 뿌리 깊은 사회적 편견으로 지적되기도 했다.

과거에는 인종을 별개의 종(種)으로 보고 인류를 4~5개의 종으로 나누었으며, 각 인종은 생물학적으로 완전히 다른 신체적 특징과 기질을 가지고 있는 것으로 보았다. 그러나 오늘날 대부분의 과학자는 순수한 인종은 존재하지 않으며, 인종을 지리학적이며 생물학적으로 분기한 인구집단으로서 사회정치적 구성물이라고 간주하고 있다(Schriver, 2013).

인종은 일종의 소속감이나 상호원조, 자존감의 원천이기도 하기 때문에 긍정적 수단이 되기도 한다. 민족 정체성이나 집단적 자아실현을 이루는 강력한 도구가 될 수 있기 때문이다(Schriver, 2013).

그러나 근거 없는 편견을 정당화하는 인종차별은 지배를 위한 도구로서, 한 인종집단이 다른 인종 사람들을 타자(others)로 분리시켜 그들의 도덕적 특질에 대한 부정적 믿음을 쉽게 만들어 내는 역할을 한다. 이러한 메커니즘을 통해 차별과 억압에서 오는 죄의식을 덜 수 있기 때문이다.

출처: Schriver (2011/2013).

(2) 상담자의 문화 민감성

다원화된 문화권에서 일하는 상담자의 경우 다른 사람의 문화를 이해하는 것은 필수적인 기술이다. 다문화 개방성과 수용성은 문화적 수준의 공감 능력이다. 공감은 상담자들이 적절한 실천을 하기 위한 필수 기술이라고 보아야 한다. 문화적 배경이 다른 내담자와 일할 때 자칫 문화 차이를 병리적인 것으로 간주하거나, 특정 문화권이나 민족성을 정형화하는 실수를 하지 않아야 한다. 우리 사회 구성원인 다문화가족들의 주요 풍습과 가치에 대해 배우고자 해야 하며, 타 문화에 대한 존경심과 호기심을 가지는 태도가 중요하다(Nichols, 2011).

〈자료 6-4〉 다문화상담자가 갖추어야 할 특징

구분	태도 및 신념	지식	기술
상담자 자신에 대한 인식	• 자신의 문화적 유산에 대한 인식과 감수성 • 자신의 문화적 배경과 경험이 태도, 가치관, 편견에 미치는 영향 자각 • 자신의 다문화적 역량과 전문성의 한계를 인식 • 자신과 내담자 간의 인종·민족·문화 차이로 인한 불편함의 원인 인식 • 다른 인종과 민족에 대한 자신의 부정적 및 긍정적 정서 반응 자각	• 자신의 민족과 문화적 유산이 상담의 편견에 미치는 영향 인식 • 고정관념이 미치는 영향 이해, 자신의 인종차별적 태도와 신념, 감정 시인 • 의사소통 방식 차이로 인해 상담관계에 영향을 미치는 방해, 도움 예견	• 문화적으로 다른 내담자를 이해하기 위한 교육과 자문을 받고 수련 기회 찾기 • 민족적이고 문화적인 존재로서의 자신을 이해, 비인종차별적 정체성을 찾기 위한 적극적 노력
내담자에 대한 인식	• 자신의 신념 및 태도와 문화적으로 다른 내담자의 신념 및 태도를 무비판적 자세로 기꺼이 비교하고자 함.	• 내담자에 대한 구체적인 정보와 지식을 보유 • 인종, 문화, 민족에 따른 성격 형성, 직업 선택, 심리적 장애로의 발전, 도움 추구 행동, 상담에 적절하거나 부적절한 접근에 대한 이해 • 소수인종과 소수민족의 삶에 해를 가한 사회적 및 정치적 영향을 이해	• 다양한 인종 및 민족과 관련된 정신건강과 정신장애에 관한 연구 및 최신 정보 수집 • 직무상 경험을 넘어 일상에서 소수자들을 접할 기회 확보
적절한 개입 전략과 기법 개발	• 귀인 방식과 금기사항을 포함한 내담자의 종교적 및 영적 신념 존중 • 민족 고유의 정신건강을 증진하기 위한 활동 인정, 타 민족의 정신건강에 대한 네트워크 존중 • 2개 국어 병용 가치 인정, 다른 언어를 사용하는 것	• 일반적인 상담의 특성과 다양한 집단의 문화적 가치관의 상충됨을 인식 • 내담자의 정신건강 서비스 이용 시 방해제도 인식 • 심리평가에 대한 잠재적인 편견 인식, 문화적 및 언어적 특징을 고려한 평가 절차 조절과 평가 결과 해석 • 다양한 문화적 견해에서의 가족구조, 위계질서, 가치관, 신념 이해	• 언어적 및 비언어적 메시지에 대한 적절하고 능숙한 활용 숙지 • 상담서비스 제공 방식과 접근법이 문화와 관련되어 있음을 인식 • 사회제도와 관련된 개입 방식을 활용 • 필요시 전통신앙 치료자나 종교 및 영적 지도자에게 자문 허용
		서비스를 제공받는 사람들의 입장에서 심리적 영향을 받을 수 있는 일반적 차별 인식	• 내담자의 언어로 상호작용할 수 없는 경우에 의뢰 • 평가 및 검사도구에 대한 유능성 훈련 • 평가 수행과 상담 시 편견과 선입견의 차별적 환경을 제거, 감수성 개발 • 목표, 기대, 법적 권리 및 상담자가 지향하는 상담 개입 과정에 관해 내담자에게 설명할 책임 인식

출처: 천정웅, 이형하, 이승민, 이정희(2015), pp. 201-202.

상담 과정을 구성할 때 상담자가 내담자의 가치체계와 세계관을 이해하고 내담자의 문화적 배경을 고려하는 것이 중요하다. 상담자가 문화의 다양성과 보편성을 이해하고 상담관계에 미칠 수 있는 문화적 영향에 대해 주의하는 것은 중요하다. 다문화상담에서 문화적 변인을 무시해서도 안 되지만, 지나치게 의식한 나머지 자연스러운 상담관계를 맺지 못하는 경우도 발생할 수 있다.

상담자가 자신의 제한된 문화적 경험에 기초하여 상담의 현실을 지각할 때 자칫 내담자에게 상담자 자신의 가치체계를 강요하여 저항을 일으킬 수 있다. 저항에 대해 상담자의 문화적 편견에 대한 정상적 반응임을 간과한 채 단순히 내담자의 변화동기 부족으로 인한 저항이나 수동성으로 간주한다면 이는 문화적으로 차별적 상담을 시행하게 되는 것이다(천정웅, 이형하, 이승민, 이정희, 2015; 한재희, 2014).

4) 영성과 종교

(1) 가족과 영성

우리나라 가족 의례인 제사는 가족의 조상을 기억하고 그들의 삶에 의미를 부여하는 의식이다. 현재를 사는 가족과 후손들의 복을 비는 의식을 통해 가족 공동체의 소속감과 영원성을 경험하며 삶과 죽음에 대한 해석적 관련성을 경험한다. 우리나라 사람들 대다수가 종교를 갖고 신앙생활을 하고 있는데, 주요한 종교로 개신교, 가톨릭, 불교 등을 들 수 있다.

영성(spirituality)은 종교나 신앙심과는 다른 인류 문명의 보편적 특성으로, '의미, 목적, 도덕성을 발달시키는 보편적 인간의 경험'이라 할 수 있다. 반면, 종교(religion)는 "영적 신념과 관행에 대한 공식적인 제도적 맥락"을 의미한다(Canda, 1989, p. 39: Schriver, 2013 재인용). 영성은 우리 자신과 세계에 대한 주관적 이해 및 경험의 일부로서 매우 중요한데, 존재론적이며 주관적이고 초이성적이며 비세속적인 존재의 본질적 측면으로 간주된다.

(2) 가족상담에서 영성의 활용

심리치료를 포함한 사회과학 영역에서는 20세기에 걸쳐 영성이나 종교를 다루는 것을 피해 왔다. 인간 행동과 사회에 대해 설명하고 예측하는 데 있어서 과학적으로 증명되지 못한 요소들(신앙, 영적 체험 등)을 고려하는 것을 내켜하지 않았다(Nichols & Schwarts, 2002).

그러나 21세기를 앞둔 시점부터 개인, 가족, 공동체의 삶과 환경에서 영성의 중요성에 대한 관심이 점차 증가하기 시작하였다. 심리학이나 정신의학에서도 평가와 개입에서 영성의 역할에 주목하고 있다. 영성심리학은 약물 남용이나 기타 중독 질환에 대한 프로그램, 호스피스 서비스 등에서 발전해 왔으며, 환자나 내담자의 편의에 따라 영성과 유신론적 세계관을 진지하게 수용한다(Schriver, 2013).

가족상담 분야에서 상담자가 내담자에게 공감과 수용, 사랑을 느낄 수 있도록 상담자 자신을 개방하는 데 영성을 활용하는 움직임도 있다. 기도나 명상을 통해 무비판적 태도와 감정이입 등을 최대화하기도 한다. 또한 상담 장면에서 내담자 가족이 유지하고 있는 가훈, 신앙, 종교 활동 등 영성적 측면을 평가하는 것은 가족이 가지고 있는 자원을 파악할 수 있어 강점 평가로 중요시되고 있다.

〈자료 6-5〉 영성에 관한 면접 질문

- 당신의 일상생활에 종교나 신앙(영성)은 어떤 의미를 가지고 있습니까?
- 위기나 위험에 처했을 때 의지하는 종교나 신이 있습니까?
- 성장 과정에서 어떤 종교나 영적 의식의 영향을 받으며 자랐습니까?
- 당신의 종교나 신앙 때문에 다른 가족 구성원들과 갈등이 있습니까? 또는 유대가 있습니까?
- 당신의 종교나 신앙, 영적 관점을 이해하고 함께 하는 사람이 있습니까?
- 정기적으로 예배나 종교행사에 참석하고 있습니까?
- 신(하나님)에 대한 당신의 신념을 무엇입니까?
- 당신의 삶의 사건에 대해 신의 뜻이라고 느낀 적이 있습니까?
- 당신의 종교는 성역할이나 성적 지향성(동성애)에 대한 당신의 생각에 어떤 영향을 미쳤습니까?
- 당신의 신앙생활이나 종교 활동은 삶에 어떤 영향을 미칩니까?
- 당신이나 가족 중 개종한 사람이 있습니까? 그에 대한 반응은 어떠했습니까?

출처: McGoldrick, Gerson, & Petry (2011), pp. 81-82.

5) 가족정책과 법 제도

(1) 가족상담 서비스의 공적 전달체계

아무리 훌륭한 임상기술도 적절한 법 제도에 의한 서비스 **전달체계**가 구축되어 있지 않다면 이용자(내담자)에게 서비스가 전달되기 어렵다. 우리나라에서 가족을 위한 구체적인 공적 개입이 시작된 것은 1990년대 후반으로, 1998년 「가정폭력방지 및 피해자 보호 등에 관한 법률」에 근거하여 가정폭력상담소가 설치되었으며, 2004년 「건강가정기본법」에 근거해 건강가정지원센터가 설치되었고, 2008년 「다문화가족지원법」에 근거해 다문화가족지원센터가 설립되었다. 2013년 기준 전국적으로 건강가족지원센터 167개소, 다문화가족지원센터 217개소, 가정폭력상담소 206개소의 총 590개소의 가족 관련 센터가 설치되어 가족에 대한 체계적인 서비스를 제공하고 있다(여성가족부: http://www.mogef.go.kr).

건강가정지원센터, 다문화가족지원센터, 가정폭력상담소의 세 기관을 통해 연평균 약 56만 명이 가족 건강성 증진을 위한 서비스를 제공받았다. 건강가정지원센터의 가족상담 서비스의 경우 2004년 이용자 수는 1,273명이었으나 2013년에는 24만 8,215명으로 늘어났다(한국건강가족진흥원: http://familynet.or.kr). 이는 가족복지 서비스를 받을 수 있는 공공센터의 확대와 더불어 접근성이 좋아졌고, 가족문제에 대해 외부 도움을 받는 것에 대한 사회적 수용성이 높아졌기 때문이다.

전국에 설치된 정신보건센터와 건강가정지원센터, 다문화가족지원센터, 가정폭력상담소, 성폭력상담소, 원스톱 지원센터, 청소년상담복지센터 등 다양한 기관이 위기에 처한 가족 구성원들을 위한 지원 서비스를 제공하고 있다. 뿐만 아니라 자살, 재난, 교통사고, 가정폭력 등 트라우마에 처한 위기가족에 대한 위기개입도 체계화되었다. 상담자는 자신과 내담자의 공공 서비스 인지 및 활용 실태를 점검하고, 필요에 따라 타 센터에 사례를 의뢰하거나 내담자에게 서비스에 관한 정보를 제공할 필요가 있다.

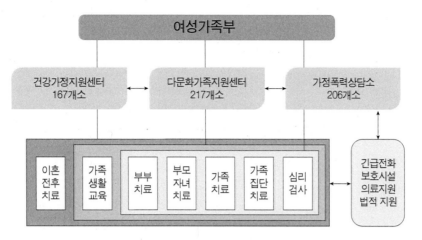

[그림 6-1] 우리나라의 가족복지 서비스 주요 전달체계(2017. 11. 기준)

(2) 이혼상담 서비스

2004년 「건강가정기본법」과 2015년 개정된 「한부모가족지원법」, 2015년 「양육비이행확보및지원에관한법률」 등 관련 법률이 제정 또는 개정되면서 이혼전후상담 서비스의 근거가 마련되었다. 이혼전후상담은 부부 갈등에 개입하여 이혼을 조정하고 부부관계의 회복을 지원하거나 이혼과정을 조정하여 건강한 이혼을 할 수 있도록 지원하는 사업이다. 한국건강가정진흥원은 2013년부터 이혼전후상담 인증 표준 운영안을 마련하여 인증공모전을 통해 이혼전후상담 기관을 인증해 왔고, 2017년 기준 전국 건강가정지원센터 중 51개소가 이혼전후상담 우수기관으로 인증되어 있다. 이혼전후상담 기관에서는 협의이혼 및 가사재판 이혼자들에 대한 상담과 연계 프로그램을 진행하고 있다.

이들 기관 중 약 80%가 지역 가정법원(또는 가사지원)과 연계하고 있으며, 법원 연계 사업으로는 협의이혼상담, 가사재판이혼조정, 부모교육과 집단상담 순으로 나타났다. 연구에 의하면 상담 실무자들은 법원과의 연계가 이혼전후상담에 도움이 되는 점으로 상담에 대한 신뢰도 상승, 센터 인지도 향상, 이혼전후상담 체제 정비 등에 도움이 된다고 하였다. 법원과의 연계가 이혼과정에 있는 부부의 서비스 진입을 용이하게 하고, 나아가 심화부모교육을 개설하는 등 추가 이혼 프로그램을

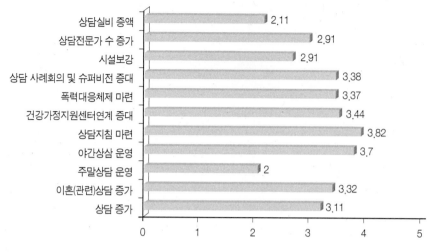

[그림 6-2] 이혼전후상담 인증사업의 효과

출처: 전영주, 박정윤, 주국희, 이희윤(2016), p. 44.

개발·운용할 수 있는 기회가 되었다(전영주, 박정윤, 주국희, 이희윤, 2016).

　이혼전후상담 인증사업을 통해 이혼상담 인원이 증가하고, 센터의 인지도와 신뢰도가 상승하였으며, 경찰, 학교 등 유관기관과의 연계가 활발해졌다. 또한 상담실의 방음 및 안전시설(비상벨, CCTV) 등 환경이 정비되었고, 상담실 운영규정이 마련되었으며, 야간상담과 주말상담을 운영하는 효과가 있었다(전영주 외, 2016).

2. 가족생태학적 평가

1) 가족생태학의 발달 배경

　생태계(ecosystem)란 '전체가 하나의 통일적 단위로 작용할 때 환경적 관계를 유지할 수 있도록 만드는 한 집단 내의 상호관계의 배열'이라고 정의된다(Hawley, 1984; Klein & White, 2000 재인용). 생태학적 관점(ecological perspective)은 생물학적 유기체이자 사회적 존재인 인간과 이를 둘러싼 환경의 상호작용에 초점을 두고, 가족, 지역사회, 문화 등 인간과 가족의 생태환경을 체계적으로 구조화하여 이해하고자 하는 이론적 틀이다(Klein & White, 2000).

인간 발달과 가족에 대한 생태학적 관점에서는 19세기 후반 산업화의 진행과 함께 가족보건과 복지에 대한 관심이 커지면서 생태학 개념 접목이 시도되었다. 1960년대 후반 인간 행동과 사회환경 간의 의존성에 대한 논의가 더욱 활발해졌는데, 미국의 여성 과학자였던 엘렌 리처즈(Ellen Richards)는 가족이야말로 생태학 운동의 중심이라고 주장하였다. 이후 브론펜브레너(Bronfenbrenner, 1979)는 인간 발달에 생태학을 접목해 개인이 경험하고 직간접적으로 연결되어 있는 환경적 상황에 초점을 두어 이론화하였다(Klein & White, 2000 재인용). 그는『인간발달의 생태학(The Ecology of Human Development)』이라는 그의 저서에서 인간 발달은 개인의 유전적 형질과 가족 및 환경 간 상호작용의 결과라고 주장하였다.

초기 **가족생태학**은 다음과 같은 명제를 바탕으로 시작되었다. 첫째, 사회적 · 물

[그림 6-3] 가족생태 체계

리적 환경은 상호 의존적이며, 인간 발달 및 생활의 질에 영향을 미친다. 둘째, 환경은 활용 가능한 자원이다. 셋째, 생활과 복지를 증진시키기 위해 자원과 환경을 선택하고 설계하며 수정할 수 있다(Bubolz & Sontag, 1993).

생태학적 관점은 가족생활이 물적 체계와 인적 체계로 구성되어 있다고 보며, 가족생활의 통합성을 효과적으로 포착하고 분석하는 틀을 제공한다. 인적 체계는 가족 구성원 간의 정서적 관계나 권력체계, 의사소통, 의사결정 방식, 역할 분담, 결속 등의 하위요소를 포함한다. 한편, 물적 체계는 경제적 조건, 물리적 요소 등을 포함하는데, 가계 경제, 일상적인 의식주생활, 자원 분배와 관리 등의 하위요소를 포함한다(여성가족부: http://www.mogef.go.kr).

2) 개인과 가족, 사회의 유기적 관계

(1) 유기체와 환경 간의 상호작용

생태학 관점의 기본 가정은 다음과 같다. 첫째, 개인과 집단은 자연적으로 생물학적이며 사회적이다. 즉, 인간의 행동은 유전자와 환경 간의 상호작용의 산물로 이해될 수 있다. 둘째, 인간은 생명 유지를 위해 물, 공기, 음식 등의 환경에 의존한다. 즉, 생물학적 욕구가 충족되는 환경에서만 생존할 수 있다. 셋째, 인간은 사회적이며 상호 의존적이다. 넷째, 인간은 유한하며, 시간은 생존에 대한 구속이자 자원이다. 넷째, 인간의 상호작용 및 인간 활동은 공간적으로 조직된다(Bubolz & Sontag, 1993; Klein & White, 2000).

(2) 개인-가족-사회의 상호성

생태학적 관점은 개인-가족-지역사회 간의 유기체적 관련성을 강조하고 통합적인 생활 단위로서 가족생활을 분석한다. 즉, 개인 및 가족이 그들을 둘러싸고 있는 외부 환경과의 상호작용을 통해 일상을 진행하는 데 주목한다. 빈덴티와 투르키(Vindenti & Turkki, 2008)는 가족과 가족의 일상생활을 강조하면서 가족과 가족 내의 일상생활은 의생활, 식생활, 주거 및 돌봄을 포함하며, 이러한 일상생활에서의 인간 행위의 총체로서 가족생활을 조망하였다(여성가족부, 2010 재인용). 생태학적 체계는 가족을 하나의 미시체계로 보고, 학교나 이웃, 직장, 지역사회와 같은 외체계 및 국가의 정책이나 문화와 같은 거시체계 등과 밀접한 상호관계를 맺는다고 가정한다. 가족은 다양한 수준의 체계와 밀접한 관련 속에 역동적인 일상을 진행시켜 나간다(여성가족부, 2010).

(3) 생태계의 공동 이익 추구

생태학적 관점은 가족이 환경과 상호작용하며 생태계를 구성한다는 기본 전제에서 출발하였다. 따라서 이 관점의 기저에 깔린 가치는 단지 인간 중심적인 것이 아니라 생물, 무생물의 환경에도 관심을 가진다. 가족생태학은 글로벌한 관점을 취하며, 생태계의 공동 이익, 도덕적 가치와도 부합한다. 인간생활의 질과 환경의 질은 상호 의존적이며, 인간과 자연의 상호의존, 내가 살기 위해서는 타인을 필요로 한다는 것을 전제한다. 특히 생태학적 관점은 개발도상국 사람들이나 소수민족, 장애인이나 노인과 같이 자원과 권력이 상대적으로 부족한 집단이나 하위문화에 관심을 기울여 불평등과 박탈에 대해 검토하는 데 적절한 분석 틀을 제공한다(Bubolz & Sontag, 1993; Klein & White, 2000).

〈자료 6-6〉 에코페미니즘

생태학적 관점과 페미니즘 관점을 연결한 에코페미니즘(eco-feminism) 또는 생태학적 페미니즘은 심층생태학(deep ecology)*과 페미니스트의 영적 관점을 연결한 이론이자 현대 환경철학이라 할 수 있다(Schriver, 2013). 에코페미니즘은 개인들이 전체 자연 속에서 겪는 생생한 경험들을 서로 연결시켜 우주 만물 본연의 상호연관성을 재구축하는 데 관심이 있으며, 모든 형태의 지배를 종식시키는 목적을 가지고 있다. 에코페미니즘은 자연과 인간은 하나이고 자연은 인간에게 이롭다고 가정하며, 또한 사회, 정치, 경제, 환경적 이슈는 서로 연관되어 있다고 가정한다(Schriver, 2013).

* 모든 생명체의 일체성과 생명체들 간의 복잡한 상호 의존적 공생, 변화주기에 대한 직관적 인식에 그 뿌리를 두고 있다. 인간의 정신은 우주와 연결되어 있다고 보는 이 관점은 생태학적 인식이 곧 영적인 것임을 제시한다(Schriver, 2013).

3) 환경체계의 차원

브론펜브레너는 다섯 가지 차원의 환경체계를 제안했는데, 미시체계(역할과 관계), 중간체계(둘 이상의 상호관계), 외체계(사람과 관련 없는 외부 상황), 거시체계(문화), 시간체계가 그것이다. 초기 이론에서는 시간체계를 제외한 네 차원을 제안하였지만 이후 개별적 인간 행위가 환경과 인간의 상호작용 결과라는 그의 주장은 '시간'이라는 요인과 결합하여 '개인의 삶 전 과정에 걸쳐' 이루어지는 것으로 정교해졌다(Bubolz & Sontag, 1993; Klein & White, 2000).

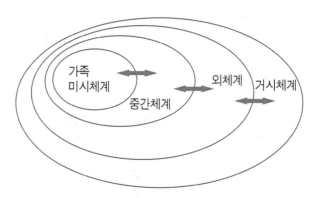

[그림 6-4] 브론펜브레너의 환경체계 차원

(1) 미시체계

미시체계(micro-system)란 개인이 경험하는 일차적 물리적 환경 안에서 이루어지는 활동과 역할, 대인관계를 포함한다. 아동의 경우, 가족, 학교, 또래 집단 등과 같이 아동의 발달에 직접적인 영향을 미치는 환경체계를 의미한다. 미시체계는 개인과 가족, 친구 간의 밀접한 상호작용을 통해 영향력을 행사한다. 아동의 경우 가족환경 미시체계에 집중하는 경향이 있으나, 청소년기 및 청년기 발달로 갈수록 가족환경 외의 다른 수준의 환경체계의 영향력의 비중이 커지게 된다.

(2) 중간체계

중간체계(meso-system)란 상호작용하는 미시체계로 구성되어 있는데, 가족과 학교의 관계, 가족과 친구의 관계와 같은 동일한 수준의 미시체계들 간 관계성을 의미한다. 즉, 지역사회 수준에서 기능하고 있는 사회의 주요 기관인 직업세계, 대중매체, 공공기관 등 개인이나 가족이 적극적으로 참여하는 환경들 간의 연결성 또는 상호작용이다. 아동기 외체계의 대표적인 예로 부모의 직업이나 이웃, 놀이터, 문화시설 등을 들 수 있다. 부모의 직업은 아동이 직접적으로 경험하지는 않지만 부모의 행동에 영향을 주는 요인으로 자녀의 양육에도 간접적인 영향을 미칠 수 있다.

(3) 외체계

외체계(exo-system)는 개인이나 가족이 적극적으로 참여하지는 않으나, 이들 환경에서 일어나는 변화에 영향을 주고받을 수 있는 환경을 의미한다. 지역사회 수준에서 기능하는 체계로서 지역의 공원, 박물관, 가족 구성원의 직업, 대중매체나 문화시설 등은 개인이나 가족의 경험에 영향을 미칠 수 있다.

(4) 거시체계

거시체계(macro-system)는 전 생애에 걸쳐 영향을 미칠 수 있는 사회적 · 역사적인 환경이나 개인이 속한 각 문화적 특유의 이념 및 제도의 일반적 형태를 의미한다. 법적 · 정치적 · 사회적 · 교육적 · 경제적 체계 등이 이에 속한다. 이는 명백한 형태를 가진 것도 있으나 대부분의 경우 비형식적인 것으로 관습과 일상 생활 습관 등이 포함된다. 일반적으로 문화 차이나 세대 차이라고 이야기할 때 거시체계의 영향력에 따른 차이로 이해할 수 있다.

(5) 시간체계

시간체계(chrono-system)는 시간에 걸쳐 일어나는 변화와 사회적 · 역사적인 환경을 의미한다. 즉, 어떤 사건의 효과가 시간적 경과에 따라 변화하며, 동일한 사건에 대해서도 시대에 따라 그 의미와 해석이 달라질 수 있다. 예컨대, 부모의 이혼이 아동에게 미치는 부정적인 영향은 이혼 첫해에 가장 크게 나타나며, 이러한 효과는 딸보다는 아들에게 더욱 부정적으로 받아들여진다. 또한 최근 여성의 취업에 대한 욕구는 대단히 높아져서 10~20년 전과는 매우 다르다. 이와 같이 시대의 흐름에 따라 달라지는 경험을 하게 된다.

4) 사회적 지지망 평가

사회적 지지망(social network)이라고 하면 친지나 친구와 같은 비공식적 사회 지지망과 공공 서비스와 같은 공식적 사회 지지망을 포함한다. 사회적 지지망에 대한 평가는 내담자의 사회적 및 환경적 자원에 관한 정보를 체계적으로 수집하는 데 유용하다(이원숙, 2012). 사회적 지지망 평가의 일차적 목표는 내담자의 비공식적 자원에 대한 규명에 있으나, 가족 구성원으로 하여금 지지망에 대한 통찰력을 키워 주고 개선을 위한 대안을 모색하게 격려함으로써 치료적 효과도 기대된다.

<자료 6-7> 사회적 지지망에 관한 면접 질문의 예

- 경제적 어려움으로 도움이 필요할 때 누구에게 요청하는가?
- 정서적 어려움으로 도움이 필요할 때 누구에게 요청하는가?
- 몸이 아프거나 신체적 어려움으로 도움이 필요할 때 누구에게 요청하는가?
- 마음이 힘들고 종교적 도움이 필요할 때 누구에게 요청하는가?
- 당신의 삶에 중요한 외부인은 누구인가?
- 지역사회와 어떤 관계를 갖고 있는가?
- 당신과 잘 지내는 지역아동센터 교사나 도우미 아주머니, 어린이집 교사 등이 있는가?
- 가족 이외의 사람 중 함께 동거한 사람이 있는가?
- 가족 중 의사나 상담자, 사회복지사 등 전문가나 기관의 도움을 받은 사람이 있는가?

출처: McGoldrick, Gerson, & Petry (2008/2011), pp. 104-105.

트레이시와 휘터커(Tracy & Whitaker, 1990)는 내담자의 사회적 지지 자원을 평가하는 도구로서 사회적 망 평가방법을 개발하였다(이원숙, 2016 재인용). 사회적 망은 두 단계로 평가한다. 첫 단계로, 망 지도는 7개 영역, 즉 ① 가구(동거가족), ② 가족 및 친척, ③ 친구, ④ 직장 또는 학교 동료, ⑤ 종교집단 또는 동아리 동료, ⑥ 이웃, ⑦ 공공 서비스 제공자에서 망 구성원을 작성한다.

　두 번째 단계로, 개인과 망 구성원들 간의 관계에 관한 일련의 질문을 던진다. 여기에는 망 구성원이 개인에게 제공하는 사회적 지지의 유형, 관계의 친밀도, 접촉 빈도, 관계 지속 기간 등이 포함된다.

〈자료 6-8〉 사회적 망 평가

ID 응답자 이름 #	생활영역 ① 가구원 ② 다른 가족 ③ 직장/학교 ④ 조직 ⑤ 다른 친구 ⑥ 이웃 ⑦ 전문가 ⑧ 기타	물질적 지지 ① 거의 없다 ② 가끔씩 ③ 거의 항상 ④ 항상	정서적 지지 ① 거의 없다 ② 가끔씩 ③ 거의 항상 ④ 항상	정보/조언 ① 거의 없다 ② 가끔씩 ③ 거의 항상 ④ 항상	비판 ① 거의 없다 ② 가끔씩 ③ 거의 항상 ④ 항상	원조 방향 ① 양방향 ② 그들에게만 ③ 그들이 당신에게만	친밀도 ① 거의 친하지 않음 ② 가까운 정도 ③ 매우 가까움	만나는 빈도 ① 1년에 몇 번 ② 한달에 몇 번 ③ 주마다 몇 번 ④ 매일	알고 지낸 기간 ① 1년 이하 ② 1~5년 ③ 5년 이상
01									
02									
03									
04									
05									

출처: 이원숙(2016), p. 123.

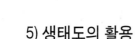

5) 생태도의 활용

(1) 생태도의 활용성

생태도(eco-map)란 가족의 생활공간 안에 있는 사람 및 기관 간의 연계, 즉 생태학적 체계를 그림으로 나타내는 방법이다. 이를 통해 자원의 흐름이 어떻게 이루어지는지 알 수 있다. 생태도는 개인과 가족이 자신들의 강점과 약점을 이해하는 데 도움이 되며, 내담자가 다른 관점에서 자신의 상황을 시각화하여 인식할 수 있도록 해 준다. 상담자는 생태도를 가족과 검토하며 가족의 변화가 필요한 부분이나, 자원이 부재한 부분을 지적해 주고, 지역사회에서 지원받을 수 있는 영역을 찾도록 도움을 줄 수 있다(이원숙, 2016). 생태도를 통해 알 수 있는 또 다른 영역으로는 가족과 환경의 경계가 어떠한지, 내담자에게 유용한 자원이 무엇인지, 가족에게 스트레스를 주는 요인이 무엇인지 등 가족체계와 외부 환경 간의 상호작용에 대한 유용한 정보를 얻을 수 있다.

(2) 생태도 작성법

상담자뿐만 아니라 사회복지사나 건강가족사 등 가족복지 분야의 실천가들이 활용하는 일반적인 도식적 평가도구로 질문방식의 면접을 통해 정보를 수집해 생태도를 작성할 수 있다. 정보수집의 대상으로는 직장, 동사무소나 복지관 등 공공서비스 기관, 친구 관계, 친족 관계, 학교, 직장, 운동 및 문화 · 여가생활 등 광범위한 생활환경 체계를 포함한다.

첫째, 중앙에 큰 원을 그리고 원 안에는 핵가족체계의 관계를 표시한다. 가족 구성원들을 표시할 때 남성는 네모, 여성은 원으로 표시하고, 네모나 원 안에 가족 구성원의 연령을 기재하면 좋다. 둘째, 가족과 상호작용하는 다른 상위체계들을 중심 원 외부에 작은 원으로 표시한다. 작은 원들로는 확대가족이나 친구, 학교, 직장, 교회, 사회복지기관, 의료기관, 사법기관 등이 포함될 수 있다. 셋째, 가족이 상호작용하고 있는 의미 있는 체계들이 설정되면 가족과 각 체계 간의 관계를 선으로 표시한다. 강한 관계는 두꺼운 선으로, 약한 관계는 가는 선으로 표시하며, 갈등이

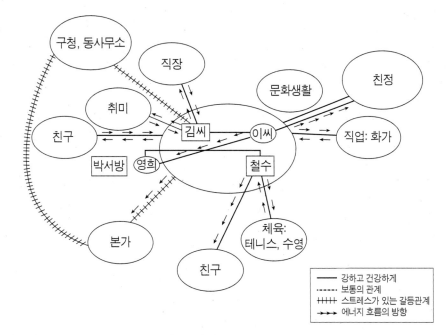

[그림 6-5] 생태도의 예

출처: 정문자, 정혜정, 이선혜, 전영주(2011), p. 450.

나 스트레스가 있는 관계는 사선으로 표시한다. 체계 간의 자원의 흐름이나 에너지의 상호교환 관계는 화살표로 표시한다(이원숙, 2016). [그림 6-5]에는 철수네 가족을 중심으로 생태도의 예가 제시되어 있다.

<자료 6-9> 가족자원 척도

가족자원 척도
(Family Resources Scale: FRS)

① 척도 소개: 전체 가족과 개별 가족의 욕구를 충족하기 위해 필요한 시간, 돈, 에너지와 같은 가족 자원의 보유 정도를 측정한다. 다양한 연령대의 자녀를 가진 가족뿐만 아니라 무자녀 가족의 경우에도 대상으로 할 수 있다. 30문항의 FRS는 8개의 하위척도인 음식, 거주지, 재정, 시간, 가족 외적 지원, 탁아, 특정 자녀 자원, 여가로 구성되어 있다.

② 척도 개발과정 및 신뢰도: 전체 30문항에 대한 α는 .92로 보고되었으며, 검사-재검사 신뢰

도(2~3개월 간격)는 .52로 나타났다. 여타 심리적 복지 측정도구들과의 상관계수는 .52로 타당도가 입증되었다. 여러 문화권에서 사용되며 타당도가 검증되었다.

③ 채점 방법: 전체 점수를 합산하여 자원정도에 대한 총점을 산출할 수도 있고, 각 하위척도별로 따로 산출할 수 있다.

④ 출처: Dunst, C. J., & Leet, H. (1987). Measuring the adequacy of resources in households with young children. *Child care health and development, 13*, 111-125.

⑤ 척도:

다음은 당신의 가족이 적절한 자원(시간, 돈, 에너지 등)을 갖고 있는지 평가하기 위한 기술들입니다. 각 문항에 대해 매달 가족의 요구를 충족하는 정도를 나타내는 것에 표시해 주십시오.

1	2	3	4	5
전혀 적절치 않다	약간 적절하다	가끔 적절하다	주로 적절하다	거의 항상 적절하다

1. 하루에 두 번 식사할 음식
2. 집이나 아파트
3. 생필품을 살 돈
4. 가족들에게 충분한 옷
5. 거주지의 난방
6. 하수 및 수도 시설
7. 매달 고지서를 낼 돈
8. 본인과 배우자의 좋은 직장
9. 가족 의료보험
10. 공적 보조(정부보조금 등)
11. 교통 · 수송 수단
12. 충분한 수면과 휴식을 위한 시간
13. 거주지의 가구
14. 혼자 있을 시간
15. 가족이 함께할 시간
16. 자녀와 함께할 시간
17. 배우자나 가까운 친구와 함께할 시간
18. 전화나 휴대폰
19. 자녀의 베이비시터
20. 자녀를 위한 탁아소 및 유치원
21. 자녀를 위한 특별한 장비나 도구를 살 돈
22. 가족의 치과 치료
23. 말할 사람
24. 사교할 시간
25. 외모를 가꿀 시간
26. 자녀의 장난감
27. 자신을 위해 뭔가를 살 돈
28. 가족오락을 위한 돈
29. 저축할 돈
30. 여행이나 휴가

참고문헌

여성가족부(2010). 제2차 가족실태조사. 서울: 여성가족부 가족정책과.

이원숙(2016). 가족복지론. 서울: 학지사.

전영주, 박정윤, 주국희, 이희윤(2016). 이혼전후상담 인증사업의 성과와 발전방안. 서울: 한국건강가정진흥원.

정문자, 정혜정, 이선혜, 전영주(2011). 가족상담의 이해. 서울: 학지사.

정혜정, 공미혜, 정현숙, 전영주(2009). 가족과 젠더. 서울: 신정.

조선일보(2012. 7. 17). 소득·학력처럼… 결혼, 美 계층구분 기준이 되다. http://news.chosun.com/site/data/html_dir/2012/07/17/2012071700206.htmlhttp://news.chosun.com/site/data/html_dir/2012/07/17/2012071700206.html?Dep0=twitter&d=2012071700206

천정웅, 이형하, 이승민, 이정희(2015). 이민·다문화 가족복지론. 경기: 양서원.

한재희(2014). 한국적 다문화상담. 서울: 학지사.

Bubolz, M. M., & Sontag, M. S. (1993). Human ecology theory. In P. G. Boss, W. J. Doherty, R. LaRossa, W. R. Schumm, & S. K. Steinmetz (Eds.), *Sourcebook of family theories and methods: a contextual approach* (pp. 419-447). New York: Plenum Press.

Dunst, C. J., & Leet, H. (1987). Measuring the adequacy of resources in households with young children. *Child Care Health and Development, 13*, 111-125.

Klein, D. M., & White, J. M. (2000). 가족이론[*Family theories: An introduction*]. 김종천, 조은정, 이화영, 성준모, 이정숙, 오수정, 최윤신, 이상, 김선숙, 이혜경 공역. 서울: 대학출판사. (원저는 1996년에 출간).

Kliman, J. (1998). Social class as a relationship: implications for family therapy. In M. McGoldrick (Ed.), *Re-visioning family therapy*. New York: Guilford Press.

McGoldrick, M., Gerson, R., & Petry, S. (2011). 가계도: 사정과 개입[*Genograms: Assessmentand intervention* (3rd ed.).]. 이영분, 김유숙, 정혜정, 최선령, 박정희 공역. 서울: 학지사. (원저는 2008년에 출간).

Nichols, M. P., & Schwartz, R. C. (2002). 가족상담: 개념과 방법[*Family therapy: Concepts and methods* (4th ed.).]. 김영애, 정문자, 송성자, 제석봉, 심혜숙, 김정택, 정석환, 김

계현, 이관직 공역. 서울: 시그마프레스. (원저는 1998년에 출간).

Nichols, M. P. (2011). 가족상담: 개념과 방법[*Family therapy: Concepts and methods*]. 김영애, 김정택, 송성자, 심혜숙, 정문자, 제석봉 공역. 서울: 시그마프레스. (원저는 1984년에 출간).

Osmond, M. W., & Thorne, B. (1993). Feminist theories: The social construction of gender in families. In P. G. Boss, W. J. Doherty, R. LaRossa, W. R. Schumm, & S. K. Steinmetz (Eds.), *Sourcebook of family theories and methods: A contextual approach* (pp. 591–622). New York: Plenum Press.

Schriver, J. M. (2013). 인간행동이론과 사회복지실천: 패러다임의 경쟁과 전환[*Human behavior and the social environment: Shifting paradigms in essential knowledge for social work practice* (5th ed.)]. 성균관대학교 사회복지연구회 역. 서울: 박영사. (원저는 2011년에 출간).

여성가족부 http://www.mogef.go.kr/
한국건강가족진흥원 http://familynet.or.kr/index.jsp

제**3**부

가족평가의 방법

제7장 가계도를 활용한 평가

1. 가족상담에서의 가계도 활용

가족의 역사와 관계를 도식화하는 가계도는 가족평가를 하는 데 있어 실용 틀로서 상담 현장에서 자주 사용되고 있다. 상담자들은 가계도를 증상에 초점을 두는 일차원적이고 선형적인 관점에서 벗어나도록 돕는다는 점에서 높이 평가하고 있다. 가계도는 인류학 등 다양한 분야에서 사용되어 왔으나, 의료 영역에서는 가정의학 분야에서 먼저 시도되었다. 의사들은 짧은 면담 동안 환자 가족의 병력을 효율적으로 파악하기 위한 부호를 도식화하려고 노력하였다. 가족관계를 도식화하는 이들의 시도가 보웬(M. Bowen)에 의해 가족상담 영역에서 활용되면서 확대가족을 포함한 가족의 다양한 정보를 얻는 기법으로 정착하였다. 현재는 보웬 접근에서뿐 아니라 대부분의 상담자가 여러 세대에 걸친 가족 정서체계를 도식화하거나 개입을 위한 체계적 가설을 얻기 위한 방법으로 사용한다. 때로는 가계도가 평가의 도구를 넘어선 면담 과정을 통한 임상적 개입의 방편으로 인식되기도 하여 활용의 범위가 넓다. 가족상담 영역에서의 가계도는 3세대 이상의 가족 구성원과 그들 간의 생물학적·법적 관계를 포함하는 기본 구조와 출생, 죽음, 결혼, 질병, 성격, 행동 등과 같은 인구학적 자료, 그리고 융해와 분리, 갈등, 동맹과 같은 사람들 간의 관계 등을 포함한다. 또한 성격 특성, 생활 사건과 변화, 가족역할과 같은 중요한 정보들이 가계도에 기록될 수 있다(McGoldrick, Gerson, & Petry, 2008/2011).

이처럼 가계도는 복잡한 가족의 구조를 한눈에 볼 수 있는 지도 같은 것인데, 상담 과정에서 새롭게 드러난 정보는 지속적으로 덧붙여 갈 수 있다는 점에서 임상 기록으로도 효과적이다. 이때 상담자는 객관적 사실뿐만 아니라, 가족 유형이나 기능에 대한 자신의 이해를 새롭게 할 때마다 그것도 추가적으로 표시하기 쉽다. 이처럼 상담을 진행하면서 지속적으로 수정된 가계도는 상담자가 가족 구성원과 가족 내에서 반복되어 나타나는 문제 행동이나 가족의 패턴에 대한 가설을 세울 때 도움이 된다.

상담자는 가계도를 근거로 한 체계적인 질문을 통해 내담자를 보다 체계적으로 이해할 수 있을 뿐 아니라 내담자 자신도 문제를 새로운 관점으로 볼 수 있다. 이것은 가족 스스로가 공간과 시간을 넘나들면서 가족문제를 추적하도록 돕는 체계적 관점을 만들어 낸다. 또한 이를 통해 현재의 가족이 보이는 문제와 행동에 대하여 다양한 관점에서 볼 수 있다. 따라서 가계도는 가족관계나 기능의 유형을 도식화함으로써 내담자의 생활 사건이나 인간관계가 기능적·역기능적 유형과 어떻게 관련되는지에 대해 상담자나 내담자 모두가 체계적으로 생각할 수 있도록 돕는다는 것이 특징이다.

가계도는 새로운 정보가 나타날 때마다 수정될 수는 있으나, 일반적으로 치료방법을 결정하기 위해 초기상담의 단계에서 이루어져야 한다는 인식이 팽배하다. 따라서 첫 면담에서 가계도의 대부분을 완성하려고 노력한다. 이때 현재 드러난 어려움을 중심으로 탐색하지만, 현재의 문제와 관련하여 가족의 주제와 신화, 규칙, 이전 세대의 정서적 미해결 과제 등에 관한 질문을 포함하는 것이 바람직하다. 이를 통해 상담자들은 중심 사건을 중심으로 적어도 3세대 이상의 가족 구성원을 고려함으로써 반복적인 가족 사건 간의 연관성을 찾으려 한다. 그런데 전략적 접근의 헤일리(J. Haley), 구조적 접근의 미누친(S. Minuchin), 사회구성주의 접근의 화이트(M. White)처럼 가계도 사용에 큰 의미를 두지 않는 상담자들도 있다. 그러나 평가와 치료를 구별하지 않는 이들이 임상과정에서 가계도를 활용하지는 않았지만, 그들의 접근은 위계적 구조 또는 세대 간 경계를 넘어선 연합을 포함한다. 이것은 이들의 가족상담에서도 가족 역동을 이해하고 활동한다는 점을 명확히 하는 셈이다. 이처럼 가족 역동을 고려하는 가족치료에서는 기계도가 가족 관계를 도식화하는 유용한 도구라는 점에서 충분한 가치가 있는 기법이다.

2. 실시방법

가계도의 작성은 상담자가 가계도의 이론적 근거를 설명하면서 시작한다. 즉, 상담자는 가족 배경이 현재의 가족문제에 어떻게 영향을 미치는지 좀 더 잘 이해하기 위해서 가족의 기원에 대한 정보를 얻는 것이 중요하다는 점과 이를 위해 어느 정도의 시간이 소요되는지를 내담자에게 설명한다. 전형적으로 상담자는 누가 먼저 시작할 것인지를 지적하지 않지만, 임상적 경험에 의하면 상담에 그다지 많은 관심을 보이지 않는 가족이 먼저 시작하면 도움이 된다.

가계도를 그리는 동안 몇 가지 유의할 점이 있다.

첫째, 상담자는 모든 가족 구성원이 참여하도록 격려하며 개입을 유지하는 것이 필요하다. 즉, 어떤 가족과 어느 정도 이야기한 후에 다른 가족에게 덧붙일 것이 있는지를 확인하거나, 동의하는지를 물어본다.

둘째, 상담자는 가계도 작성의 과정에 가족에게 부담스럽게 느껴지지 않도록 배려해야 한다. 가계도 작성은 가족과의 관계가 충분히 형성되지 않은 상담의 초반부에서 활용되기 때문에 이 부분에 대한 주의가 필요하다. 약간의 유머는 힘들고 재미없는 질문과 답을 피하는 데 도움을 준다.

셋째, 가계도를 통하여 상담자의 전문성을 발휘할 수 있어야 한다. 가계도를 작성한 후 상담자는 가족들이 자신의 생각을 자연스럽게 나누도록 이끌어 가야 한다. 일반적으로 내담자들은 자신의 문제를 객관적으로 알고 싶다는 의지가 강하기 때문에 가계도를 통한 상담자의 전문적인 분석은 내담자의 자신과 가족에 대한 통찰을 가지는 데 많은 도움을 준다.

1) 작성방법

가족의 정보를 수집하여 가계도를 작성하는 것은 가족과 합류하면서 가족을 평가하는 보다 포괄적인 과정이다. 그러나 상담자는 가계도 작성을 위한 정보를 수집할 때 구조화된 형식적인 수집이 되지 않도록 신경을 써야 한다. 가계도 정보는 한 가족 구성원 혹은 여러 가족 구성원과의 면담을 통해 얻을 수 있다. 여러 가족 구성원에게서 얻은 정보는 신뢰도가 높고 서로 간의 시각을 비교할 수 있고 직접 상호작용을 관찰할 수 있다.

가족 유형은 한 세대에서 다음 세대로 전수될 수 있기 때문에 임상가는 몇 세대에 걸쳐 반복되는 유형을 찾기 위해 가계도를 면밀히 검토해야 한다. 그러한 반복적인 유형은 기능과 관계 그리고 가족의 구조에서 나타난다. 그러한 유형을 인식함으로써 가족이 불행한 유형을 반복하지 않도록 돕고, 다음 세대에 전수하지 않도록 돕는다. 가족기능에서의 중요한 사건과 변화를 추적함으로써 기념일 반응을 찾을 수 있고, 유사한 일치성을 체계적으로 연결하며, 가족기능에 대한 불안한 변화의 영향을 평가하고, 장래의 스트레스에 대한 취약성과 자원을 파악할 수 있다. 또한 보다 큰 사회경제적·정치적 상황에서 사건을 이해해야 한다. 이러한 추적을 통해 상담자는 과거의 힘에 근거한 자원을 증대시키고 역기능적이던 전략을 수정하는 방안을 찾을 수 있다.

(1) 가계도 작성을 위한 정보 탐색

언제나 가족 모두를 대상으로 할 수 있는 것은 아니므로 때로는 일부 가족과의 면담을 하여 가계도를 작성할 수 있다. 어떤 목적으로 어떤 대상과 가계도를 작성하느냐에 따라 완성하는 데까지 걸리는 시간은 다르다. 상담자에 따라 다양한 가계도가 완성될 수 있지만, 일반적으로 가족과 가족을 둘러싼 광범한 범위에 관한 중요한 정보를 파악하기 위한 질문을 해야 한다. 이것은 마치 망망한 대해를 향해 망

남성　　　　여성　　　　출생연도　사망연도

43-75

환자로 여기는 사람
중심인물(Ipdentfied Person)　　　사망

결혼(연도기록)
(남편은 왼쪽, 아내는 오른쪽)　결혼 후 별거(연도기록)

M,60　　　　　S,70

동거 또는 내연관계　　　이혼(연도기록)

72　　　　　　d,72

[그림 7-1] 가계도 작성 기호

을 펼치는 것과 같은데, 다음과 같은 원칙으로 면담을 하면 도움이 된다.

- 제시된 문제에서 문제의 배경이 되는 것으로 넓혀 간다.
- 동거가족에서 확대가족, 또는 보다 넓은 사회체계로 넓혀 간다.
- 현재의 가족 상황에서 가족 사건의 역사적 연대기로 넓혀 간다.
- 간단하고 무난한 질문에서 어렵고 가족들에게 불안을 유발시킬 수 있는 질문으로 넓혀 간다.
- 분명한 객관적인 사실에서 역할이나 관계를 판단하여 가족 유형에 대한 가설을 세울 수 있는 문제로 넓혀 간다(McGoldrick et al., 2008/2011).

또한 상담자는 면담과정을 진행하면서 [그림 7-1]에 제시된 기호를 활용하여 가족구조를 도식화한다.

① 현재의 문제와 동거가족에 대한 파악

내담자들은 대부분 현재 어려움을 겪는 특정한 문제를 가지고 있기 때문에 그것을 질문의 출발점으로 하는 것이 좋다. 상담자는 초기면담에서 가족들에게 문제를 충분히 이해하기 위해 문제를 둘러싼 기본적 정보를 요청하는 것이 일반적이다. 이때 가족이 호소하는 문제와 그것이 함께 생활하는 가족들에게 어떤 영향을 미치고 있는지를 파악하는 질문이 바람직하다. 구체적으로 다음과 같은 간단한 사항을 먼저 파악한다.

- 누구와 동거하며, 그들과의 관계는 어떠한가?
- 동거하지 않는 다른 가족이 있다면, 그들은 어디서 사는가?

상담자들이 동거가족의 상황을 개괄적으로 파악한 후에는 연령, 성별, 직업 등에 대해서도 물어볼 수 있다. 그러나 이러한 정보와 함께 다음의 사항에 대한 이해를 하는 것이 필요하다.

- 각 가족은 문제를 어떻게 이해하고 반응했으며, 어떤 시도를 했는가?
- 언제부터 문제가 시작되었는가? 누가 가장 먼저 알았는가? 문제를 심각하게 받아들인 가족은 누구이며, 대수롭게 여긴 가족은 누구인가?
- 가족 내 유사한 문제를 가진 가족 구성원은 없는가?
- 문제가 일어나기 전에 가족관계에 변화가 있었는가? 문제 이외에 다른 문제가 있었는가?
- 가족이 문제를 변화라고 생각하고 있는가? 그와 같은 변화에 대해 어떤 평가를 하는가?

이 같은 정보는 가족들이 지금까지 어떻게 문제를 해결하려고 했는지를 이해할 수 있는 좋은 정보가 된다.

② 현재 상황에 대한 파악

문제를 둘러싼 가족 상황에 대해 어느 정도 파악한 후에는 가족의 현재 상황에 대한 질문을 하는 것이 바람직하다. 현재 해결해야 할 문제는 무엇이며, 그와 관련되어 있는 사람이 누구인가와 같은 구체적인 질문부터 시작하는 것이 좋다.

- 최근 가족 내에서 무슨 일이 일어났는가?
- 최근 가족 내 어떤 변화가 있었는가?(들어오거나 나간 인물, 질병, 직업상의 문제 등)

또한 최근 일어난 생활주기상의 변화에 관해서만이 아니라 앞으로 일어날 변화(출산, 결혼, 이혼, 사망, 가족 구성원의 별거 등)도 알아보는 것이 중요하다.

③ 확대된 가족 맥락

상담자는 관련된 모든 성인의 문화적 배경과 확대가족에 대해 물어봄으로써 가족 맥락에 대한 탐색을 확장해야 한다. 이와 같은 질문은 가족들과 어느 정도 라포가 형성된 후에 이루어지는 것이 좋다. 상담자는 문제를 보다 깊이 이해하기 위해 배경에 관한 질문을 하고 싶다고 제안하면서 묻는 것이 바람직하다.

일단은 각 가족의 별명 여부, 가족 간에 얼마나 밀접한 관계를 유지하는가 등 현재의 가족 맥락을 폭넓게 탐색하면서 가족 구성원 간의 상호관계를 파악한다. 그리고 보다 확장된 체계인 확대가족, 친구, 지역사회와 사회문화적 상황과 관련된 질문으로 넓혀 간다. 즉, 문제나 증상을 가진 가족을 중심으로 형제 순위나 삼각관계, 순환적 상호작용과 같은 다양한 하위체계 맥락에서 파악하며, 더 나아가서는 학교와 지역사회와 같은 사회문화적 맥락을 파악하는 것이다. 또한 함께 살았거나 가족생활에 중요한 역할을 가진 비혈연관계의 구성원에 관한 정보도 파악하는 것이 좋다. 이 같은 과정을 통해 전반적 상황과 관련된 가족의 강점과 취약한 부분을 파악하는 것이 바람직하다.

④ 중요한 생활 사건

가계도의 뼈대인 가족구조를 도식화하면 이사, 생애주기상의 변화와 같이 관련된 사건이나 질병 또는 역기능과 같은 문제도 파악하는 것이 중요하다. 가능한 한 여러 세대에 걸친 생활 사건을 파악하는 것이 바람직하지만 초기상담에서 이러한 면담이 이루진다면 지나친 정보수집은 바람직하지 않다는 견해도 있다. 그러므로 이혼, 결혼, 죽음 같은 중요한 사건을 상세하게 그리는 것을 현재 세대와 바로 윗세대에 집중하는 것이 일반적이다. 이를 통해 가족 구성원들의 현재 행동과 문제를 다양한 관점으로 이해하는 것이 가능하기 때문이다.

예측 가능한 생활주기 사건과 예측 불가능한 사건들을 가계도로 추적할 수 있다. 중요한 가족 사건은 가족 전환기, 전직, 가족 구성원이 집을 떠나거나 남아 있는 상태, 인간관계의 변화, 이사 혹은 이주, 상실과 성공 같은 것을 포함한다. 이러한 정보가 있으면 가족을 역사적 관점으로 볼 수 있으므로 가족 역사가 각 개인에게 어떤 영향을 미쳤는지를 알 수 있게 된다. 이런 사건들 중에는 가족의 출생이나 사망처럼 구성원의 인구학적 사항이 이미 언급된 것도 있고, 연애, 결혼, 별거, 이혼, 이사, 전직 등도 있다. 중요한 생활 사건은 가계도의 여백이나 필요한 경우 다음 쪽에 첨가시킨다.

⑤ 가족 연대기

연대기는 가계도와 함께 중요한 가족 사건을 날짜별로 정리하는 가족 유형을 파악하는 좋은 방법이다. 상담 현장에서 전 생애에 걸친 연대기를 작성하는 것은 시간적으로 불가능하지만, 주요한 사건의 발생을 중심으로 연대기를 작성하는 것은 치료적 효과가 있다. 이 같은 관계를 추적하면서 가족들이 반응과 다른 가족 구성원의 생활주기에서 같은 시기에 나타나는 사건을 추적하는 것 또한 유용하다.

또한 개인의 연대표를 만들어 두면 특정 가족 구성원의 기능, 증상, 역할 등을 가족이라는 맥락 안에서 추적하는 데 유용할 것이다. 일반적으로 각 사건의 경우 사건의 날짜를 기록한다. 가족 구성원이 날짜를 잘 알지 못하면 대략적인 날짜를 받아 기록하며 '?'를 붙인다. 가족 사건의 연대기는 가계도의 한쪽에 기록하거나 필요하다면 다른 종이에 기록한다. 가족 사건의 유형은 연대기에서 명료하게 얻는다.

(2) 가족관계의 표현

가계도에 의한 가장 유용한 정보는 가족구조가 아니라 구조를 구성하고 있는 관계의 본질이다. 상담자는 가족이 자신들의 가정생활에 영향을 미치는 보다 근본적인 것을 생각하도록 돕는다. 예를 들어, 원가족의 부모들이 부부들에게 결혼에 관한 태도에 어떤 영향을 미쳤는지 이해하기 위하여 다음과 같은 질문을 할 수 있다. "당신의 부모는 애정을 어떻게 표현했나요?" "그들의 사회적 삶은 어땠나요?" "부모들은 서로 의견 차이가 있을 때 어떻게 했나요?" "당신은 어느 쪽 부모님과 많은 시간을 함께 보냈나요?" "부모들은 짜증이 날 때 그것을 상대방에게 어떻게 표현했나요?" "그들은 애정을 어떻게 표현했나요?" 등의 질문을 통하여 관계를 추론할 수 있다. 특히 보다 친밀한 관계를 가진 부모에 대한 질문은 중요하다. 왜냐하면 보다 가깝다고 느끼는 부모로부터 발달된 관계 양식은 가정생활을 유지해 나가는 데 모델이 되는 관계 양식이 될 가능성이 크기 때문이다.

이 단계는 지금까지와는 달리 추론에 근거한 작업이다. 이것은 가족의 보고와 상담자의 직접적 관찰에 근거하여 각 가족 구성원의 관계를 도식화하는 것이다. 가족 구성원인 두 사람의 다양한 관계를 각각 다른 선으로 나타낸다. 이것은 가족관계를 기술할 때 빈번하게 사용되어 오는 융합이나 대립적이라는 정서적 용어가 선으로 상징화되면서 보다 객관적으로 이해할 수 있게 해 준다. 물론 가족관계는 시간이 흐름에 따라 변하기 때문에, 이와 같은 선이 주관적이라는 한계를 가지고 있다.

관계의 선은 [그림 7-2]와 같이 나타낼 수 있다. 그리고 완성된 가계도의 예는 [그림 7-3]과 같다.

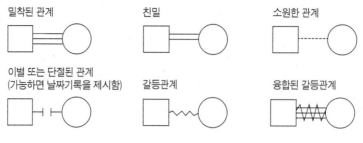

[그림 7-2] 가족 관계의 선

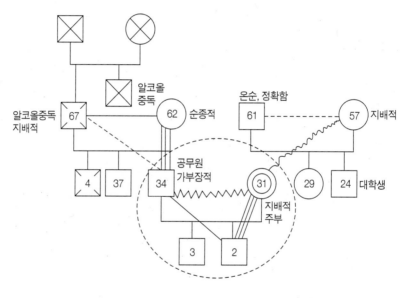

[그림 7-3] 가계도의 예

3. 가계도의 해석

사람들은 세대. 연령, 성 등의 가장 일반적인 요인에 의하여 가족체계 내에서 조직된다. 가족구조의 어느 부분을 담당하는지에 따라 그 개인의 기능이나 인간관계의 유형, 다음 세대에서 형성될 가족 유형까지 영향을 받을 수 있다. 한 세대에서 일어난 일은 다음 세대에서도 되풀이된다, 즉, 비록 실제의 행동은 다양한 형태로 표현된다 하더라도 같은 문제가 여러 세대에 걸쳐 나타나는 경향이 있다. 가계도에서는 한 세대에서 다음 세대로 계속되거나 혹은 바뀌는 가족의 구조, 관계, 기능의 유형을 찾아볼 수 있다.

가계도를 해석할 때 고려해야 할 요소들은 다음과 같다.

1) 가족의 구조

(1) 가족의 구성

가계도에서 가장 먼저 주목해야 할 사항은 가족의 구성이다. 가계도의 골격을 통하여 이 가족이 확대가족, 핵가족, 한부모가족, 재혼가족인지를 파악할 수 있다. 그러나 이와 같은 표면적인 가족 구성에 대한 이해에서 머무르지 않고, 각 가족 구성이 안고 있는 문제점을 파악하려고 노력해야 한다. 예를 들어, 한부모가족이라면 일반적으로 고독, 경제적 문제, 자녀 양육의 어려움이 자주 언급되므로 이러한 이해가 필요하다. 또한 한쪽 부모의 상실로 가족이 받은 충격에 대해서도 파악할 필요가 있다. 그리고 3세대가 함께 사는 확대가족이라면 누가 부모의 역할을 하는지에 대한 질문을 통하여 경계, 연합, 갈등의 문제를 탐색해야 한다.

(2) 형제 순위

출생 순위에 따라 원가족 내에서 경험하는 감정이 다르며, 그들의 역할에도 영향을 준다. 예를 들어, 맏자녀는 지나치게 책임감이 강하며 부모 역할을 하는 경향이 있지만, 막내는 어린애 같고 제멋대로라는 것이다. 또한 한 자녀의 경우는 사회성을 빨리 습득하여 동년배의 친구들과 놀고 싶어 하지 않는다. 이들은 부모의 관심을 한몸에 받는다는 점에서 막내보다는 맏자녀의 특징을 많이 가지고 있다.

형제의 성별도 중요한 요인이다. 형제관계가 미래의 인간관계의 모델이 된다는 점에서 여자 형제 속에서만 자란 여자아이나 남자 형제 속에서 자란 남자아이는 성장하여 배우자를 이해하는 데 어려움이 따른다.

형제간 연령의 차이에서는 비슷한 연령일수록 생활 경험을 보다 많이 공유하게
된다. 일반적으로 여섯 살 이상 차이가 나는 형제는 각각의 발달 단계를 따로 경험
하게 되므로 실질적으로는 한 자녀인 셈이다.

때로는 가족에게 중요한 사건이 일어난 시기에 태어난 자녀에게는 형제 순위에
따른 전형적인 기대 이상의 특별한 기대가 덧붙는 경우도 있다. 또한 자녀에게 특
별한 성격이 있으면 가정 내의 형제 유형에 변화가 생기는 경우도 있다. 즉, 두 번
째 자녀라도 뛰어난 재능이 있거나, 맏자녀가 허약하다면 둘째에게 맏자녀의 역할
이 맡겨진다. 그리고 성역할에 대한 부모의 태도와 신념은 자녀들에게 거는 기대에
영향을 미친다.

2) 생활주기의 적합성

이것은 한 가족이 적응하고 있는 생활주기의 변천에 관하여 이해하는 것이다. 가
족은 결혼, 자녀 출산, 자녀 양육, 자녀 독립, 은퇴 등의 각 분기점을 거쳐서 발달해
나가는데, 각각의 분기점을 통과하는 시기에 관해서는 보편적인 기준을 가지고 있
다. 가계도에 기재된 연령과 시기를 고려하여 보면 생활주기 사건이 표준 범위 내
에서 일어나고 있는지의 여부를 파악할 수 있다. 만약 보편적인 기준에서 지나치게
벗어나 있다면 가족이 그러한 생활주기 단계에 적응하기 위해 어떤 곤란을 경험했
는가를 탐색해야 한다.

3) 세대를 통해 반복되는 유형

가족 유형은 세대에서 세대로 전달될 가능성이 있으므로 가계도를 통하여 여러
세대에 걸쳐서 반복된 유형을 파악해야 한다. 이러한 유형은 역할이나 관계, 가족
구조에서 자주 나타난다.

(1) 역할 유형

특정의 가족 역할이나 양식, 문제처리 방법은 그것이 바람직하든 그렇지 않든 상관없이 한 세대에서 다음 세대로 전달된다. 따라서 가족이 호소하는 알코올 문제, 폭력, 자살 등의 문제는 이전 세대에도 일어났던 경우가 종종 있다.

(2) 관계 유형

친밀감, 거리, 갈등 등의 관계 유형 역시 세대에 걸쳐서 나타날 수 있다. 때로는 이러한 관계 유형이 여러 세대를 도식화하지 않으면 놓칠 수 있는 복잡한 유형을 나타내는 경우도 있다. 예를 들어, 여러 세대에 걸쳐 어머니나 자녀 사이에는 강한 동맹을 맺으면서 아버지와 자녀 사이에는 적대적 관계를 보이는 가족의 유형이 반복되는 경우도 있다.

(3) 구조 유형의 반복

세대마다 구조가 반복될 때 가족 유형이 더욱 견고해지는 경우는 흔한 일이다. 특히 구조 패턴이 바로 윗 세대와 동일할 때 그와 같은 경향은 강하다. 따라서 역할과 관계가 반복되는지를 탐색할 때는 이들의 가족 구성이 반복되고 있는지도 눈여겨볼 부분이다. 예를 들어, 세 자매 중 막내인 어머니가 자신도 세 딸을 가질 경우 그 어머니는 막내와 자신을 지나치게 동일시할 수 있다.

4) 인생의 중대사와 가족의 역할

인생의 중대사와 가족의 역할 변화는 서로 관련되어 있는 경우가 있으므로 가족 역사에서 중대한 사건이 언제 일어났는지를 가계도에 기록하게 된다. 그러므로 가족생활에서의 여러 가지 사건과 가족 역할 변화와 우연의 일치성을 조사해 보는 것은 유용하다. 특히 중요한 가족 생활 사건과 가족 역할의 장기적 변화의 관련성을 살피는 것이 유용하다. 가계도에서 긴장의 축적, 충격적인 사건의 영향, 사회·경제·정치에 관한 가족의 경험 등도 신중히 파악해야 한다.

5) 삼각관계 유형

가족에게서 나타나는 관계 유형으로는 긴밀함, 융합, 적대, 갈등, 소원, 단절 등의 특징이 있다. 인간의 최소 단위는 2인 체계이지만, 때로는 이와 같은 2인 관계의 패턴은 다른 또 한 명의 영향에 의하여 삼각관계로 연결되어 있는 가족체계의 경험이다. 예를 들면, 아버지와 어머니의 관계가 소원하여 아버지가 딸과 친밀해지면 어머니가 딸과 대립관계에 있는 경우가 종종 있다. 가계도를 통하여 이러한 삼각관계를 파악하는 것이 중요하다. 앞에서도 언급한 것처럼 삼각관계는 여러 세대에 걸쳐서 형성될 수도 있다. 조부모와 손자가 연합하여 부모에게 대항하는 경우는 일반적이다.

6) 가족의 균형과 불균형

마지막으로, 가족구조, 역할, 기능 수준, 자원의 유무에서 균형과 불균형이라는 문제가 포함되어 있다. 균형과 불균형은 가족체계 전체의 기능과 관련된 것이다. 가족체계라는 것은 동질적이지 않으며, 같은 가정 내에서도 대조적 특징들이 존재한다. 잘 기능하는 가족이라면 이러한 특징이 서로 균형을 이룬다. 두드러진 특징과 대조되는 점을 살펴 나가면 균형과 불균형을 잘 알 수 있다. 이러한 대조와 특징이 기능 전체와 어떤 관계가 있는가, 지금까지 어떤 균형을 유지해 왔는가, 균형 유지에 실패하면 어떤 긴장이 생겼는가 등을 파악하는 것이 중요하다.

(1) 역할

기능하는 가족은 보호자, 의존자, 제공자, 대변자 등의 다양한 역할을 담당하고 있다. 그러나 이러한 역할의 분담은 자연스럽게 이루어지는 것이 아니므로 갈등의 근원이 될 수도 있다. 따라서 한 가지 역할을 담당하는 가족이 지나치게 많은 가계도는 그러한 문제를 어떻게 해결하고 있는지 탐색하는 것이 바람직하다.

(2) 기능 수준과 유형

가족 구성원에 따라서 역할을 수행하는 양식이나 수준이 다르다. 그러므로 가족 구성원 각각에 맞는 형태로 기능할 수 있도록 각 유형의 균형 유지가 이루어져야 한다. 어떤 새로운 가정이든지, 서로 다른 양식이나 관계방식에 조화가 있어야만 한다. 그리고 이러한 대조가 보완적이고 자손의 성장에 바람직한 경우가 있다. 예를 들면, 현실주의자로 법률가 집안의 부계와 예술적 기질을 가진 모계를 자손은 자신의 생활에서 통합하여 균형을 유지하려고 애쓰면서 생활을 영위한다. 그런데 가족 내의 균형 유지의 방법이 가족체계의 기능장애를 초래하는 경우도 있다. 무책임한 알코올 중독자와 책임감이 강한 상대의 결합을 들 수 있다. 이때 지나치게 책임을 지려는 배우자가 무책임한 배우자와 서로 균형을 이루고 있지만, 알코올 중독자의 행동은 무책임하기 쉬운 반면 배우자는 필연적으로 과도하게 책임을 지려고 한다. 과도하게 책임을 지려는 쪽의 돌보고자 하는 욕구와 보호받으려는 쪽의 욕구가 그들의 관계를 안정시킨다.

(3) 자원의 유무

가족 구성원이 재산, 건강, 기술, 지원체계 등의 자원을 가지고 있는것과 없는 것의 차이를 살피는 것이 중요하다. 만약 가계도상에서 이와 같은 부분에 극단적인 차이가 나타난다면 가족이 그러한 불균형에 어떻게 대응했는지를 탐색하는 것이 중요하다.

이러한 체계적 접근에서는 현재의 가족뿐만 아니라 과거까지도 이해하게 된다. 역사적 관점에서 볼 때, 우리는 사건의 우연의 일치에 대해서도 체계적 견해를 가져야 한다. 가족 내 다른 부분에서 동시에 일어난 사건을 단지 우연으로 보지 않고 오히려 체계적 방식에서 상호 관련된 것으로 보아야 한다. 가계도에서 드러나는 역사와 관계 유형이 문제를 규정하는 데 중요한 실마리를 제공한다. 즉, 어떤 관계 유형은 보호하고 다른 관계 유형은 말살시키기 위해서 또는 이전 세대에서 물려받은 유산을 보호하기 위해서 증상이 어떻게 도움이 되는지가 한눈에 드러난다.

가계도는 상담자가 가족체계에서 주요 삼각관계를 파악하여 그러한 관계의 유형이 한 세대에서 다음 세대로 어떻게 계속되는지 살펴봄으로써 그들을 변화시킬 전략을 설계할 수 있도록 해 준다.

4. 가계도의 새로운 시도

최근에는 각자의 임상 현장에 접합한 새로운 형태의 가계도의 시도가 많이 이루어지고 있다. 그 예로는 시간선 가계도, 색채코딩 가계도, 문화가계도, 해결지향 가계도, 영적 가계도, 사회적으로 구성된 가계도, 가족놀이 가계도 등을 들 수 있다(박정희, 김유숙, 2009). 이 중에서 임상 현장에서 적용하면 도움이 된다고 판단되는 색채코딩 가계도, 사회적으로 구성된 가계도, 가족놀이 가계도에 관하여 설명하고자 한다.

1) 색채코딩 가계도

미국 신시내티 대학교 섭식장애클리닉의료센터(Medical Center Eating Disorders Clinic)에서는 기본 가계도에 색을 이용해 코딩하는 새로운 가계도 형태인 색채코딩 가계도(color-coded genogram)를 개발하였다(Lewis, 1989).

색채코딩 가계도를 구성하는 방법은 비교적 간단하다. 상담자는 여러 가지 특성이나 이슈 목록을 만들고 거기에 색을 부여한다. 제시된 문제나 가족에 따라 항목이 다를 수 있으며, 모든 가족에 표준 목록을 적용할 수도 있다. 다음 가족에게 가계도를 그리게 한 후, 매직마커와 함께 색이 정해진 목록을 건네준다. 각 가족 구성원에 해당하는 사항을 목록에서 찾아 가계도상에 그려진 원이나 사각형 기호 안에 색을 칠하는데, 이때 모든 가족 구성원이 의논하여 색에 대한 합의를 해야 한다. 일치하지 않을 때에는 그 가족을 표현하는 기호 옆에 '어머니 불일치' '선희를 제외한 가족 모두'와 같이 동의 여부를 기록해 둔다.

초등학교 3학년 연우의 부모는 연우가 너무 폭력적이며, 특히 다섯 살된 동생에게 지나치게 폭력적이라고 상담을 의뢰하였다. 연우는 동생과 재미있게 노는 모습을 부모들이 폭력적으로 보는 것이 억울하다고 호소하였다. 상담자는 연우 가족에게 이들이 중요하게 여긴다고 추정되는 정서를 중심으로 다음과 같은 색채코딩의 목록을 제시하였다.

- 연두색: 화합을 위해 자기표현을 하지 않음.
- 보라색: 자기가 하고 싶은 말을 모두 표현하여 평화를 얻음.
- 빨간색: 자유롭게 분노를 표현함(적절하게 또는 부적절하게).
- 검은색: 분노를 억압함.
- 노란색: 자기 마음대로 행동하여 행복함.
- 회색: 자기가 원하는 것을 하지 못하고 헌신함.

가족이 합의하여 선택한 색채코딩 가계도는 다음과 같다. 합의과정에서 아버지와 누나의 색깔은 모든 가족이 동의했으나, 어머니와 연우, 남동생에 대한 합의는 이루어지지 않았다. 어머니를 선택할 때 아버지는 연두색에 동의하지 않았으며, 남동생과 연우를 선택할 때도 부모가 동의하지 않았다. 그러나 누나가 연우가 주장한

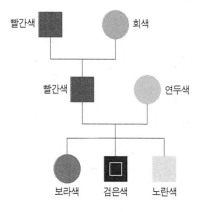

[그림 7-4] 색채코딩 가계도의 예

검정과 노랑에 대해 강렬하게 동의하여 선택할 수 있었다.

부모는 자신들이 생각한 자녀의 이미지가 다르다는 사실에 놀랐다. 특히 연우 자신이 자신의 분노를 드러내지 않고 참는다고 주장하는 것을 보면서 동생과 노는 것이라는 연우의 말이 사실일지도 모른다는 점을 깨닫게 되었다.

색채코딩 가계도는 초기 단계에서 가족을 진단할 때 사용하거나, 후기 단계에서 과제로 내줄 수 있다. 진단도구로 사용할 때에는 누가 어떤 색을 갖느냐, 선택한 색에 대해 어떤 이야기를 나누느냐, 일치 여부를 이야기할 때 가족 유형, 힘 겨루기, 동맹관계 등이 나타나느냐를 파악할 수 있다. 일반적으로 가족들은 일단 색이 부여되면 그 의미에 대해 스스로 평가해 보려고 한다. 또한 제시된 문제의 적절한 패턴을 파악하기 위해 가족은 다른 중요한 패턴에 대해 관찰하기 시작한다. 색채코딩은 특정 주제에 대해 이야기하거나 다른 주제를 강조하고자 할 때 과제로 내줄 수 있다. 과제의 목적은 다양하다. 또한 상담자는 가족이 좀처럼 변화하지 않는 것처럼 보일 때 색채코딩을 활용할 수 있다. 즉, 그들 가계도에 색채코딩을 하는 것은 자신들의 관심 영역을 파악하는 데 도움을 줄 수 있다. 이것은 가족들로 하여금 저항하거나 통제하는 대신 내담자 가족에게 어떤 '뚜렷한' 것을 보게 하고 그에 대해 이야기할 수 있도록 한다.

2) 사회적으로 구성된 가계도

가계도는 임상적으로 유용하지만 일반적으로 모든 내담자에게 동일하게 적용하면 가계도에 따라 치료체계를 한정할 위험성이 있다. 사회구성주의 이론에서는 치료체계가 가족마다 다르게 구성될 수 있다고 주장하면서, 개인이 자신의 세계를 어떻게 바라보는가를 강조하였다(Gergen, 1985).

이를 근거로 밀레프스키-허틀라인(Milewski-Hertlein)은 사회적으로 구성된 가계도(socially constructed genogram)를 제안하였다. 사회적으로 구성된 가계도는 개인의 삶에 있어서 사회적 맥락의 중요성을 강조한다. 개인의 삶은 항상 변화하므로 어떤 사람의 경우 기본 가계도를 그릴 때 나타나진 않지만 그럼에도 중요한 정보를 가지고 있을 수 있는 점을 강조하면서 이에 맞는 가계도 작성을 주장하였다(Milewski-Hertlein, 2001). 따라서 사회적으로 구성된 가계도는 개인에게 영향을 미치는 변화만을 기록하는 기본 가계도보다 훨씬 쉽게 그러한 변화를 반영할수 있다.

사회적으로 구성된 가계도의 작성은 굴리시안(H. A. Goolishian)과 앤더슨(H. Anderson)의 '양파'이론에 영향을 받았다. 양파는 여러 겹을 이루고 있다. 체계이론에서 각 층은 양파의 겹과 유사하다. 가족체계는 보다 큰 체계에 둘러싸여 있으며, 보다 큰 체계는 또 다른 더 큰 체계에 둘러싸여 있다. 따라서 사회적으로 구성된 가계도를 작성할 때 개인은 중앙에 있게 되며, 나머지 부분은 마치 양파를 반으로 자른 것과 같이 중심을 둘러싼 원으로 이루어져 있다(Anderson, 1997; Anderson & Goolishian, 1988).

작성방법은 먼저 내담자를 중심으로 3개의 원을 그리고 그 안에 내담자와 친밀한 사람을 가까운 원부터 남자는 네모, 여자는 원 등의 기호로 그려 나가도록 한다. 내담자가 다 그리고 나면 이렇게 작성한 근거를 설명하도록 요구한다. 가족과 함께 상담을 한다면 다른 가족들의 피드백을 듣거나 의견을 나눈 후 수정을 하도록 한다.

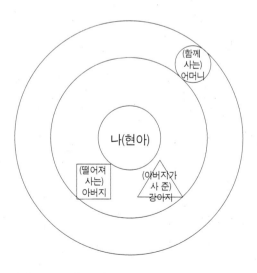

[그림 7-5] 사회적으로 구성된 가계도의 예

[그림 7-5]는 한부모가정의 14세 현아가 그린 사회적으로 구성된 가계도이다. 부모의 이혼으로 7년 전부터 아버지와 헤어져 엄마와 단 둘이 살고 있는데 최근 가게에서 학용품을 훔쳤다. 나쁜 친구들과 어울려 다니면서 문제 행동을 하고 때로는 가출도 한다. 현아는 집에 와서는 아버지가 집을 나가기 전에 사 준 강아지하고만 상호작용을 한다. 원은 내담자와 가까운 정도를 나타내며 중심원에 가까울수록 내담자와 친밀함을 의미한다.

사회적으로 구성된 가계도를 사용하여, 상담자는 내담자가 가족을 어떻게 이해하는지 알 수 있었으며, 또한 개인이 사회적 맥락 내에서 자신을 어떻게 보느냐에 대한 정보를 수집할 수 있었다. 이 같은 사회적으로 구성된 가계도는 병행하여 사용하는 것이 바람직하다. 기본 가계도는 가족 정보나 가족역동을 파악하는 데 도움이 되는 반면, 사회적으로 구조화된 가계도는 사회적 관심사나 생활 사건뿐만 아니라 교육이나 스트레스 생활 사건에 보다 효과적으로 초점을 맞출 수 있다.

3) 가족놀이 가계도

가족놀이 가계도(family play genogram)는 언어적 의사소통보다 상징과 은유적 언어를 활용하여 가족역동을 이해하려고 한다. 놀이는 내담자로 하여금 상징 언어, 이야기, 상징물 시나리오, 혹은 은유적 언어를 통해 자신의 내면세계를 외현화하는 데 도움이 된다. 따라서 놀이 가계도의 목적은 면담을 통해 내담자의 의식 수준으로부터 정보(즉, 내담자가 인식하거나 이해한 정보)를 얻는 기본 가계도보다 심도 있는 다양한 정보를 얻고자 하는 것이다. 놀이 가계도에서는 개인에게 그들 가족 모두에 대한 혹은 자신에 대한 생각이나 감정을 가장 잘 나타내는 상징물을 선택하게 하고, 나중에 그들과 다른 사람과의 관계 특성을 나타내는 상징을 선택하게 한다 (Gil, 1994/2003).

1990년대에 들어서면서 임상가들은 가족과 함께 사용할 수 있는 놀이치료 기법을 통합시키는 데 보다 많은 관심을 기울여 왔다(Gil, 1994/2003; Schaefer & Carey, 1994). 특히 길은 모든 가족 구성원에게 상징물을 선택하도록 요청하고, 그려 놓은

[그림 7-6] 가족놀이 가계도의 예

가족들의 위치에 그것을 놓게 하는 가족놀이 가계도를 제안하였다. 그 진행방법은 단순하다. [그림 7-6]에서와 같이 상담자는 먼저 남자는 네모, 여자는 원으로 단순한 가계도를 그리도록 한다. 그리고 "여러분을 포함해서 가족 내 모든 사람에 대한 여러분의 생각과 감정을 가장 잘 나타내는 상징물을 각자 선택하세요. 여러분이 선택한 상징물을 그 사람에 해당하는 기호에 갖다 놓으세요."라고 지시하여 자신을 포함한 가족 내 모든 사람을 가장 잘 표현한 상징물을 선택하고 이미 그려 놓은 각각의 자리에 놓도록 한다(Gil, 1994/2003).

이 작업이 이루어지는 동안 과정, 의사소통 패턴, 상호작용 유형, 융해과정, 삼각관계 그리고 다른 체계적 정보를 수집할 수 있다. 일단 모든 가족 구성원이 선택을 하면, 상담자는 호기심을 나타내며 그들이 지향하는 이론적 접근에 따른 치료적 대화를 시작한다. 상담자는 해석이나 설명하는 것을 삼가고, 가족이 선택한 상징물의 은유를 확대할 수 있는 기회를 제공한다.

[그림 7-6]은 전문직에 종사하는 부모와 유학 중인 누나를 둔 중학교 1학년생 세

준이 가족의 가족놀이 가계도이다. 초등학교까지는 별문제 없이 지내던 세준이가 중학교에 들어가면서 갑자기 비행 행동을 하여 가족상담을 시작하게 되었다. 세준이가 자신의 가족을 코끼리 가족으로 묘사한 것에 비해, 부모들은 자신들을 호랑이나 울보 인형, 뒤로 돌아 앉은 보살 등으로 표현함으로써 이 문제에 얼마나 당황하고 있는지를 여실히 드러내고 있다. 이처럼 가족놀이 가계도의 장점은 자신과 타인에 대한 각 개인의 지각을 깊이 있게 이해할 수 있는 기회를 제공하며, 이로써 가족에게 새로운 관점에서 서로를 바라볼 수 있게 한다는 점이다. 상담자는 가족들에게 이 같은 활동을 통해 약간 다르게 의사소통할 수 있으며 앞으로 일어나는 모든 작업은 긍정적 목적을 위해 사용될 것이라고 알린다. 가족놀이 가계도를 구성하는 과정에서 은유가 나타날 수 있는데, 이는 치료에 긍정적인 영향을 미쳐 치료 목표를 달성하는 데 도움을 주기도 한다.

참고문헌

김유숙(2007). 가족문제 개입에서의 가족놀이가계도의 활용. 한국가족관계학회 추계학술대회 자료집, 85-95.
김유숙, 전영주, 김수연(2003). 가족평가핸드북. 서울: 학지사.
박정희, 김유숙(2009). 가족상담 임상에서 가계도 활용의 다양성 고찰. 한국가족상담학회지, *17*(1), 31-55.

Anderson, H. (1997). Rethinking family therapy: A delicate balance. *Journal of Marital and Family Therapy*, *20*(2), 145-149.
Anderson, H., & Goolishian, H. A. (1988). *Conversation, language, and possibilities: A postmodern approach to therapy*. New York: Basic Books.
Buurman, D. (1999). *The family play genogram*. Royal Oak, MI: Self Esteem Shop.
Carter, E. A., & McGoldrick, M. (Eds.). (1998). *The expanded family life cycle* (3rd ed.). Boston, MA: Allyn & Bacon.

Gergen, K. J. (1985). The social constructionist movement in modern psychology. *American Psychologist, 40*(3), 266-275.

Gil, E. (2003). Play genograms. In Sori, C. F. & Heckler, L. L. (Eds.), *The therapist notebook of children and adolescents.* New York: Haworth Press.

Lewis, K. G. (1989). The use of color-coded genograms in family therapy. *Journal of Marital and Family Therapy, 15*(2), 169-176.

McGoldrick, M., Gerson, R., & Petry, S, S. (2011). 가계도: 사정과 개입[*Genograms: Assessment and interventions* (3rd. ed.).]. 이영분, 김유숙, 정혜정, 최선령, 박주은 공역. 서울: 학지사. (원저는 2008년에 출판).

Milewski-Hertlein, K. A. (2001). The use of a socially constructed genogram in clinical practice. *The American Journal of Family Therapy, 29*(1), 23-38.

Shaefer, C. E., & Carey, L. J. (1994). *Family play therapy.* Northvale, NJ: Jason Aronson.

제8장 **질적 가족평가**

1. 질적 가족평가의 이해

가족 간 관계의 역동을 이해하려는 목적의 평가라면 내담자의 정신구조뿐 아니라 그들이 생활하는 환경에 대한 탐색도 함께 이루어져야 한다. 그리고 이 같은 관계에 대한 탐색은 비언어적인 투사적 방법을 활용할 때 보다 유용한 정보를 얻을 수 있다.

가족에 관한 정보를 얻으려는 목적은 크게 두 가지로 나눌 수 있다. 첫째, 가족 구성원의 역동적 관계를 가능한 한 객관적으로 파악하려는 것이다. 이러한 목적이라면 평가를 하는 과정에 가족 전원이 참석시키는 것이 바람직하다. 둘째, 내담자가 주관적으로 인식하고 있는 가족의 역동관계를 파악하려는 것이다. 이 경우는 평가과정에 가족 전원이 참석할 필요는 없다. 단지 내담자의 주관적 인식과 객관적 상황이 일치하지 않는 경우가 많기 때문에 치료과정에서 내담자가 주관적으로 인식하는 가족 패턴과 상담자가 객관적으로 이해할 수 있는 가족 상황에 대한 차이를 명료화하는 것이 바람직하다. 이러한 과정의 평가를 주관적 또는 질적 가족평가라고 부른다.

1) 질적 가족평가의 다양한 수준

질적 또는 주관적 가족평가는 내담자 개인이 주관적으로 인식한 가족 위치, 즉 내담자가 자신의 가족 구성원이나 가족관계를 어떻게 바라보며, 특정 가족 구성원에 대하여 어떤 감정이나 욕구를 가지고 있는가를 이해하려는 목적을 가지고 있다. 그림, 이미지, 행동과 같은 비언어적 채널을 통해 세 가지 수준의 정보를 얻을 수 있다. 1수준의 정보는 내담자 스스로가 언어로 표현하는 명확하게 의식하고 있는 가족 위치에 관한 정보이다. 가족에게서 소외당하고 있다고 말하는 아동이 가족인형을 가지고 자신의 가족을 꾸민다. 아동은 엄마, 아빠, 동생은 한 곳에 놓은 후, 자신은 그 무리로부터 멀리 떨어진 곳에 놓았다. 우리는 함께 있는 다른 가족과는 달리 혼자 떨어져 있는 자신을 표현한 아동의 표현을 통해 그가 가족으로부터 거부당하고 있다고 느낀다는 것을 이해할 수 있다. 이 경우처럼 1수준은 언어적 표현과 놀이라는 투사적 방법을 통해 내담자가 보이는 가족 이미지가 동일하다. 2수준의 정보는 내담자가 막연히 느끼고 있지만 언어로는 명확하게 표현하지 못한다. 사춘기의 소녀는 풍선에 매달려 금방이라도 떨어질 것 같은 나 그리고 네 개의 또 다른 풍선으로 가족을 묘사하였다. 그리고 하늘색 풍선은 아버지, 녹색은 할머니, 주황색은 어머니, 핑크색은 동생이라는 설명을 덧붙였다. 이처럼 2수준은 내담자가 가족과 자신의 관계를 막연하게 느끼고 있으나, 그것을 명확하게 언어화하지 못한다. 3수준의 정보는 내담자가 가족관계에 대해 전혀 의식하지 못한 채 표현하는 것이다. 가족관계에 대해 물으면 '모르겠다'고 대답하던 소년이 가족조각 기법을 통하여 자신과 누나가 권투시합을 하고 있으며, 형은 심판, 부모는 각각 자신과 누나 편에서서 코치 역할을 하는 모습을 만들었다. 그러나 면담과정에서는 우리 가족은 항상 평화롭다는 대답을 하였다. 그러나 이러한 언급과는 달리 소년의 무의식적 표현은 가정을 대립하는 장소로 보고 있는 가족조각을 만들었다. 이처럼 내담자가 가족에 대해 명확하게 의식하여 언어화하지 못하는 3수준의 정보를 나타낸다고 보았다.

그러나 상담 장면에서는 세 수준으로 명료하게 구분되기는 어렵다. 상담자는 투사적 기법을 해석할 때 자신도 모르는 사이에 주관적 표현에서 나타낸 정보를 상실할 가능성이 있다는 점을 인식하는 것이 중요하다. 따라서 상담자는 내담자가 표현하는 주관적 관점을 해석할 때는 그것이 내담자의 가족에 대한 세 가지 수준 중 어떤 수준인가를 염두에 두고 해석할 필요가 있다.

2) 질적 가족평가에서의 은유적 표현

상담자는 질적 평가과정에서 내담자의 은유적 표현을 접하는 경우가 많다. 사실, 언어를 매개로 하는 심리치료에서도 내담자가 전달하려는 메시지가 항상 확실하며 직접적인 것은 아니다. 예를 들어, 내담자가 상담자에게 "선생님, 이번 여름 해외여행을 가시나요?"라고 질문하는 것은 외국 여행에 대한 사실을 확인하기 위한 메시지 이외에도 여러 가지 의미를 내포하고 있다. 자신도 여행을 가고 싶다는 동경의 메시지일 수도 있지만 때로는 자신의 치료는 어떻게 되는가에 대한 불안의 메시지일 수도 있다. 즉, 같은 언어가 내담자가 의식하고 있는 현재적인 메시지를 전달하는 것뿐만 아니라, 내담자가 알지 못하는 무의식의 잠재적이며 간접적인 메시지를 전달하는 경우도 있다. 상담자는 내담자의 언어를 문자 그대로 표면적으로 받아들이는 것이 아니라 내담자가 무의식 수준에서 전달하고 있는 메시지도 이해하여 그것을 명료화하여 내담자에게 전달하기도 한다. 이처럼 내담자가 언어의 매체를 통해 상담자에게 전달하는 메시지는 다양한 것이며 어떤 언어에 담긴 메시지는 위장되거나 변형되고 상징화되며 기호화의 형태로 숨겨져 있는 경우도 있다. 따라서 상담자는 이러한 기호화된 메시지를 해석할 필요가 있으며 그 해석방법이 심리치료의 기술적 측면이 된다. 이와 마찬가지로 질적 평가도 여러 가지 메시지를 읽어 내고 표현된 이미지를 해석하는 것이 가능할 것이다.

같은 심리검사라도 질문지법은 결과의 해석방법이 일정하여 상담자에 의해서 다른 해석이 이루어질 여지가 거의 없지만 투사적 기법의 가족평가는 고정된 메시지를 얻는 것이 아니므로 해석할 때 여러 가지 메시지를 추론할 수 있어야 한다. 그러나 질적 가족평가의 결과는 질문지법의 반응과는 달리 자유연상에서의 언어와 마찬가지로 다양한 것으로 이해될 수 있는 메시지를 가지고 있기 때문에 다의적 해석을 해야 한다. 상담자가 투사적 기법을 단순한 진단의 수단이 아니라 치료적 기능을 부여하기 위해서는 내담자에게 여러 가지 정보를 통해 종합적으로 해석된 잠재적 메시지를 적절하게 전달하는 것이 필요하다.

그러나 이러한 것을 충분한 이해하기 위해서는 투사적 기법을 통한 작품에 의한 해석, 즉 투사적 기법에서 내담자가 무의식적으로 전달하려는 메시지를 읽어 내는 훈련이 필요하다. 투사적 기법은 내담자가 가족에 대한 감정, 욕구, 인지를 무의식적으로 억압하거나 어떤 표현에 대하여 비협조적이지 않는 한 작품이라는 매체가 가진 다의적 메시지의 해석을 검토해야 한다. 그리고 투사적 기법에서 나타내는 표현이 가진 기호화된 메시지를 해석하기 위해서는 명확한 이론적인 근거를 제시할 필요가 있다.

2. 주관적 가족평가의 시행방법

상담자가 주관적 평가를 시행할 때는 먼저, 내담자의 말을 경청하면서 그들이 제공하는 은유에 초점을 맞추려고 한다. 그리고 내담자들이 경험한 무의식적이거나 상징적인 세계를 존중하면서 대화와 통찰을 확장시키기 위해 언어를 사용하는 것이 일반적이다. 따라서 내담자가 상담자에 대한 경계심이나 긴장을 풀 수 있는 분위기를 만들어 그들이 자신이 생각한 것을 자유롭게 표현하는 신뢰관계가 중요하다. 신뢰관계가 형성된 환경을 기반으로 다음과 같은 행동을 관찰하거나 표현에 대한 다양한 질문을 하게 된다.

1) 면담과정의 질문방법

면담과정 중 내담자는 상담자의 질문에 대해 어떻게 대답해야 할지 당황하면서

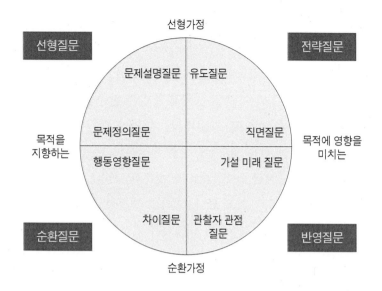

[그림 8-1] 순환적 가설을 사용한 질문 유형

* 순환적 인식론을 가지고 상담에 임하게 되면 질문의 폭이 넓어짐.
출처: Patterson, Albala, McCahill, & Edwards (2009/2011)에서 재인용.

"구체적으로 어떻게 해야 하나요?" "시간제한은 있나요?"라고 되묻는 경우가 많다. 그런 질문에 대해 명확하게 설명해 주는 상담자도 있지만 대부분은 "생각하는 대로 해도 돼요."라고 대답하는데, 이 같은 내담자의 질문에 어떻게 대답할지를 정리해 둔다.

내담자에 따라서 실시과정에 다양한 행동을 보이는데, 이와 같은 행동 특징은 만들어진 작품을 해석하는 실마리로서 중요하다. 그러므로 작품의 순서나 무엇을 강조하며, 무엇에 정서적인 반응을 보이는지 주목하지 않으면 안 된다. 또한 어떤 작품을 만든 후, 상담자는 만들어진 작품에 대해 좋은 질문을 함으로써 내담자에 대한 더 많은 이해를 할 수 있다. 이때 순환적 가설에 따른 질문을 하는 것이 내담자를 둘러싼 체계를 이해하는 데 바람직하다(Patterson, Albala, McCahill, & Edwards, 2009/2011).

선형질문은 탐색적이며 연역적으로, 예를 들어 "아이가 왜 학교에 가지 않으려고 하나요?"라고 묻는 것처럼 무엇이 잘못인지와 그것의 원인을 파악하려고 한다. 이와는 달리 순환질문은 탐색적이며, 상담자의 호기심에서 우러나오는 것이다. 누가 혹은 무엇이 변해야 하는지를 파악하는 대신, 이러한 질문으로부터 얻는 정보가 어떻게 보다 큰 체계와 상호 관련되어 있는지를 이해하려고 한다. 예를 들어, "그러니까 어떤 날은 학교를 가고, 또 어떤 날은 학교에 가지 않는군요. 그 차이에 대해 누가 알고 있나요?"라고 묻는 것으로 그 기저에는 다양한 요인이 관련되어 있다는 가정이 깔려 있다. 전략질문 혹은 영향질문은 도전적이며, 종종 특정 방향 내에서 새로운 가능성을 제기한다. 예를 들어, "당신과 이혼한 남편은 자녀의 학교문제에 대해 부모로서 합의된 태도를 가지고 있나요?"라고 질문할 수 있다. 이런 질문은 목적적이며 종종 교정적이다. 반영질문은 내담자가 변화를 위한 내적 자원을 갖고 있으며, 그들 스스로가 변화를 이끌 수 있다는 가정을 가지고 있어서 상담자가 중립적인 자세를 가진다. 따라서 "자녀가 다시 학교에 규칙적으로 가기 시작하면 당신의 삶은 어떻게 달라질까요?"라고 질문하는 것이다. 이 질문은 내담자가 이전 반응과는 다른 보다 나은 새로운 반응을 찾을 수 있다는 상담자의 신념이 녹아 있다. 어떤 정확한 행동 변화에 초점을 맞추는 대신, 대안을 향해 문을 열어 줌으로써 변화를 촉진한다. 이 모든 유형의 질문에서 상담자의 자세나 관점은 언어적·비언어적 기술로 의사소통함으로써 드러나게 된다. 예를 들어, 상담자는 "당신의 반응은?"과 같이 뭔가를 요구하는 식으로 물어볼 수 있다. 이때 비언어적 의사소통과 언어적 질문이 일치하게 하는 것은 보다 효과적인 의사소통을 가능하게 한다.

상담자는 순환적 질문을 하여 가족이 그들의 관계에 대해 언급한 정보를 토대로 또다시 질문하여 가족 간의 역동을 파악한다.

2) 면담과정의 평가 기준

질적 평가 기준은 직관이 주축이 된 예술과 객관이 주축이 된 과학의 두 가지로 통합함으로써 이루어진다. 즉, 직관적 예술로서 질적 기법을 해석할 뿐 아니라 이같은 질적 기법에 대한 적절한 경험을 가진 사람이라면 누구나 같은 해석이 가능한 객관적 과학으로서 해석의 신뢰성을 높이는 것이 필요하다. 따라서 질적 가족평가는 임의적인 과제나 방법에 의해서 이루어지는 것이 실시방법을 일정하게 정하며 해석의 기본이 되는 객관적 특징을 나타내는 반응 기준을 확립하지 않으면 주관적 가족평가는 심리검사로서 존재하기 어려울 것이다. 이를 위해 다음의 평가 기준을 가지는 것이 필요하다.

(1) 주어진 과제를 완성하기 위해 조직화하는 능력

가족이 주어진 과제를 어떻게 조직화해 가느냐에 따라 가족구조에 대한 다양한 정보를 얻을 수 있다. 이 과정을 통해 누가 주도적 역할을 하며, 가족 간의 어떤 연합이 일어나고 있으며, 누가 가족안에서 소외되어 있는지의 구조를 파악할 수 있다. 그리고 가족들이 어떤 과정을 거쳐 과제에 도전하는지의 능력도 명확해진다. 또한 누가 쉽게 포기하며, 반대로 끈기가 있는지, 누가 창의적이며 풍부한 상상력이 있는지, 누가 다른 사람을 돕는지도 분명해진다.

가족과 자녀가 함께 하는 활동이라면 간섭하거나 압박하지 않고 지시와 한계를 제공하는지의 여부에 따라 부모 역할의 능력도 파악해 볼 수 있다.

(2) 접촉 수준

상담자는 가족 구성원들이 말하는 것(혹은 서로 말하지 않는 것)을 지켜보면서 서로에 대해 만들어 내는 긍정적 · 부정적 혹은 중립적인 진술 형태에 관심을 가지는 것이 바람직하다. 이는 가족 간의 정서적 접촉의 수준을 유추하는 데 도움이 된다. 또한 가족 구성원이 신체적인 움직임과 공간의 협상, 재료의 공유 등을 필요로 하는 어떤 과제를 하게 되면 신체적 접촉의 수준을 관찰해야 한다.

(3) 활동과정에 드러낸 은유를 이해할 수 있는 능력

상담자는 활동 중 가족들이 표현하는 은유에 관심을 가지면서 그 같은 은유들이 언어로 표현될 수 있도록 돕는다. 예를 들어, 어떤 아동이 자신을 '경주에서 이길 수 없는 거북이 같다.'고 표현한다면, 상담자는 거북이와 토끼의 소품을 선택하여 달리기 시합을 하도록 돕는다. 그리고 토끼는 누구이며, 거북이는 경주를 완주할 수

있는지 여부와 완주할 수 있는 또 다른 대상이나 코스가 있는지 여부를 생각해 보 도록 하여 내담자가 가진 다양한 자원을 활성화시킨다. 이 같은 과정을 통해 이미 지나 은유에서 담고 있는 것들을 언어화하는 경험을 제공한다.

(4) 즐거움과 재미를 경험할 수 있는 능력

유머와 놀이는 가정생활을 영유하는 데 필요한 요소로서 가족들 간에 갈등을 치 유하는 데 많은 도움이 된다. 대부분의 역기능적인 가족은 실망과 긴장, 슬픔의 경 험을 반복한다. 상담자는 내담자 가족이 서로 웃거나 즐기는 것이 어렵다는 점을 알게 되면, 과거 행복했던 경험들과 바라온 것들을 상상하는 것, 그리고 종종 무시 되었던 이러한 삶과 인간관계 측면에 대해 스스로 집중해 볼 수 있는 연습을 해 보 도록 격려한다.

(5) 통찰 수준

내담자들은 은유나 상징의 측면을 담당하는 우측 반구 활동을 함으로써 분석 적·인지적인 부분을 담당하는 좌측 반구 활동이 활성화되어 치료과정에서 자신이 했던 활동이나 작업에 대한 자발적인 통찰을 하는 경우가 많다. 때때로 그들의 통 찰은 어떤 활동을 하는 도중에 일어날 수 있다. 내담자가 은유로부터 끌어낸 통찰 들은 목표를 촉진하거나 행동적 변화를 고무시키기 위해 치료의 언어로 통합된다. 어떤 아버지는 퍼핏놀이에서 입이 없는 퍼핏을 들고 와서 그것이 목소리를 잃었다 고 했다. 상담자는 가족들에게 목소리를 잃은 누군가와 관계를 맺는 것이 어떤 것 인가에 대해 논의하도록 했다. 퍼핏을 통해 이루어진 상담과정에서 목소리를 잃은 퍼핏은 그동안 목소리를 어떻게 사용했는지, 그가 대부분 무엇에 관하여 말했으며 그것을 어떻게 느꼈는지에 대한 질문을 이끌어 갔다. 이 과정에서 아버지는 마침내 목소리를 가지는 것이 얼마나 그리웠는지와 그가 목소리를 가지고 있었을 때 자기 자신을 얼마나 다르게 보았는지에 대해 이야기하면서 여러 가지 통찰을 하였다. 그 리고 그다음 회기에서는 커다란 입을 가진 퍼핏을 선택했고 목소리 내는 일을 적당 히 부드럽게 잘해 내었다.

<자료 8-1> 주요 개념을 통한 가족평가

언어적 · 비언어적으로 얻은 정보를 통해 다음의 개념으로 정리해 보면 가족평가를 할 때 도움이 된다.

- 가족규칙(family rules): 가정에서 일상생활을 하기 위해 가족 구성원들이 힘을 어떻게 나누며 누가 어떤 일을 할 것인가에 대해 만든 규칙이다. 여기에는 표면적으로 드러난 의식과 드러나 있지는 않지만 가족에게 영향을 미치는 불문율이 있다.
- 가족신화(family myth): 가족의 의식, 역할, 규칙에 대해 모든 가족 구성원이 공유하는 믿음과 기대이다.
- 가족의식(family ritual): 명절이나 생일에 전형적으로 보여 주는 활동으로 계속 이어 온 역사로서의 정당성을 획득하는 가족 상호작용의 과정이다. 이것은 세대 간의 연관성을 제공하고, 가족의 삶의 과정에서 연결고리를 제공한다.
- 가족 내의 격리와 밀착(disengagement & enmeshment): 가족이 서로 얼마나 관여되어 있는지의 여부를 파악하는 개념이다. 이것은 가족의 친밀성의 단계와 가족 구성원의 개인적 정체성의 강도에 따라 달라진다.
- 부모화된 자녀(parentification): 자녀가 가족 내에서 부모나 배우자의 역할을 대신 수행하는 것을 의미한다. 이것은 한쪽 부모가 적절한 역할을 수행하지 못한다고 생각할 때, 부모의 대용물로 부적절하게 역할수행을 하는 경우이다.
- 가족의 삼각관계(triangulation): 가족 중 두 사람 사이에 수용하기 어려운 문제가 생기면 이인 체계는 긴장을 줄이려는 시도로 세 번째 요소인 제삼자나 문제를 끌어들여 삼각관계를 형성함으로써 회피하는 것을 의미한다. 보편적으로 인식되는 삼각관계에는 부부와 자녀 세 사람이 만드는 삼각관계를 들 수 있다.

3. 질적 가족평가의 방법

1) 가족체계검사

응집력과 위계질서는 가족구조를 기술하는 핵심적인 차원이다. 응집력은 일반적으로 가족 구성원 간의 정서적 유대 혹은 애착이다. 반면, 위계는 권위, 지배, 의사결정력, 혹은 가족 한 사람에 의해 다른 가족 구성원에게 시행되는 영향력의 양이라고 할 수 있다. 그리고 경계선 역시 가족구조에 대한 평가를 하는 데 중요한 개념이다. 가족의 경계는 주어진 체계 혹은 하위체계에 누가 소속되는가, 그리고 어떤 방식으로 소속되는가를 결정하는 규칙이다. 건강한 가족은 일반적으로 부모 하위체계가 부모-자녀 하위체계보다 응집력이 높고 위계가 분명한 세대 간 경계선이 있다.

임상 현장에서는 가족구조에 관한 정보를 얻기 위해 주로 질문지를 사용하고 있으나, 어린 연령의 자녀가 있는 경우에는 사용하기 힘들다. 따라서 이상적인 가족평가에서는 부모와 자녀뿐 아니라 다양한 장면에서의 상호작용이라는 가족구조에 대해 양적 · 질적 평가를 하는 표준화된 검사의 필요성이 제기되었다. 이러한 가족체계검사(Family System Test: FAST)는 6세 이상을 대상으로 다양한 상황에서 가족 관계를 지배하는 구조에 대한 개별적인 지각을 파악하기 위한 평가도구이다(Gehring, 1994).

FAST는 81개의 사각형(5×5cm)이 그려진 판(45×45cm), 도식적인 남성과 여성 인물 모형(8cm), 높이가 다른 세 가지 원통 모양의 블록으로 되어 있다. 검사에서는 내담자에게 판 위의 모든 사각형을 자유롭게 사용하며 다양한 크기의 블록으로 인물의 모형을 높이고 수직적인 위치에서의 차이가 가족 내의 위계 수준을 나타낸다고 설명한다. 또한 몇 개의 인물 모형을 서로 가깝거나 멀리 배치하면서 가족 간의 응집력을 표현할 수 있다고 알려 준다. 어떤 조합이든지 마음대로 블록을 사용할

[그림 8-2] Fast의 예

수 있으며 전혀 사용하지 않아도 된다고 덧붙인다. 내담자에게 요구하는 표상들은 다양하다. 자신들의 현재 가족관계를 드러내는 전형적인 표상, 가족이 원하는 가족구조를 판 위에 인물 모형과 블록으로 배치하게 하는 이상적인 표상, 갈등을 겪고 있는 가족을 나타내는 갈등 표상을 표현할 수 있다.

　채점의 경우, 응집력 점수는 인물 모형 간의 거리에서 산출되며 위계 점수는 인물 모형의 높낮이 차이에서 채점된다. 응집력과 위계 점수는 하위체계뿐만 아니라 하나의 단위로서의 가족을 계산할 수 있다. 채점에는 산술적 평가와 범주적 평가가 있다. 산술적 평가에서는 인접한 사각형 위에 있는 인물 모형 간의 거리와 대각선으로 대칭된 사각형 사이의 거리를 구분하기 위해 피타고라스 공식이 사용된다. 인물 모형 간의 거리는 1로 채점되고 대각선으로 인접한 사각형 위에서는 1.4로 채점되며 판 위 가능한 쌍 간의 최대한 거리는 11.3이다. 점수가 높을수록 지각된 가족관계에서 응집력이 증가함을 나타낸다. 위계 점수를 파악하기 위해서는 인물모형을 높이는 데 사용된 블록의 수와 크기를 산출한다. 두 개의 인물 모형 간의 높이 차이가 0점이 나온다는 것은 관계가 동등함을 나타내는 것이다. 범주적 평가는 가족 내의 응집력과 위계평가는 낮음, 중간, 높음이라는 3개의 범주로 구분된다. 모든 인물이 인접한 사각형 위에 놓였을 때 가족 응집력은 '높음'이라고 평가되고, 인물 모형이 3×3 사각형 범위 내에 위치했을 때 '중간', 하나 이상의 인물 모형이 3×3 밖에 있으면 '낮음'이라고 평가한다. '세대를 넘어선 연합'은 부모관계가 부모-자녀 쌍보다 덜 응집된다는 것을 나타낸다. 위계평가는 덜 높인 부모 인물 모형과 가장 높인 아동 인물 모형 간의 높이 차이에 기초한다. 그 차이가 작은 블록 하나보다 적을 때 '낮음'이고, 작은 혹은 중간 크기의 블록만 할 때 '중간'이고, 큰 블록 혹은 그 이상의 차이가 날 때 '높음'이라고 평가한다. 부모 인물 모형보다 아동 인물 모형이 높을 때 '위계 역전'이라고 한다. 응집과 위계 점수의 패턴은 세 가지 유형의 가족구조로 묶을 수 있다. '균형 잡힘'은 중간 혹은 높은 수준의 응집력과 중간 정도의 위계가 있는 가족구조를 나타낸다. 중간 수준의 응집력과 낮거나 높은 수준의 위계 혹은 낮은 수준의 응집력과 중간 정도의 위계를 지니는 구조는 '불안하게 균형 잡힘'으로 간주되고, 두 가지 차원 모두 극단적인 수치를 보일 때 '불균형적임'이라고 한다.

2) 가족조각

가족과 가족 구성원의 감정적 관여는 종종 다른 사람과의 거리의 개념을 가지고 은유적으로 묘사되기도 한다. 즉, 가족이 서로를 '보다 가깝다'든지 '보다 멀다'고 표현하기도 한다. 캔터(D. Kantor)가 거리규제(distance regulation)가 가족구조를 이해하기 위한 중심적 요소라고 역설하였다(Duhl et al., 1973). 즉, 공간과 거리는 사람들이 대인체계를 구별하여 도식화할 수 있는 기본적인 은유라는 것이다. 일상적인 언어 속에서도 거리의 은유 개념은 많이 나타나고 있다. 예를 들면, '성희와 진우는 매우 가까운 사이'라든지 '어제 대화로 우리의 틈을 좁혔다.'라는 것으로 인간관계를 표현하고 있다. 사회과학자는 가족을 상징하는 것을 배치시킨 객관적 기술을 사용하여 한 개인이 체험하는 친밀함을 효과적으로 측정할 수 있는 것을 발견하고 있다.

복잡한 가족 내의 역동을 보다 잘 묘사할 수 있는 기법으로 상담자들에게 알려진 것은 덜(B. Duhl) 등이 개발한 가족조각(Family Sculpting) 기법이다. 가족조각 기법에서는 가족체계를 묘사하기 위하여 공간을 상징적·비유적으로 활용한다. 이 기법은 가족관계나 상호작용을 현실의 공간에 사람들을 놓아서 표현하게 되며, 또한 자세나 표정을 사용하여 특정 대인관계에 대한 조각한 사람의 인식이나 감정을 나타낸다(Duhl, Dantor, & Duhl, 1973). 예를 들면, 가족 안에서 누가 누구와 친밀한지 또는 누가 권력을 가지고 있는지 하는 가족기능의 측면도 조각으로 표현될 수 있다. 이처럼 가족조각 기법이란 가족 중 한 사람이 자신의 이미지에 따라 다른 가족을 공간에 배열한 후 신체적 표현을 요구하여 가족관계를 나타내는 무언의 동작 표현이다. 즉, 공간 개념을 통하여 가족체계를 상징적·비유적으로 묘사하고 있는 것이다. 이러한 것은 실제 가족 인형을 활용하여 파악할 수도 있다. 이와는 달리 가족조각 기법은 제작에 참여한 각각의 인물에 대한 피드백을 들을 수 있다는 점에서 가족평가는 물론 치료적인 기능을 하게 된다는 이점이 있다.

가족조각 기법은 아동이 상담에 참가하고 있을 때 보다 유용한 접근이다. 아동은 자신의 감정이나 지각을 언어적으로 표현하는 것보다 비언어적으로 표현하는 것이 보다 익숙하기 때문이다. 또한 이 기법은 가족에게 자신들의 문제를 언어화 이외의 방법으로 표출하거나 가족이 자신의 감정을 깨닫도록 원조하는 데도 유용한 방법이라고 생각한다. 때로는 상담과정에 대한 가족의 저항을 해결하기 위해서도 사용된다.

구체적인 실시방법은 다음과 같다.

첫째, 가족의 동의를 얻는 단계이다. 상담자는 치료관계를 맺고 있는 가족에게 면담 중에 가족에 대하여 보다 잘 이해하기 위해서 좀 색다른 것을 해도 좋으냐고 묻고 가족의 동의를 구한다. 동의를 얻으면 곧바로 가족 전원을 일어나게 한 후, 가족에게 조각기법을 실시한다. 이때 가족은 지금까지 경험해 보지 못한 것이므로 주저하는 경우가 있는데 가족을 이해하는 데 유용한 방법이라는 사실을 부각시키면서 열심히 권할 필요가 있다.

둘째, 조각을 만들 사람을 선정하는 단계이다. 가족 중 한 명이 조각을 만드는 사람을 정하게 되는데, 대개는 문제 행동을 가진 가족 구성원이지만 이 제안을 기쁘게 받아들인 사람부터 시작하여도 좋다.

셋째, 가족조각을 만드는 단계이다. 만들 사람이 정해지면 다른 가족 앞에 서게 한 후 상담자가 "지금부터 가족은 진흙 덩어리입니다. 가족의 몸이나 얼굴을 마음대로 움직여서 당신이 생각하는 가족의 이미지를 나타내 주세요."라고 지시하여 조각을 만들게 한다. 이때 특별한 규칙은 없지만 가족에게 조각을 만드는 사람의 지시를 따르도록 강조하는 것이 좋다. 가족 전원의 배치를 끝내면, 조각을 만든 사람도 어딘가에 들어가 자신의 모습을 만들도록 지시한다. 조각하는 동안 가족들이 이야기하거나 웃지 않게 하는 것이 중요하다. 왜냐하면, 사람들이 어떤 상황에서 웃거나 이야기한다는 것은 자신을 드러내지 않으려는 일종의 자기방어일 수도 있기 때문이다. 그리고 이러한 과정은 처음부터 시간을 가지고 천천히 진행하도록 배려하는 것이 좋다.

넷째, 자신들의 감정을 나누는 단계이다. 조각으로서 가족의 배치가 끝나면, 상담자는 모든 가족에게 그 자세로 1분간 유지하면서 정지하도록 요구한다. 이것은 가족에게 자신들의 내면에 있는 감정과 접할 수 있는 기회를 주기 위한 시도이다. 이처럼 정지한 상태가 지나면 상담자는 가족 개개인에게 조각하는 동안 어떤 느낌

[그림 8-3] 가족조각의 예

이 들었는지 물어본다. 이때 상담자가 주의해야 할 것은 가능하면 가족들이 감정적 차원에서 많은 피드백을 할 수 있도록 도와주는 것이다. [그림 8-3]과 같이 가족조각을 했을 때, "아버지의 역할은 한가운데 우뚝 서 있어야 한다고 생각하시는 것 같군요."와 같은 이성적 수준에 근거한 피드백보다는 "지금 이 상태에서 어떤 느낌이 드시나요?"라고 묻는 것이 바람직하다. 이를 통해 상담자는 아버지가 "우뚝 서 있었더니 주위가 허전했어요."와 같은 자신의 감정을 표현할 수 있도록 격려하는 것이 바람직하다.

3) 협동화

가족의 상태 및 가족의 기능에 대한 개인의 지각을 통찰하여 그리게 하는 것이 동적 가족화(Kinetic Family Drawing: KFD)였다. 그러나 가족 상호작용에 초점을 맞추려고 노력했으나 가족 중 한 개인의 시각만을 제공하려는 점에서 동적 가족화는 개별적인 측정이다. 이에 비해 협동화(Collaborative Drawing)는 가족들 간의 상호작용에 관한 복잡하고 가치 있는 풍요로운 정보를 제공할 수 있도록 한다. 특히 어린 아동이 참여하여 표현하게 할 때 도움이 된다(Smith, 1985).

협동화에서는 상담자가 여러 가지 크레파스, 4절지의 도화지를 제공한 후 가족들의 과정을 지켜본다. 그 절차를 정리하면 다음과 같다.

첫째, 가족들은 각자의 크레파스를 하나씩 선택한다.

둘째, 가족끼리 그림을 그리는 순서를 의논하여 정한다. 순서를 정한 후에는 서로 이야기하지 않도록 요구한다.

셋째, 상담자의 '시작'이라는 말과 함께 첫 번째로 지목된 가족이 의자에 앉아서 그림을 그린다. 상담자가 '다음'이라고 말하면 그림을 그리던 가족은 그리기를 멈추고, 다음 가족이 의자에 앉아서 상담자의 '시작'이라는 말과 함께 그림을 그린다. 상담자가 '그만'이라고 말하면 그리던 그림을 멈춘다. 이런 과정을 반복한다. 그리고 그림 그리는 과제가 끝날 때까지 과제에 대한 이야기는 하지 않는다. 또한 그림을 그리는 작업은 각 가족마다 30초가 주어진다.

넷째, 가족 모두가 그린 다음에 두 번째로 반복할 때는 각 가족마다 시간이 25초로 줄어든다. 세 번째는 20초와 같은 식으로 시간은 30, 25, 20, 15, 10, 5, 3초로 점차 줄어든다. 그리고 3초가 된 시점에서 그리는 과제가 끝난다. 이처럼 그리는 시간을 점진적으로 줄이는 것은 활동의 강도를 높이고 게임과 같은 분위기를 고양시키기 위함이다.

다섯 번째, 작업이 끝나면 과정에 대한 느낌을 나누는 토론과정과 질문과정을 갖는다. 토론과정은 일반적으로 15분을 넘지 않는다. 상담자는 과제를 수행하는 동안 모든 가족의 행동을 관찰했기 때문에 가족들과의 이야기를 주도한다. 이때 상담자는 모든 가족이 토론과정에 포함되도록 주의를 기울여야 한다.

이 같은 토론과정이 끝나면, 상담자는 미리 준비된 질문을 가족들에게 진행한다. [그림 8-2]에 제시된 질문에 대답하는 동안 가족 간의 다양한 역동이 드러난다. 가족은 이들 질문에 답을 하면서 자신들의 활동을 되돌아 점검하게 된다. 따라서 협동화는 정적이거나 표준화된 도구가 아니라, 투사적 도구라고 말할 수 있다. 협동화에서 그린 결과를 분석하는 것은 일부분이며, 지시 따르기, 순서, 참여를 기초로 한 과정 분석이 중요하다. 지시 따르기는 일반 및 특정 가족 구성원이 협동화를 어

<자료 8-2> 토론 과정의 내용

1. 누가 규칙을 어겼나요? (예: 그리는 동안 의사소통한 사람, '다음'이라고 했을 때 시간을 어긴 사람)
2. 그리는 순서는 누가 결정했나요?
3. 각 가족이 사용하는 크레파스의 색은 누가 결정했나요?
4. 도화지에서 공간을 가장 많이 차지한 사람은 누구인가요?
5. 도화지에서 공간을 가장 적게 사용한 사람은 누구인가요?
6. 최종 작품에 대하여 어떻게 생각합니까?
7. 이 그림에서 두 사람 이상이 함께 협조적으로 작업한 곳을 찾을 수 있을까요?
8. 이 그림에서 다른 사람의 작품을 두 사람 이상이 방해한 곳을 찾을 수 있을까요?
9. 만일 자신이 처음 그리기 시작했다면 무엇을 그렸을 것 같나요?(실제로 처음에 그렸던 사람을 제외한 모든 가족에게 질문한다)
10. 가족 내에서 일어나는 일을 떠올리게 한 것이 그림이나 그림을 그리는 활동에서 있었나요?

떻게 다루는지를 파악할 수 있다. 순서 분석은 가족 구성원의 힘의 분포와 지도력유형에 관해 드러내는 것에 강조를 두면서 가족이 참여 순서를 어떻게 선택하고 유지하는지에 초점을 맞춘다. 참여 분석은 협동 대 경쟁이라는 면에서 가족 구성원간의 상호작용에 대한 것으로 앞의 10개 질문을 통해 파악할 수 있다. 따라서 협동화는 가족의 상호작용 측면을 이해하는 데 도움이 되는 활동이다.

4) 가족 자유놀이를 활용한 가족평가

셰이퍼(C. Schaefer)는 동작, 드라마, 비디오 표현 등과 같은 역동적 놀이과정을 통해 자연적으로 발생하는 가족 간의 상호작용의 질을 평가할 수 있다고 주장하였다. 그는 이 같은 비언어적인 의사소통에서 나타나는 창조적 과정은 무의식적이므로 가족의 상호작용 패턴이나 주제가 드러나기 쉽다고 보았다. 따라서 가족이 쉽게 수행할 수 있는 구조화된 단순한 움직임을 기반으로 한 가족 자유놀이를 통한 가족평가를 시도하였다(Schaefer, 2004). 가족의 개방적인 창조적 표현을 이끌어 내는 가족 자유놀이는 모호한 상황에서 가족이 그들 스스로를 조직화하는 경향을 관찰하는 데에도 유용하다.

(1) 움직임을 활용한 활동

① 대장놀이

상담자는 가족들에게 "모든 사람이 대장이 될 수 있는 기회가 주어지는 '대장놀이'를 하라."고 지시한다. 이때 가족들이 시작하는 것을 주저한다면, 상담자는 그것이 진행방법에 대한 이해가 부족한 것인지 아니면 가족관계의 어려움과 관련이 있는지를 파악하는 것이 필요하다. 이 활동은 다양한 연령의 자녀가 있는 가족에게 적용하는 것이 가능한데, 가족들이 어떻게 힘을 사용하며 힘을 공유하는지를 이해하는 데 도움이 된다.

일반적으로 유연한 가족은 대장과 부하가 될 기회가 있는 놀이를 기꺼이 하려고 하며 역할은 쉽게 바뀌고 활동은 모든 가족의 욕구를 고려한다. 게임의 기본 규칙을 변화시키는 과정은 긍정적인 가족 자원과 안정성의 징표이며, 마지막에 제시되는 결과는 함께 문제 해결 과정에서 활동했기 때문에 가족들을 정서적으로 연합시키는 기능을 할 수 있다. 반면, 경직된 가족은 전형적으로 서로가 즐거워하는 데 필요한 기본적인 이끌기와 따르기에 어려움을 보인다.

② 아동을 쿠션에 던지고 진정시키기

상담자는 부모에게 아동이 안전하게 떨어질 수 있는 공간을 쿠션으로 만들라고 지시한다. 쿠션으로 만든 부모는 자녀를 쿠션에 던지면서 놀다가 어느 정도 시간이 지나면 이 활동을 멈추도록 한다. 그리고 나서 부모에게 흥분된 자녀를 진정시키라고 부탁한다. 이 활동은 주로 2~6세의 어린 아동과 하는 것이 좋다. 이 활동을 통해서 부모와 자녀 간의 기본적인 정서 및 행동 조절을 파악할 뿐 아니라 부모와 자녀 간의 상호작용 수준도 이해할 수 있다. 이 활동은 무엇보다 부모와 자녀가 공유하게 되는 흥분의 오르내림을 즐기려고 하는 진행과정과 동기유발을 관찰하는 것이다.

(2) 주제가 있는 활동

① 가족 이야기 만들기

상담자는 놀이실에서 가족들이 사용할 수 있는 재료를 중심으로 동물 가족에 대한 이야기를 만들어 들려주면서 가족들도 이 같은 이야기를 같이 만들자고 제안한다. 가족 이야기 만들기는 자녀의 연령에 대한 특별한 제한을 두지 않기 때문에 자녀가 있는 가족이라면 모두 가능하다. 가족 이야기 만들기는 은유를 활용하여 중요한 정서적 사건을 파악하는 데 도움이 된다. 가족 구성원에게 친밀감이나 소외감을 드러내기 쉬운 이야기 주제를 제공함으로써 그것이 가족들에게 어떻게 기능하는가에 대해 관찰한다. 사람들은 갈등, 외상적인 사건이나 공격적인 주제가 들어 있는 놀이나 이야기에서 자신들을 투사하는 경향이 있기 때문에 상담자는 극적인 이미지가 보다 잘 드러나는 이야기를 만드는 것이 유용하다.

② 부모와 자녀가 함께 그리고 자녀끼리만 하는 자유놀이

상담자는 가족들에게 치료실에 있는 모든 놀이도구를 가지고 자유롭게 함께 놀도록 지시한다. 이 같은 놀이과정은 가족들이 어떤 주제를 만들어 낼 수 있을 때까지 계속된다. 일반적으로 이 놀이에는 20분 정도의 시간이 소요된다. 이렇게 부모와 함께 한 놀이가 끝나면 상담자는 놀이실을 떠나고 자녀들이 놀이를 계속하도록 독려한다. 이전과 마찬가지로 아동들은 스스로 주제를 만들 수 있다고 알려 준다. 이 경우도 대부분 20분 정도의 시간이 필요한데, 아동이 놀이를 지루해하거나 또는 놀이를 스스로 만들어 내지 못한다면 단축한다. 필요하다면 부모들이 다시 자녀들에게 가서 함께 놀이를 계속할 수도 있다. 확대가족부터 부모와 자녀가 단 둘인 조합까지 다양한 관계를 구체적으로 관찰할 수 있는 이점이 있다. 이를 통해 각 놀이의 주제, 내용, 질을 비교함으로써 가족 각각의 하위집단 내의 상호작용과 유용한 자원도 이해할 수 있다. 이 활동은 가족의 의사소통과 애착 유형을 파악하는 데 도움이 된다.

잘 기능하는 가족 상황에서는 부모와 자녀가 보다 쉽게 자발적으로 놀이 활동과 이야기 주제를 만들어 낼 수 있으며 아동끼리 남겨져도 이러한 공동의 주제를 정교하게 다듬어 가는 작업을 지속하는 편이다.

문제가 있는 가족은 비연속적이어서 부모와 자녀가 함께할 때의 놀이와 아동만 있을 때의 놀이가 다르다. 특히 부모와의 분리와 재결합의 과정을 통해 많은 정보를 파악할 수 있다. 자녀들이 단독놀이에서 해결되지 않았는데 부모가 되돌아와도 그에 대해서 언급하지 않거나 심한 경우에는 아동 스스로가 분열된 놀이를 만들기도 한다.

참고문헌

김유숙(2015). 가족상담(3판). 서울: 학지사.

김유숙, 전영주, 김수연(2003). 가족평가 핸드북. 서울: 학지사.

Duhl, F., Dantor, D., & Duhl, B. (1973). Learning space, and action in family therapy: A primer of sculpture. *Seminary Psychiatry*, 5(2).

Gehring, T. (1994). Family System Test(FAST) are Parents' Children's Family Constructs either different or Similar, or both? *Child Psychiatry Human Development*, 16, 235-248.

Gil, E., & Sobol, B. (2000). Engaging families in therapeutic play. In C. E. Baily (Ed.). *Children in therapy: Using the family as a resource* (pp. 341-382). New York: W. W. Norton.

Griff, M. D. (1983). Family play therapy. In C. E. Schaefer & K. J. O'Connor (Eds.), *Handbook of play therapy* (pp. 65-75). New York: Wiley.

Kerr, C., Hoshino, J., Sutherland, J., Parashak, S. T., & McCarly, L. L. (2008). *Family art therapy: Foundations of theory and practice*. New York: Taylor & Francis Group.

Patterson, J., Albala, A. A., McCahill, M. E., & Edwards, T. M. (2011). 가족상담의 기술[*The Therapist's Guide to Psychopharmacology: Working with Patients, Families, and Physicians to Optimize Care*]. 김유숙, 박정희, 천희선 공역. 서울: 학지사. (원저는

2009년에 출판).

Schaefer, C. E. (2004). *Family play therapy*. Northvale, NJ: Jason Aronson.

Smith, G. (1985). The collaborative drawing technique. *Journal of Personality Assessment, 49*(6), 582-585.

제9장 **양적 가족평가와 심리검사**

1. 심리검사와 가족평가

심리검사는 표준화된 심리검사 도구 등을 활용하여 개인의 심리적 특성을 확인하고 장애 여부를 진단하며 개인의 심리 상태를 평가하는 것을 말한다. 즉, 심리검사는 심리평가를 위한 한 방법으로서, 심리평가 방법에는 심리검사, 면담, 행동관찰 등이 있다(Goldstein & Hersen, 1990). 상담 현장에서 자주 활용되는 심리검사는 웩슬러(Wechsler) 지능검사, MMPI(미네소타 다면적 인성검사), BGT(Bender-Gestalt 검사), 로샤(Rorschach)검사, SCT(문장완성검사), TAT(주제통각검사), HTP(집-나무-사람 검사), DAP(인물화 검사), BDI(벡의 우울척도) 등이다(Watkins, Campbell, Nieberding, & Hallmark, 1995). 심리검사를 하는 목적은 검사를 통해 내담자를 진단하는 데에 그치지 않는다. 검사자가 아닌 상담자라면 심리검사의 결과를 통해 내담자를 어떻게 상담할지 상담 전략을 수립하기 위해, 특히 내담자를 깊이 이해하고 공감하기 위해 심리검사를 실시할 필요가 있다.

가족상담사의 경우, 심리검사 결과를 통해 내담자 가족들의 심리적 역동과 관계

역동, 상호작용의 특징을 이해하는 데에 도움을 받을 수 있다. 가계도와 면담, 관찰 등을 통해 가정한 가족체계에 대한 특징과 가족 구성원들의 역동을 심리검사 결과를 통해 검증하고 수정할 수 있다. 따라서 심리검사 결과를 통해 내담자의 심리 상태를 평가하는 개인심리상담사와는 달리, 가족상담사의 경우 가족체계와 가족관계의 특징, 가족 역동을 파악하려고 하는 시도를 할 필요가 있다. 주요 심리검사 결과를 통해 가족체계와 가족관계를 평가할 수 있는 요소들은 다음에 제시되어 있다.

2. BGT를 활용한 가족평가

1) BGT 개요

BGT는 벤더-게슈탈트 검사(Bender-Gestalt Test)로서, 2차 세계대전 시 징집된 병사들의 뇌손상과 같은 기질적 장애와 정신지체, 성격문제 등을 진단하기 위해 고안된 심리검사이다(정종진, 2003). BGT는 종합심리검사(full-battery)를 실시할 때 보통 맨 처음 실시하는 검사인데, 이는 BGT가 내담자의 긴장 완화와 상담자와의 라포 형성에 도움이 되기 때문이다.

BGT에서는 A 및 1번부터 8번까지의 총 9개 도형 카드를 사용한다. 검사의 방법으로는 각 카드의 도형을 보여 주고 그대로 그리게 하는 모사(copy)하기, 도형을 보여 주고 변형하여 그리게 하는 변형 모사(elaboration)하기, 보여 주었던 것을 기억해서 그리게 하는 회상(recall)해서 그리기 등이 있다. 특히 모사하기를 통해 상담자는 내담자의 뇌손상 여부뿐만 아니라 강박적인 특성 여부 혹은 조현병 등의 정신병리 여부를 확인할 수 있다(Pascal & Suttell, 1951).

2) BGT의 변형모사를 통한 가족평가

BGT에서의 가족평가는 변형모사(elaboration)를 통해 할 수 있다. 상담자는 모사

[그림 9-1]　A도형 및 A도형에 대한 변형모사

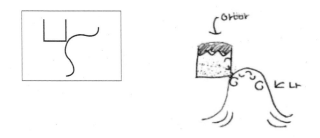

[그림 9-2] 4번 도형 및 4번 도형에 대한 변형모사

단계를 마친 후 다시 한 번 더 도형을 보여 주면서 "도형카드를 순서대로 다시 보여
드릴 것입니다. 이 도형을 보고 원하는 대로 모양을 변형하여 자유롭게 그려 보세
요."라고 안내하면서 자유연상을 유도한다. 이러한 BGT의 변형 모사하기는 언어
적 발달이 좋지 않은 내담자나 아직 발달이 충분하지 않은 아동들의 가족관계를 평
가하는 데 도움이 된다.

　　BGT 카드(http://psicodiagnosis.es/images/bender1_720.jpg) 중에 A도형을 변형
모사한 7세 여아의 그림을 통해 부와 융합한 가족관계를 추측할 수 있다([그림 9-1]
참조).

3. MMPI-2를 활용한 가족평가

1) MMPI 개요

미네소타 다면적 인성검사(Minnesota Multiphasic Personality Inventory: MMPI)는 대표적인 심리검사로서, 1943년에 미네소타 대학병원의 해서웨이(Hathaway)와 맥킨리(McKinley)가 개발했다가 1989년에 개정판인 MMPI-2가 출판되었다. 정신과 병동 입원환자들을 대상으로 면담 등을 통해 문항을 구성하고 선별하여 입원환자들과 환자의 친구, 친척 등을 대상으로 검사를 실시하였다(Goldstein & Hersen, 1990). 이를 통해 정상인과 입원환자를 구분해 주는 문항을 가려내어 임상척도를 구성하였고, 검사 태도가 검사 결과에 영향을 미치는 것을 고려하여 타당도 척도를 구성하였다. MMPI-2의 경우, 결과를 타당도 척도, 임상척도와 임상소척도, 재구성 임상척도, 성격병리 5요인 척도, 내용척도와 내용소척도, 보충척도로 구분하여 해석할 수 있고(마음사랑, 2017. 2. 1. 검색), 문항 수는 567문항이다.

2) MMPI-2 척도의 해석을 통한 가족평가

(1) 타당도 척도

타당도 척도에는 ?(무응답)척도, VRIN(Variable Response Inconsistency: 무선반응 비일관성)척도, TRIN(True Response Inconsistency: 고정반응 비일관성), F(Infrequency: 비전형)척도, L(Lie: 부인)척도, K(Correction: 교정)척도, S(Superlative Self-Presentation: 과장된 자기제시)척도 등이 있다.

?(무응답)척도는 응답하지 않은 문항 개수가 많을 때 T점수가 상승하고, VRIN척도는 상반된 문항 쌍에서 비일관적일 때 상승하는데, VRIN의 T점수가 80이상이면 해석이 불가능하다고 판단한다. TRIN척도는 정반대의 답을 요구하는 문항에 대하여, 그 내용과 무관하게 '예-예', 혹은 '아니오-아니오'로 응답할 때 상승한다. F척

도는 이상적으로 반응하는 경향이나 비전형적으로 반응하는 경향을 탐지하는 척도인데, F(B)는 검사 후반부에 타당하지 않게 응답할 때 T점수가 상승한다. F척도에는 F(P)척도도 있는데, 이는 비전형-정신병리 척도로서, 의도적으로 과장되게 정신병리를 경험하는 것처럼 표현할 경우 T점수가 상승한다. L척도는 낮은 수준에서 자신을 방어하려는 양상과 관련이 있고, 사소한 결함도 부인하며 자신을 좋게 보이도록 하면 T점수가 상승하는 척도이다. 이에 반해 K척도는 세련된 수준으로 자신을 방어하려는 양상과 관련이 있고 교육수준과 정적 상관을 보이는 척도이다. 자신을 더 좋게 보이려 하거나 오히려 더 나쁘게 위장하려는 시도와 관련이 있다. S척도는 자신을 매우 좋게 보이고자 하는 경향성을 측정하는 척도이다.

(2) 임상척도와 임상소척도

① 임상척도

임상척도는 1번부터 9번까지의 척도로 구분되는데, 1번 Hs(Hypochondriasis)는 건강염려증, 2번 D(Depression)는 우울증, 3번 Hy(Hysteria)는 히스테리, 4번 Pd(Psychopathic-Deviate)는 반사회성, 5번 Mf(Masculinity-Feminity)는 남성성-여성성, 6번 Pa(Paranoia)는 편집증, 7번 Pt(Psychathenia)는 강박증, 8번 Sc(Schizophrenia)는 조현병, 9번 Ma(Hypomania)는 경조증, 그리고 0번 Si(Social Introversion)는 사회적 내향성을 나타내는 척도이다.

MMPI-2에서는 각 척도의 점수는 T점수인데, MMPI의 경우 T점수 70점 이상을 높은 점수로 간주하였으나, MMPI-2의 경우 65점 이상을 높은 점수로 간주한다(Graham, 2010). 그 이유는 MMPI의 경우, 수검자들이 무응답을 하였을 때 이를 완료하도록 격려하지 않고 묵인한 이유 등으로 T점수가 5점 정도 상승하였기 때문이다.

초보 상담자의 경우, 임상척도에서 각 척도의 T점수가 상승하였을 때에 이를 그대로 인용하여 내담자를 진단하는 경우가 있다. 예를 들면, 2번 척도(D)의 T점수가 65점 이상으로 상승하였다면 우울증 환자, 8번 척도의 T점수가 상승하였다면 조현병 환자로 진단을 하는 경우가 있다. 물론 높은 점수가 보다 심각한 증상과 관련

된다고 추론하는 것은 타당하지만(Graham, Ben-Porath, Forbey, & Sellborm, 2003), 심리평가를 할 때 T점수의 상승을 내담자의 정신병리 현상으로 그대로 연결시켜 진단하는 시도는 부적절하다. 따라서 임상척도의 각 척도는 정신병리의 현상, 예를 들면 '우울증 척도'로 명명하는 것이 아니라, '2번 척도'로 명명하는 시도가 필요하다. 또한, MMPI-2로 심리평가를 할 때 T점수의 상승, 각 임상척도의 연결선으로 이루어지는 기울기나 상승척도 쌍 등을 통해 내담자의 심리적 상태와 가족관계를 평가하는 데에 가설로 받아들일 필요가 있다. 임상척도의 T점수뿐만 아니라 MMPI-2의 각종 척도의 결과, 내담자와 가족들을 직접 면담하고 관찰하여 얻은 정보들을 종합하고 통합하면서 내담자를 평가할 필요가 있다. 1번에서 0번까지의 각 임상척도의 특징과 이를 통해 평가할 수 있는 가족관계는 다음과 같다.

1번(Hs) 척도의 T점수가 높을 경우, 자신의 신체와 건강에 대해 지나치게 염려하는 경향이 있는데, 이는 신체화 증상, 즉 전환장애와 관련이 있기 때문이다. 가족관계에서 자신의 감정, 특히 분노 감정을 적절하게 표현하지 못하고 억압했을 때에 이러한 특징을 보인다. 이러한 특징을 보이는 내담자의 경우, 부모로부터 엄격한 양육을 받거나 폭력적인 경험을 했을 가능성이 크고, 자신의 감정을 표현했을 때 더 무서운 경험을 했을 가능성이 크다. 따라서 가족상담사는 내담자가 원가족 내에서 부모로부터 폭력을 경험하지는 않았는지 탐색할 필요가 있고, 그때의 분노 감정과 두려움을 표현하도록 도울 필요가 있다.

2번(D) 척도 점수가 높은 사람들의 경우, 특히 T점수가 70 이상일 때에 우울 증상을 보일 가능성이 크다. 그러나 이러한 우울 증상과 관련한 정서가 슬픔(임상소척도 D1과 관련), 무기력(임상소척도 D4와 관련), 걱정(임상소척도 D5와 관련) 등과 관련이 있는지 임상소척도들을 동시에 확인할 필요가 있다. 또한 2번 척도의 상승은 "화를 잘 내고, 신경질적이며, 걱정이 많고, 안절부절못하는 사람으로 묘사"되기도 하는 것 등의 분노 감정과도 관련이 있다(Graham, 2010, p. 91). 따라서 2번 척도의 상승은 슬픔, 걱정, 무기력, 분노 등의 다양하고 복잡한 감정과 관련이 있음을 인식하고 가족상담사가 2번 척도가 상승한 내담자와 가족들을 공감할 때 포괄적으로 "우울하시군요."라고 반영하기보다 좀 더 세분화된 감정을 반영한다면, 내담자는 자신의 감정을 더 깊이, 정확히 이해하는 데에 도움이 될 수 있을 것이다.

3번(Hy) 척도의 T점수가 80 이상 상승하였을 경우 고전적인 히스테리 증상을 보일 가능성이 크지만, 그 정도의 상승이 아니라면 3번 척도가 상승한 내담자가 고전적인 히스테리 증상을 보일 것이라고 평가하기 어렵다(Graham, 2010). 3번 척도가 상승한 사람의 특징은 자신의 감정과 동기에 대한 인식이 부족하고 자기중심적이며 심리적으로 미성숙한 경향을 보인다. 스트레스 상황을 경험하면 신체화 증상을 보이며 책임 회피를 하는 등, 신체화 증상에 따른 부가적인 이익(secondary gain)을 얻는 경우가 많다. 3번 척도가 상승하거나 13/31의 상승척도의 쌍을 보이는 내담자의 경우, 원가족과의 관계에서 강한 삼각관계에 노출되어서 낮은 분화 수준을 보여 심리적으로 미성숙하고 불안 수준이 높은 경우가 많다.

4번(Pd) 척도의 점수가 상승한 사람들의 경우, 권위적인 인물에 반항하는 경향과 가족관계에서 갈등을 경험하는 경향이 많다. 충동 조절과 감정 조절에 어려움이 있어서 적대적이고 공격적인 양상을 보이기도 한다. 24/42의 상승척도 쌍을 보이는 사람은 가족 간의 문제, 법적인 문제 등으로 어려움을 경험하는 경우가 많으므로, 이러한 내담자의 경우 핵가족 및 원가족관계에서 어떤 어려움이 있었는지를 상담 초기부터 탐색할 필요가 있다. 이들과 관련이 있는 주요 감정은 분노감, 적대감, 원망감, 좌절감 등이며, 상담자와도 신뢰를 형성하는 데 어려움이 있고 수동공격적인 양상으로 상담자와 관계를 할 수 있기 때문에 상담의 효과가 좋지 않을 수 있다.

5번(Mf) 척도의 경우, 최초 MMPI 개발 때에는 동성애 남성을 판별하려는 목적으로 개발되었고 이후에 동성애 여성도 판별하기 위해 문항 개발을 하기도 하였으나, 이러한 목적보다는 전통적인 성역할(gender)로부터 얼마나 일탈하였는지 여부를 평가하는 데에 유용한 척도이다. 즉, 직업과 여가에 대한 관심, 감수성, 가족관계에서의 역할 등과 관련이 있어서, 남성의 경우 5번 척도의 T점수가 높을 경우 전통적으로 기대하는 남성 역할과 다른 양상을 보이고, 여성의 경우도 전통적 여성 역할과 다른 양상을 보이는 경향이 있다. 예를 들면, 5번 척도 점수가 높은 남성의 경우, 마초(macho)적인 남성의 특징보다는 감수성이 풍부하고 예술적인 흥미를 보이고 가정에서의 역할도 집안일이나 자녀 양육에 관심이 많은 성향을 보인다. 반면, 5번

척도 점수가 높은 여성의 경우, 남성적인 취미와 활동에 관심이 많고 자신감과 카리스마가 강한 걸크러시(girl crush) 양상을 보이는 경우가 많다. 5번 척도가 상승한 여성 내담자의 경우, 원가족관계에서 부모가 남성 선호적으로 양육을 하지는 않았는지 형제자매의 순위 등을 주의 깊게 탐색할 필요가 있다.

6번(Pa) 척도의 경우, MMPI 최초 개발 시에 편집 증상을 갖고 있는 환자들을 판별하기 위해 개발되었고, 상대적으로 다른 척도보다 문항의 오류가 적었다. 즉, 이 척도의 T점수가 높은 경우, 편집증(paranoia)을 보이는 경우가 많지만, 명백한 편집증 환자의 경우에도 6번 척도 점수가 보통 수준에 있는 경우가 있어 주의가 필요하다(Graham, 2010). 6번 척도의 T점수가 70 이상 상승한 사람의 경우 분명한 편집증적인 행동을 보일 수 있고, 피해망상, 과대망상 등의 망상장애를 진단받을 수 있고 조현병의 진단을 받을 수도 있다. T점수가 60~70 정도의 다소 높은 사람의 경우, 타인의 평가에 과민하게 반응하고 타인의 탓으로 돌리며 부당한 대우를 받고 있다고 인식하는 경향이 많다. 또한 타인을 의심하고 경계하는 경향이 많고 이를 상담자에게 보일 수 있어 라포 형성이 매우 어려울 수 있다.

7번(Pt) 척도가 상승한 사람의 경우, 지나친 불안, 긴장, 걱정, 두려움을 호소하고 과민하고 주의집중 곤란을 호소하기도 한다. 열등감을 느끼고 경직되어 있으며 완벽주의적인 모습을 보이기도 한다. 이러한 사람의 경우 부모로부터 수용적인 양육을 받지 못한 경우가 많으므로 원가족과의 관계를 탐색하는 과정에서 부모의 양육태도에 따른 불만 등을 반영하면서 수용받는 체험을 제공할 필요가 있다.

8번(Sc) 척도는 조현병(schizophrenia) 환자를 판별하기 위해 개발한 척도이다. 이를 위해 사고-감정-행동의 장애 여부와 그릇된 해석, 망상, 환각의 경험 여부를 파악하기 위한 문항이 포함되었다. 단, "오직 척도 8의 점수만을 근거로 조현병 진단을 내리는 것은 주의해야 하지만, 척도 8의 T점수가 75 이상인 수검자는 정신병적 장애를 지니고 있을 가능성"이 있음을 염두에 둘 필요가 있다(Graham, 2010, p. 108). 더불어 MMPI-2 임상척도의 각 척도에도 동일하게 적용할 수 있듯이, 8번 척도의 T점수가 높다고 하여 반드시 정신병적 장애가 있다고 평가하기는 어렵다. 8번 척도는 도움을 간절히 호소하기 위한 목적, 간질 등의 기질적 장애, 고립되고 소외된 분열성

(schizoid) 생활방식과도 관련이 있음을 인식할 필요가 있다.

9번(Ma) 척도가 상승한 사람들의 경우, 과잉행동, 비현실적으로 과장된 자기평가를 보이는 경향이 있다. 안절부절못하는 경향이 많고 좌절을 버티는 인내력이 부족하며, 충동을 조절하지 못하여 분노감, 적대감, 공격성을 폭발하는 경향이 있다. 반면, 외향적이고 사교적인 경향을 보이기도 한다. 이러한 특징을 보이는 내담자의 경우 부모로부터 인정받고 칭찬받았던 경험이 적어 자신을 과대포장하고 과도하게 열심히 하려고 하는 양상이 강화되었을 가능성이 크므로, 상담자가 적극적인 반영을 통해 존중받는 체험을 제공할 필요가 있다.

0번(Si) 척도가 높은 사람들은 사회적 내향성이 큰 사람들이다. 타인과의 관계에서 수줍음과 경계심이 많고, 어울리고 감정적인 교류를 하는 것을 불편해하는 경향이 있다. 따라서 0번 척도가 상승한 내담자는 사회적 관계에서 예민함과 불안감이 많고 활발함이 부족하며, 0번 척도 점수가 하강한 내담자는 사교적이고 활발하며 외향적인 경향이 있다.

MMPI-2 임상척도를 해석할 때, 가장 높게 상승한 척도에 주의하여 해석을 하지만, 동반상승한 여러 척도, 즉 코드(상승척도 쌍)에 주의하여 해석한다. 단, MMPI-A에서는 아직 코드별 특징에 대한 연구가 충분히 이루어지지 않아, 코드해석은 잘하지 않는다는 데에 주의해야 한다.

② 임상소척도

임상소척도는 D와 관련 있는 D1(주관적 우울감), D2(정신운동 지체), D3(신체적 기능장애), D4(둔감성), D5(깊은 근심)가 있다. Hy와 관련 있는 Hy1(사회적 불안의 부인), Hy2(애정 욕구), Hy3(권태-무기력), Hy4(신체 증상 호소), Hy5(공격성의 억제)가 있으며, Pd와 관련 있는 Pd1(가정불화), Pd2(권위불화), Pd3(사회적 침착성), Pd4(사회적 소외), Pd5(내적 소외)가 있다. Pa와 관련 있는 Pa1(피해의식), Pa2(예민성), Pa3(순진성)이 있고, Sc와 관련 있는 Sc1(사회적 소외), Sc2(정서적 소외), Sc3(자아통합 결여-인지적), Sc4(자아통합 결여-동기적), Sc5(자아통합 결여-억제부전), Sc6(기태적 감각 경험)이 있다. 마지막으로, Ma와 관련 있는 Ma1(비도덕성), Ma2(심신운동 항진),

Ma3(냉정함), Ma4(자아팽창)가 있다.

　가족상담사가 임상소척도에서 주의 깊게 볼 척도는 Hy2(애정 욕구), Hy5(공격성의 억제), Pd1(가정불화), Pd2(권위불화), Pd4(사회적 소외), Pd5(내적 소외), Pa1(피해의식), Pa2(예민성), Sc1(사회적 소외), Sc2(정서적 소외), Ma4(자아팽창) 등이다. 이러한 임상소척도는 광범위한 임상척도의 특징을 세분화하는 데 도움을 줄 뿐만 아니라 내담자의 가족관계를 추론하는 데에 도움을 준다. 또한 3번(Hy) 척도의 소척도인 Hy2(애정 욕구)는 부모에 대한 인정과 애정에 대한 욕구, Hy5(공격성의 억제)는 부모에 대한 분노 감정을 억제하는 양상과 관련이 있다. 따라서 3번(Hy) 척도가 상승하였다고 하여 단순하게 히스테릭한 성향이 있다고 해석할 것이 아니라, 임상소척도를 확인하며 Hy2(애정 욕구)가 상승하였다면 내담자가 아동 · 청소년기때에 원가족 내에서 부모로부터 어떠한 양육을 받아 왔는지를 탐색하면서 내담자의 욕구를 통찰하도록 반영할 필요가 있다. 또한 Hy5(공격성의 억제)가 상승하였다면 성장하는 동안 부모로부터 폭력적인 양육을 받아 왔는지를 탐색할 필요가 있다. 그때 경험했으나 표현하지 못했던 분노 감정을 상담자가 알아차려 주고 반영하면서 카타르시스를 경험하도록 도울 필요가 있다.

　4번(Pd) 척도의 임상소척도인 Pd1(가정불화), Pd2(권위불화), Pd4(사회적 소외), Pd5(내적 소외)도 가족관계와 관련이 있는 소척도이다. 4번(Pd) 척도가 상승하였는데 Pd1(가정불화) 혹은 Pd2(권위불화)가 상승하였을 경우 내담자의 원가족 내에서 부모 간에 갈등이 심했을 가능성을 추측할 수 있고, 이를 통해 상담자는 내담자가 얼마나 힘들고 외롭게 살아왔는지를 공감할 필요가 있다. 이로 인해 부모에 대한 분노를 사회적 관계에서 표현하며 Pd4(사회적 소외)가 상승했을 가능성, 자신의 감정에 접촉하지 않으려고 하는 양상으로 Pd5(내적 소외)가 상승했을 가능성을 통찰하도록 상담자가 공감할 필요가 있다.

　6번(Pa) 척도와 관련이 있는 Pa1(피해의식), Pa2(예민성)를 통해 가족관계를 추론할 수 있다. 핵가족 내에서 삼각관계에 강하게 노출된 자녀의 경우, 부모가 자신들의 갈등을 해결하지 못하고 자녀를 제3자로 끌어들여 융합(융해)관계를 맺는 삼각관계를 맺게 된다. 이를 통해 자녀는 자기분화 수준이 낮아지고 이성적인 판단보다 불안 등의 감정에 압도되는 경향이 생기게 된다. 이러한 양상에서 스트레스 상황에 압도되고 타인에 대한 피해의식이 생기며, 자신이 원하는 주체적인 삶을 살기보다 타인을 지나치게 의식하게 되고 타인의 평가에 예민해진다. 즉, Pa1(피해의식), Pa2(예민성)를 통해 내담자가 원가족과의 관계에서 얼마나 강한 삼각관계에 노출되었고 얼마나 낮은 자기분화 수준을 갖고 있는지를 추론할 수 있고, 이를 통해 가족상담사는 내담자가 자기분화 수준을 높일 수 있도록 상담 전략을 수립하는 데에 도움을 받을 수 있다.

8번(Sc) 척도의 Sc1(사회적 소외)을 통해 내담자가 가족관계와 사회적 관계에서 얼마나 소외감을 경험하고 있는지, Sc2(정서적 소외)를 통해 내담자가 자신의 감정에 접촉하려 하지 않는지의 경향성을 평가할 수 있다.

9번(Ma) 척도의 Ma4(자아팽창)를 통해 내담자가 원가족과의 관계에서 성장하는 동안 얼마나 긍정적으로 수용받은 경험을 하였는지 추론할 수 있고, 이를 통해 상담자가 수용적 태도와 관련한 상담 전략을 수립할 수 있다.

(3) 재구성 임상척도

재구성 임상척도(RC)는 각 임상척도에서 공통적으로 보이는 정서적 특징을 표시하면서, 서로 독립적이지 않고 비슷한 부분이 많은 점을 보완하기 위해 각 임상척도별로 차별적인 핵심요소를 추출하여 구성한 척도이다(Graham, 2010). 각 임상척도들이 공통적으로 보이는 정서적 불편감(RCd) 척도를 포함하고, 5번 척도(Mf)와 0번 척도(Si)를 제외한 8개의 임상척도를 재구성한 총 9개의 척도로 재구성 임상척도를 구성하였다. 즉, 재구성 임상척도에는 정서적 불편감을 나타내는 RCd(dem, Demoralization: 의기소침), RC1(신체 증상 호소), RC2(낮은 긍정 정서), RC3(냉소적 태도), RC4(반사회적 행동), RC6(피해의식), RC7(역기능적 부정 정서), RC8(기태적 경험), RC9(경조증적 상태)의 9개 척도가 있다.

(4) 내용척도와 내용소척도

내용척도는 척도 간에 내용적으로 중복되는 문항을 최소화하고 독립적인 문항들

로 구성하여 내적 일관성을 높인 척도들이다(Graham, 2010). 내용척도에 해당하는 척도들은 임상적으로 해당 내용을 잘 포함하고 있어, 임상척도에서 설명하는 모호한 부분들을 분명하게 이해하는 데에 도움을 준다. 예를 들면, 4번 척도(Pd)가 상승한 내담자에게서 내용척도 중에 ASP(반사회적 특성)가 정상 범주에 있고 내용소척도인 FAM1(가정불화)이 상승하였다면, 반사회적 특성이 아닌 가족 갈등으로 인해 4번 척도(Pd)가 상승한 것으로 이해할 수 있다.

가족상담사가 관심을 기울여야 하는 내용척도는 ANX(Anxiety, 불안), ANG(Anger, 분노), LSE(Low Self-Esteem, 낮은 자존감), FAM(Family Problems, 가정문제)이다. ANX(불안)는 자기분화 수준과 관련이 있어 부모로부터 어떠한 분화 수준을 물려받았는지, 삼각관계의 정도는 어떠한지를 추론할 수 있는 척도이다. ANG(분노)와 LSE(낮은 자존감)는 성장하면서 욕구의 좌절이 얼마나 심했는지를 추론할 수 있는 척도로서, 이 척도를 통해 성장과정에서 얼마나 부모로부터 정서적인 지지와 인정을 받았는지, 버림받은 경험은 없었는지 등을 추론할 수 있다. FAM(가정문제) 척도는 내담자가 원가족, 현재 핵가족과의 관계에서 갈등을 경험하고 있거나 있었음을 보고하는 척도이다. 즉, 다른 척도와는 달리 FAM 척도는 내담자 스스로 가족 갈등에 대해 의식적으로 인식하고 있고 갈등의 정도가 매우 심하다는 것을 나타내는 것이므로, 가족상담사는 특히 이 척도를 특히 주의 깊게 살펴보아야 한다.

(5) 성격병리 5요인 척도

성격병리 5요인 척도(PSY-5)는 내담자의 다섯 가지 주요 성격적 특성을 파악하기 위한 척도이다. 다섯 가지 주요 성격적 특성은 공격성(Aggressiveness: AGGR), 정신증(Psychoticism: PSYC), 통제결여(Disconstraint: DISC), 부정적 정서성/신경증(Negative Emotionality/Neuroticism: NEGE), 내향성/낮은 긍정적 정서성(Introversion/Low Positive Emotionality: INTR)이다. 이러한 PSY-5 척도가 높을 경우, 현재 가족관계에서 심한 갈등을 경험할 가능성이 크다. 특히 AGGR(공격성)과 DISC(통제결여)의 점수가 높을 경우에는 현재 가족 내에서 폭력을 행할 가능성이 크다.

(6) 보충척도

MMPI의 문항 군집은 "문항 분석, 요인 분석 및 직관적 절차를 통해 문항을 다양하게 재조합하여 여러 다른 척도를 개발하기 위해서도 사용"되었는데(Graham, 2010, p. 229), 이를 통해서 도출된 척도가 보충척도이다.

가족상담사가 주의를 기울일 보충척도는 부부관계 문제를 평가하기 위한 척도인 MDS(Marital Distress, 결혼생활 부적응) 척도인데, 점수가 높을 경우 결혼생활에서의 갈등이 많고 배우자에 대해 화가 나 있으며 결혼생활에 실패감을 경험하고 있는 상태라고 볼 수 있다. 또한 O-H(Overcontrolled-Hostility, 적대감 과잉통제)는 공격성을 과하게 억압하고 통제하다가 결국은 심한 공격성을 표현하는 양상을 평가하기 위한 척도로, 이를 통해 성장기 경험에서 부모가 얼마나 불유쾌한 감정을 수용하며 양육을 하였는지 추측할 수 있다.

4. MBTI를 활용한 가족평가

1) MBTI 개요

마이어스-브릭스 유형지표(Myers-Briggs Type Indicator: **MBTI**)는 캐서린 쿡 브릭스(Katherine Cook Briggs)와 이자벨 브릭스 마이어스(Isabel Briggs Myers) 모녀가 성격 유형을 분류하려는 시도를 하다가 칼 융(G. Carl Jung)의 심리 유형론을 접한 후 이를 접목하여 완성한 성격 유형검사이다. MBTI는 네 가지 양극성의 선호 경향을 조합하여 성격 유형을 열여섯 가지로 나눈다.

네 가지 양극성의 선호 경향은 주의를 기울이는 에너지의 방향에 따라 E(Extraversion, 외향형)와 I(Introversion, 내향형), 정보를 수집하는 인식기능의 특징에 따라 S(Sensing, 감각형)와 N(iNtuition, 직관형), 수집한 정보를 어떻게 판단하고 결정하는지 그 특징에 따라 T(Thinking, 사고형)와 F(Feeling, 감정형), 생활양식에 따라 J(Judging, 판단형)와 P(Perceiving, 인식형)로 구분된다.

2) MBTI 해석을 통한 가족평가

MBTI 성격 유형검사를 하는 이유는 단순하게 개인이 MBTI의 열여섯 가지 유형 중에 어떤 유형에 속하는지를 파악하기 위함이 아니다. 이러한 유형을 가진 개인이 가족관계에서, 사회적 관계에서 어떻게 관계 맺고 상호작용하는지, 즉 관계의 역동을 파악하기 위함이다. 따라서 상담자들은 MBTI 성격 유형검사를 통해 개인을 분류하는 데에 관심을 기울이기보다, 성격 유형이 개인심리 내적으로 그리고 개인 간에 어떻게 역동을 일으키는 데에 초점을 맞출 필요가 있다. 이를 위해서는 상담자들은 MBTI 성격 유형검사의 결과를 3단계로 해석할 필요가 있다. 첫째, 개인이 MBTI의 어떤 유형에 속하는지, 둘째, 개인 내적으로 그 유형의 주기능-부기능-3차기능-열등기능이 어떻게 심리적 역동을 일으키는지, 셋째, 이러한 심리적 역동이 타인, 특히 가족들과 어떻게 상호작용하도록 야기하는지를 파악할 필요가 있다.

이러한 단계에 근거하여, 첫 단계로, 상담자들은 MBTI 성격 유형검사 채점 기준에 따라 채점을 하여 개인의 성격 유형을 분류한다.

두 번째 단계로, 상담자들은 개인 내적으로 유형에 따른 각 기능의 역동을 파악한다. 즉, 주기능-부기능-3차기능-열등기능을 분류하고 이들의 역동을 파악한다. 개인의 MBTI 성격 유형은 개인 내에서 역동을 보이는데, 먼저 파악할 부분이 심리적 유형의 주기능이다. 인간은 네 가지 기본적 정신 활동이 있는데, 그것은 감각(S)-직관(N), 사고(T)-감정(F) 기능이다(Myers & Kirby, 1994). 외부의 정보를 어떻게 받아들이냐(S-N), 받아들인 정보를 어떻게 판단하고 처리하여 결정하느냐(T-F)가 인간의 기본적 정신 활동으로서 주기능으로 분류된다. 또한 주기능은 심리적 에너지의 방향인 E-I와 연합하여 다양한 역동을 보인다.

정보수집 기능(S-N)과 의사결정 기능(T-F) 중에서 하나가 주기능으로 작용하면, 다른 하나는 부기능으로 작용한다. 예를 들면, 정보수집 기능(S-N)이 주기능으로 작용하면 의사결정 기능(T-F)은 부기능으로 작동하면서 심리적 균형을 이루게 되고, 그 반대의 경우도 마찬가지이다. 특히 주기능은 심리적 에너지의 방향과 연합이 되는데, 예를 들면 ESFJ에서 주기능은 S(인식) 혹은 F(감정) 중에서 F(감정)로 결정된다. 주기능이 의사결정 기능인 F(감정)가 되면 부기능은 정보수집 기능인 S(인식)가 된다. 3차기능의 요소는 부기능의 반대에 해당하는 요소이다. 예를 들면, ESFJ 유형을 가진 개인의 주기능이 의사결정 기능인 F(감정)라고 하면, 부기능은 정보수집 기능인 S(인식)가 되며, 3차기능은 부기능의 반대인 N(직관)이 된다. 마지막으로 열등기능은 개인의 심리적 역동에서 가장 에너지가 적게 가고 덜 발달된 요소로서, 마이어스와 커비(Myers & Kirby, 1994)는 가장 무의식적으로 사용되는 요소라고 하였다. 열등기능은 주기능의 반대에 해당하는 요소로서, 위의 ESFJ 유형의 예에서는 주기능 F에 반대되는 T가 열등기능이 된다.

세 번째 단계로, 이러한 심리 내적인 역동에 의해 어떻게 타인과 상호작용을 하는지 그 특징을 파악한다. 주기능-부기능-3차기능-열등기능 중에서 상담자가 중요하게 볼 기능은 주기능과 부기능, 열등기능이다. 주기능은 한 개인이 다른 사람과 관계를 맺을 때에 주로 사용하는 기능이고, 부기능은 주기능과 더불어 사용하여 주기능과 균형을 이루려는 기능이며, 열등기능은 개인이 에너지를 덜 쓰기 때문에 무의식적으로 작동되는 기능이다.

예를 들면, ESFJ 유형에서 주기능을 F(감정)라고 한다면, 이때 주기능은 에너지의 방향인 E(외향)와 연합하여 Fe(외향적 감정)가 되고, 열등기능은 그 반대인 Ti(내향적 사고)가 되고 부기능은 Si(내향적 감각)가 된다. 즉, Fe(외향적 감정)가 주기능인 ESFJ 유형의 사람은 주위 사람들의 감정에 자신의 에너지를 집중하여 타인의 감정을 잘 헤아리고 타인의 감정이 상하지 않게 결정하려고 애쓰는 양상을 보인다. 특히 정보를 수집하는 데 있어서는 부기능인 Si(내향적 감각)를 활용하기 때문에 타인의 반응, 평가를 내적으로 저장하려는 양상을 보여, 자신이 직접 경험하는 타인의 평가를 중요시한다. 하지만 Fe(외향적 감정)와 반대되는 Ti(내향적 사고) 기능, 즉 타인을 이해하기 위해 편견 없는 사고와 논리를 사용하는 기능은 열등기능으로 작용하여 부족한 양상을 보이고, 무의식적으로 작용하기 때문에 조절하기 어려운 양상으로 기능하여 편견을 갖고 왜곡되게 사고하는 양상을 보일 수 있다. 이러한 개인 내면 기능의 역동은 한 개인이 타인과 관계를 맺을 때에 독특한 관계 역동을 일으킨다. 예를 들면, 주기능이 Fe(외향적 감정)인 ESFJ 유형의 여성이, 주기능이 Si(내향적 감각)인 ISTJ 유형의 남성과의 관계에서 어떠한 관계적 역동이 발생하는지, 즉 상호작용적인 측면을 파악할 필요가 있다.

5. HTP를 활용한 가족평가

1) HTP 개요

집-나무-사람 검사((House-Tree-Person Test)는 내담자에게 집, 나무, 사람을 그리게 하여 내담자의 심리와 가족관계를 평가하는 투사적 검사이다. 짧은 시간 내에 실시할 수 있고 로샤검사와 같이 복잡하게 채점을 하지 않아도 되어 널리 활용되는 심리검사이다. HTP는 굿이너프(Goodenough, 1926)가 개발한 DAP(Drawing a Person test, 인물화검사)에 벅(Buck, 1948)이 집과 나무 그림을 추가하며 체계화한 검사이다.

검사를 실시하고 해석하는 데 있어 주의할 사항은 다음과 같다. 첫째, BGT, HTP와 같은 그림을 그리는 검사는 연필을 사용하여 그리게 한다. 그 이유는 연필이 샤프보다 강도와 필압의 표현이 두드러져 그림 선의 굵기 변화가 예민하게 드러나기 때문이다. 둘째, 집을 그리게 할 때는 A4 용지를 가로로, 나무와 사람을 그리게 할 때는 세로로 제시하며 그리게 하고, 그리는 시간을 체크하고 사람의 성별과 누구를 그렸는지를 체크하여 이후 그림의 빈 여백에 기록한다. 셋째, 사람을 그릴 때는 첫 번째 사람의 성별과 다른 성별의 사람을 그리게 하여, 성별이 다른 2명의 사람을 그리게 한다. 마지막으로, 검사 해석 시 그림의 각 요소에 대한 특징과 상징의 의미를 일대일로 연결시켜 기계적으로 해석하는 것을 지양한다. 물론 그림의 각 요소와 관련이 있는 심리 상태, 가족관계의 특징이 있으나, 이러한 상징이 집-나무-사람의 각 요소에 일관적으로 나타나고 있는지, 그리고 각 요소의 특징이 정말 그러한지 내담자를 면담한 결과를 수집하여 종합적으로 추론하고 평가할 필요가 있다.

2) HTP 그림 특징 분석을 통한 가족평가

(1) 집

집(House)은 가족관계, 가족 구성원이나 가족체계에 대한 이미지와 관련이 있다 (Buck, 1948). 특히 집 그림은 내담자가 가족 구성원에 대해 느끼고 있는 무의식적 인 감정이나 소망 등을 내포하고 있어 가족상담사가 주의 깊게 보아야 한다. 집을 구성하는 요소는 지붕, 벽, 창문, 문 등이며 이들의 상징적 의미는 [그림 9-3]에 제 시되어 있다.

[그림 9-3] 집 그림

(2) 나무

나무(Tree)는 자기에 대한 이미지와 관련이 있다(Buck, 1948). 나무의 각 부분은 내담자의 신체에 대한 이미지, 자기개념(self-concept)과 관련한 이미지와 관련이 있다. 가족상담사가 관심을 기울여야 하는 부분은 이러한 내담자의 자기개념을 통해 내담자 부모의 양육 태도, 내담자와 부모의 관계이다. 나무와 관련한 요소는 몸통, 뿌리, 가지, 잎, 열매 등이고, 이들이 상징하는 의미는 [그림 9-4]에 제시되어 있다.

[그림 9-4] 나무 그림

(3) 사람

사람(Person)은 자기에 대한 이미지나 부모에 대한 이미지와 관련이 있다(Buck, 1948). 즉, 내담자가 그리는 사람 그림은 내담자의 자기상을 표현하거나, 부모에 대한 이미지 혹은 부모에 대한 욕구를 표현하는 것으로 이해할 수 있다. 사람과 관련한 요소는 눈과 입의 표시, 손가락과 손의 모양, 전체적인 몸의 경직성 등이고, 이들의 상징화된 의미는 [그림 9-5]에 제시되어 있다.

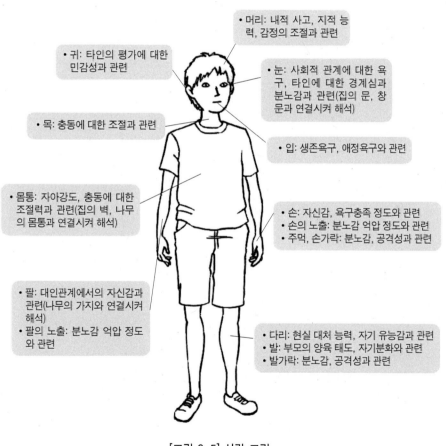

• 머리: 내적 사고, 지적 능력, 감정의 조절과 관련

• 귀: 타인의 평가에 대한 민감성과 관련

• 눈: 사회적 관계에 대한 욕구, 타인에 대한 경계심과 분노감과 관련(집의 문, 창문과 연결시켜 해석)

• 목: 충동에 대한 조절과 관련

• 입: 생존욕구, 애정욕구와 관련

• 몸통: 자아강도, 충동에 대한 조절력과 관련(집의 벽, 나무의 몸통과 연결시켜 해석)

• 손: 자신감, 욕구충족 정도와 관련
• 손의 노출: 분노감 억압 정도와 관련
• 주먹, 손가락: 분노감, 공격성과 관련

• 팔: 대인관계에서의 자신감과 관련(나무의 가지와 연결시켜 해석)
• 팔의 노출: 분노감 억압 정도와 관련

• 다리: 현실 대처 능력, 자기 유능감과 관련
• 발: 부모의 양육 태도, 자기분화와 관련
• 발가락: 분노감, 공격성과 관련

[그림 9-5] 사람 그림

6. KFD를 활용한 가족평가

1) KFD 개요

동적 가족화(Kinetic Family Drawing: KFD) 검사는 번스와 카우프만(Burns & Kaufman, 1972)이 고안한 검사로, 내담자에게 가족 구성원들이 무엇을 하고 있는 장면을 그리도록 하여 가족관계, 가족 상호작용의 특징을 평가하는 검사이다. KFD 는 HTP나 DAP와는 구분되게, 가족 구성원들의 움직임과 활동에 초점을 맞추어 그리도록 한 것이 특징적이다.

검사를 실시할 때 주의할 점은 연필로 그림을 그리게 하되, 색연필 등을 활용하여 채색은 하지 않게 하는 것이다. 또한 내담자 자신을 포함하여 가족 모두에 대해 무엇인가를 하고 있는 그림을 그리게 하되, 내담자가 가족 구성원 모두를 그려야 하는지 질문할 경우 상담자는 원하는 대로 그리도록 제안하는 것이다. 특히 무엇을 행하는 그림을 그리는 것이고 내담자 자신을 포함하도록 제안하는 것이 중요하다.

따라서 가족상담사는 내담자에게 "자신을 포함해서 가족 모두가 무엇인가를 하고 있는 그림을 그려 보세요. 사람을 그릴 때에는 졸라맨과 같이 막대기 형상으로 그리는 것이 아니라 온전한 형상으로 그려 주시고, 어떤 것이건 행위를 하고 있는 모습을 그려 주세요 물론, ○○ 씨(내담자) 자신을 꼭 포함해서 그려 주시고요."라며 KFD를 주문할 수 있다.

2) KFD 그림 특징 분석을 통한 가족평가

검사를 해석할 때 주의할 점은 가족 구성원의 행동(action), 스타일(style), 상징(symbol), 역동(dynamic), 인물상의 특징(figure characteristics)의 다섯 가지 영역에 근거하여 해석을 하는 것이다.

가족 구성원의 행동을 평가할 때는 각 인물들의 상호작용과 역할에 대해 파악한다. 내담자를 중심으로 내담자와 모, 내담자와 부, 내담자 부와 모의 상호작용이 어떠한지를 파악하고, 또한 내담자, 부, 모와 같이 원가족 삼인군을 중심으로 각 인물들이 어떠한 행동과 역할을 하고 있는지를 파악한다. 이를 통해 내담자, 부, 모가 각각 어떻게 상호작용하고 부모가 내담자에게 어떠한 방식으로 양육을 하며 영향을 미쳤는지를 평가할 수 있다.

스타일을 평가함으로써 내담자의 가족에 대한 감정, 신뢰감 등을 추측할 수 있다. 스타일에는 구분(compartmentalization), 포위(encapsulation), 가장자리(edging), 인물 밑선, 상·하부 선 등의 요소가 포함되어 있다(Burns & Kaufman, 1972). 구분은 직선이나 곡선을 사용하여 인물들을 분리하여 그리거나, 종이를 접은 후에 접힌 칸에 각각 인물을 그리는 경우는 경우를 말한다. 이러한 구분의 스타일을 통해 내담자가 다른 가족 구성원들과 감정 교류를 단절하고자 하거나 분리되고 싶어 하는 욕구를 추측할 수 있다. 포위는 한 명 혹은 그 이상의 가족 구성원들을 선이나 사물의 그림으로 둘러싸는 스타일을 말한다. 이는 다른 가족 구성원들과 감정적으로 밀접하고자 하거나 혹은 특정 가족 구성원과 떨어지고자 하는 욕구를 표현한다고 추측할 수 있다. 가장자리는 인물상을 용지의 구석이나 가장자리에 그리는 스타일을 말하고, 이러한 그림을 통해 내담자가 가족관계에서의 문제를 회피하고자 하는 욕구를 갖고 있다고 추측할 수 있다. 인물 밑선은 특정 인물상의 아래에 선을 긋는 스타일을 말하는데, 이를 통해 특정 인물에 대한 내담자의 불안을 추측할 수 있다. 상·하부선의 경우 용지 상단이나 하단에 선을 긋는 스타일을 말하는데, 상부 선은 내담자의 불안한 정서와 관련이 있고, 하부 선은 스트레스하의 아동이 도움과 안정된 양육을 받고 싶어 하는 욕구를 나타낸다고 추측할 수 있다.

상징은 KFD에 포함된 사물과 관련한 의미로서, 분노 감정과 관련이 있는 사물은 불, 칼, 무기 등이고, 공격성과 관련이 있는 사물은 던질 수 있는 공, 빗자루 등이다. 또한 애정과 관련한 사물은 난로 등과 같이 따뜻함을 주는 사물이다.

인물상을 그리는 순서, 위치, 크기, 얼굴 방향 등을 통해 가족의 관계 역동을 파악할 수 있고, 신체 부분의 음영, 과장 혹은 축소·생략, 얼굴 표정 등의 인물상의 특징을 통해 해당 가족 구성원에 대한 내담자의 감정을 추측할 수 있다.

7. SCT를 활용한 가족평가

1) SCT 개요

문장완성검사(Sentence completion Test: SCT)는 헤르만 에빙하우스(Hermann Ebbinghaus)가 1897년에 최초로 미완성 문장을 사용함으로써 개발한 것으로 알려져 있다(Lah, 1989). 또한 페인(Payne, 1928)이 현재 사용하고 있는 문장완성검사와 같은 형태로 체계화하여 심리검사에 활용한 것으로 알려져 있다.

SCT에는 줄리안 로터(Julian B. Rotter)의 Incomplete Sentence Blank, 버트럼 포러(Bertram R. Forer)의 Structured Sentence Completion Test, 조지프 색스(Joseph M. Sacks)와 시드니 레비(Sidney Levy)의 Sentence Completion Test, Miale-Holsopple Sentence Completion Test, 아만다 로드(Amanda R. Rohde)의 Sentence Completion Method, 제인 뢰빙거(Jane Loevinger)의 Washington University Sentence Completion Test, 캐슬린 메이어스(Kathleen S. Mayers)의 Gravely Disabled Sentence Completion Task 등이 있다(Holaday, Smith, & Sherry, 2000). 이 중에서 현재 국내에서 성인들을 대상으로 활용되는 SCT는 색스와 레비(1950)의 Sentence Completion Test이다.

SCT는 일부분만 표시된 문장의 뒷부분을 자유연상에 따라 채워 나가 문장을 완성하는 검사로서, 투사적 기법의 검사로 분류되기도 한다. 내담자가 SCT 검사지에 직접 글을 적어 문장을 완성하는 자기보고식 검사로서 짧은 시간에 부모에 대한 내담자의 감정과 인식 등을 파악할 수 있다. 상담자는 내담자에게 "이 검사지에 표시된 문장 뒤에 떠오르는 생각을 적어서 문장을 완성해 보세요. 가능한 한 머릿속에 처음 떠오른 생각을 빨리 적어 보기 바랍니다."라고 주문한다. SCT는 HTP 검사처럼 매번 수검 시간을 체크하지는 않는다. 하지만 SCT는 보통 20~30분 정도 소요되는데, 그보다 많은 시간이 소요되면 내담자의 저항 혹은 방어를 추측할 수 있다. 따라서 상담자는 검사 시작 시간을 어느 정도 기억해 두고, 내담자가 완성하기 어려운 문장이 어떤 문장인지 관찰하며 수검 시간이 30분을 초과할 경우 이를 내담자의 수검상 특징으로 상담일지에 기록할 필요가 있다.

상담자는 내담자에게 앞서 언급한 바와 같은 주문을 하면서, 〈자료 9-1〉에 제시된 것과 같은 주의사항을 안내할 필요가 있다.

〈자료 9-1〉 SCT 주의사항 오리엔테이션

- 이 검사는 정답을 확인하는 검사가 아닙니다. 따라서 미완성 문장 후에 떠오르는 생각을 적을 때는 정답이 없으니 생각나는 것을 자유롭게 적기를 바랍니다.
- 여러 내용이 생각날 경우 가장 먼저 생각난 문장을 적기 바랍니다.
- 주어진 미완성 문장 후에 별다른 생각이 떠오르지 않는다면 체크한 후에 다음 문장으로 넘어갑니다. 하지만 맨 마지막에 체크한 문장을 완성하여 모든 문장을 완성해 보도록 합니다.
- 통상 검사시간은 30분 정도입니다. 그 시간을 제한하지는 않지만, 너무 오래 진행되지 않도록 가능한 한 처음 생각난 것을 빨리 적어 보기 바랍니다.
- 수정도 가능합니다. 단, 수정을 할 때는 두 줄로 긋고 빈 공간에 원하는 문장을 적기 바랍니다. 지우개는 비치하지 않습니다.

2) SCT의 각 요소를 통한 가족평가

현재 국내에서 주로 활용되는 성인용 SCT(Sacks & Levy, 1950)는 총 60문항으로 구성되어 있고, 부, 모, 가족에 대해 질문하는 가족 관련 문항(12), 이성과 배우자, 부부 성관계에 대한 성 관련 문항(8), 가족 외의 사람들과 어떻게 관계하는지에 대한 대인관계 관련 문항(16), 자기 자신에 대한 이미지, 삶의 목표 등에 대한 자기개념 관련 문항(24)으로 구성되어 있다. 가족상담사의 경우, 내담자와 부, 내담자와 모, 부모의 관계의 특징을 추측할 수 있고, 배우자와의 관계의 질과 배우자와의 성관계를 파악하는 데에 SCT를 활용할 수 있다.

참고문헌

박경, 최순영(2010). 심리검사의 이론과 활용(2판). 서울: 학지사.
정종진(2003). BGT 심리진단법. 서울: 학지사.

Buck, J. N. (1948). The H-T-P techniques. A Quantitative and qualitative scoring manual. *Clinical Psychology, 5,* 1-120.

Burns, R. C., & Kaufman, S. H. (1972). *Action, styles and symbols in Kinetic Family Drawings(K-F-D): An interpretation manual.* New York: Brunner/Mazel.

Goldstein, G., & Hersen, M. (1990). Handbook of psychological assessment. New York: Pergamon Press.

Goodenough, F. (1926). *Measurement of intelligence by drawings.* New York: World Book.

Graham, J. R. (2010). MMPI-2: 성격 및 정신병리 평가(제4판)[*MMPI2: Assessment personality and psychopathology* (4th ed.).]. 이훈진, 문혜신, 박현진, 유성진, 김지영 공역. 서울: 시그마프레스. (원저는 1999년에 출간).

Graham, J. R., Ben-Porath, Y. S., Forbey, J. D., & Sellborm, M. (2003, June). Relationship between T-score levels on MMPI-2 scales and symptom severity. Paper presented at the 38th Annual Symposium on Recent Development on the MMPI-2/MMPI-A, Minneapolis, MN.

Holaday, M., Smith, D. A., & Sherry, A. (2000). Sentence completion tests: A review of the literature and results of a survey of members of the society for personality assessment. *Journal of Personality Assessment, 74,* 371-383.

Lah, M. I. (1989). Sentence Completion Tests. In C. S. Newmark (Ed.), *Major psychological assessment instruments, Vol II* (pp. 133-163). Boston, MA: Allyn & Bacon.

Myers, K. D., & Kirby, L. K. (1994). *Introduction to type: Dynamics and development: exploring the next level of type.* Palo Alto, CA: Consulting Psychologists Press.

Pascal, G. R., & Suttell, B. J. (1951). *The Bender-Gestalt Test: Its quantification and validity for adults.* New York: Grune & Stratton.

Payne, A. F. (1928). *Sentence completion.* New York: New York Guidance Clinic.

Sacks, J. M., & Levy, S. (1950). The Sentence Completion Test. In L. E. Abt & L. Bellak (Eds.),

Projective psychology (pp. 357–402). New York: Knopf.

Watkins, C. E., Campbell, V. L., Nieberding, R., & Hallmark, R. (1995). Contemporary practice of psychological assessment by clinical psychologist. *Professional Psychology: Research and Practice, 26*, 54–60.

마음사랑　https://www.maumsarang.kr/maum_examine/mmpi_spec.asp

제10장 가족기능 평가: 순환 모델

순환 모델(Circumplex Model)은 미네소타 대학의 올슨과 올슨(Olson et al., 1979/ 2003)이 가족기능에 관한 50여 개의 개념을 추출·분석하여 귀납적으로 발전시킨 개념이다. 순환 모델은 가족기능의 핵심 영역으로 응집성과 적응성을 기준으로 가족 유형을 범주화하였다(김유숙, 전영주, 김수연, 2003).

순환 모델을 바탕으로 개발된 평가도구로서 내부자 척도(자기보고식)인 FACES와 외부 관찰자 척도인 임상평가도구인 CRS가 있다. 의사소통은 순환 모델에 직접 도식화되지 않지만 응집성과 적응성을 이동시키는 촉매 역할을 하는 개념으로 중요시되며, CRS 관찰 영역에는 의사소통 평가가 포함된다. ENRICH는 가족 내 기능에 초점을 둔 표준화된 검사로서 오랫동안 세계적으로 가장 많이 사용되어 온 가족평가 도구 중 하나이다.

FACES나 CRS, ENRICH를 활용하여 가족의 응집성과 적응성에 대한 종합적인 평가가 나오면, 이 결과에 대해 [그림 10-1]과 같은 순환 모델 지도에 가족 유형을 표시한다.

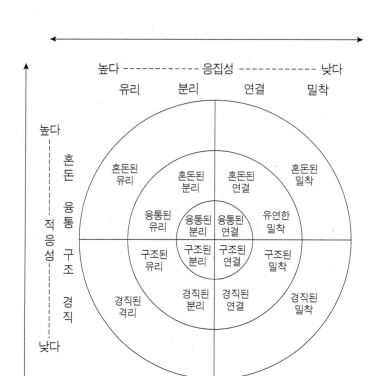

[그림 10-1] 순환 모델

출처: 김유숙, 전영주, 김수연(2003).

- **응집성**: 가족 응집성(cohesion)은 가족 간의 정서적 친밀감과 결속을 반영하는 개념이다. 응집성의 수준에 따라 유리, 분리, 연결, 밀착의 네 수준으로 나누는데, 너무 낮은 응집성이나 너무 높은 응집성은 가족의 기능에 바람직하지 않은 것으로 알려져 있다. 유리된 가족은 지나친 개인주의와 제한적인 가족 참여로 개인에게 필요한 가족의 지원이 부족할 수 있는 반면, 밀착(속박)된 가족은 과도한 가족 동일시로 지나친 충성심 요구와 소속감으로 인한 개인의 자율성이 제한되는 부작용이 있을 수 있다. 따라서 응집성의 개념은 직선적이기보다 곡선적인 개념으로 볼 수 있다.

- **적응성**: 순환 모델의 두 번째 차원인 적응성(adaptability)은 안정과 변화 간의 구조적 수준을 의미한다. 가족체계가 안정지향 대 변화지향의 맥락에서 구조를

변화시키는 능력을 본다. 적응성의 수준은 가족이 가족내외의 변화에 따라 지도력이나 역할관계, 관계규칙 등의 영역에서 얼마나 융통성을 발휘할 수 있는가의 문제이다. 순환 모델에서는 적응성의 수준에 따라 경직, 구조, 융통, 혼돈의 네 가지 수준으로 나눈다. 적응성이 매우 낮은 경직된 가족이나 너무 높은 혼돈된 가족은 역기능적인 반면, 적응성이 적절할 때 가족의 기능은 최적의 수준이 된다. 이렇게 네 수준의 응집성과 적응성을 교차시키면 [그림 10-1]과 같은 열여섯 가지 유형(4개의 극단 가족 유형과 8개의 중간범위 가족 유형, 4개의 균형 가족 유형)이 나오게 된다.

1. FACES

순환 모델의 자기보고식 척도인 FACES(Family Adaptability and Cohesion Scale)는 수십 년간 검증되어 오면서 현재 FACES-IV까지 개발되어 있다. 여기서는 신뢰도와 타당도가 가장 높게 나타난 FACES-II를 소개하기로 한다. 홀수 번호 문항은 응집성에 관한 문항이고, 짝수 번호 문항은 적응성에 관한 문항이며, 3, 9, 15, 19, 24, 25, 29번 문항은 역채점한다.

<자료 10-1> 순환 모델 자기보고식 척도(FACES II)

번호	문항 내용	전혀 그렇지 않다	그렇지 않다	그저 그렇다	다소 그런 편이다	정말 그렇다
		1	2	3	4	5
1	우리 가족들은 누구나 쉽게 자기 생각을 가족들에게 이야기한다.					
2	고민이나 비밀이 있으면 가족이 아닌 사람과 이야기하거나 의논하는 편이다.					
3	집안의 중요한 일을 결정할 때는 모든 가족이 참여한다.					

4	우리 가족들은 집에 오면 그날 있었던 일을 서로에게 이야기한다.					
5	우리 형제들은 부모님의 교육이나 생활지도 방법에 대한 우리의 생각을 말씀드리곤 한다.					
6	집안에 일이 생기면 우리 가족은 함께 일을 처리한다.					
7	문제가 생기면 우리 가족은 함께 의논하고 의논을 통해 만족한 해결책을 찾으려고 한다.					
8	우리 가족은 멋대로 행동하는 경향이 있다.					
9	우리 가족은 돌아가면서 집안일을 돌본다.					
10	우리 가족은 각자의 친구를 좋은 친구로 인정한다.					
11	우리 집의 규칙은 상황에 맞게 조절된다고 본다.					
12	우리 가족은 자신의 일을 결정하기 전에 가족과 먼저 상의하는 편이다.					
13	우리 가족은 하고 싶은 말이 있으면 스스럼없이 이야기하는 편이다.					
14	우리 가족은 집안을 위해서 무엇을 해야 할지를 모르는 것 같다.					
15	우리 부모님은 우리 형제들의 의견을 존중해 주시는 편이다.					
16	나는 부모님과 형제들에 대해 깊은 애정과 친밀감을 느낀다.					
17	우리 부모님은 상이나 벌을 공정하게 주시는 편이다.					
18	가족이 아닌 사람에게서 더 깊은 친밀감과 편안함을 느낀다.					
19	우리 가족은 문제나 고민거리가 생기면 새로운 해결 방법을 찾아보려고 한다.					
20	우리 가족은 가족이 내린 결정을 잘 따른다.					
21	우리 가족은 집안일을 나누어서 하며, 자기가 맡은 일에 책임감을 갖는 편이다.					
22	우리 가족은 함께 여가 시간을 보내는 것을 좋아한다.					
23	우리 가족의 규칙은 바꾸기가 힘들다.					
24	우리 가족은 집에서 서로 대하기 싫어한다.					

25	우리 가족은 어떤 문제가 생기면 그 문제에 대해 서로 상의하는 편이다.					
26	우리 가족은 서로의 친구에 대해 잘 알고 있다.					
27	우리 가족은 마음속에 있는 생각을 이야기하는 것을 서로 꺼리는 것 같다.					
28	우리 가족은 전체가 합심하여 행동하기보다 몇몇 가족 구성원끼리만 짝을 지어 행동하는 편이다.					
29	우리 가족은 취미활동을 같이 하는 편이다.					
30	우리 가족은 서로 돕는다.					

출처: 김유숙, 전영주, 김수연(2003).

2. CRS

치료자나 관찰자 등 가족의 외부자 관점에서 관찰을 통해 가족기능을 평가할 수 있도록 개발된 것은 임상평정척도(Clinical Rating Scale: CRS)라는 평가 도구이다. CRS는 가족의 응집성, 적응성, 의사소통의 세 차원을 관찰하고 평가하도록 구성되어 있다. 반구조화된 면접을 통해 가족에게 특정 과제를 주고, 과제를 수행하는 동안 보이는 가족의 상호작용을 관찰하면서 평가할 수 있다.

〈자료 10-2〉 순환 모델 외부관찰자 척도(CRS)

응집성	유리		분리		연결		밀착	
	1	2	3	4	5	6	7	8
정서애착	☐	☐	☐	☐	☐	☐	☐	☐
가족관여	☐	☐	☐	☐	☐	☐	☐	☐
결혼생활	☐	☐	☐	☐	☐	☐	☐	☐
부모-자녀 관계	☐	☐	☐	☐	☐	☐	☐	☐
내적 관계	☐	☐	☐	☐	☐	☐	☐	☐
외적 관계	☐	☐	☐	☐	☐	☐	☐	☐
전체 평가	☐	☐	☐	☐	☐	☐	☐	☐

적응성	경직		구조		융통		혼돈	
	1	2	3	4	5	6	7	8
지도력	☐	☐	☐	☐	☐	☐	☐	☐
훈육	☐	☐	☐	☐	☐	☐	☐	☐
타협	☐	☐	☐	☐	☐	☐	☐	☐
역할	☐	☐	☐	☐	☐	☐	☐	☐
규칙	☐	☐	☐	☐	☐	☐	☐	☐
전체평가	☐	☐	☐	☐	☐	☐	☐	☐

낮은 ← 용이성 → 높은

의사소통	1	2	3	4	5	6
듣는 기술 공감 경청	☐	☐	☐	☐	☐	☐
말하는 기술 나에 대해 말하기 타인에 대해 말하기 (역채점)	☐	☐	☐	☐	☐	☐
자기노출	☐	☐	☐	☐	☐	☐
명료성	☐	☐	☐	☐	☐	☐
지속성	☐	☐	☐	☐	☐	☐
배려/존중	☐	☐	☐	☐	☐	☐
전체 평가	☐	☐	☐	☐	☐	☐

출처: 김유숙 외(2003).

3. ENRICH

ENRICH(Enriching Relationship Issues, Communication and Happiness)는 1981년 미네소타 대학교의 데이비드 올슨(David H. Olson), 조앤 드럭먼(Joan M. Druckman)과 데이비드 포니어(David G. Fournier)가 개발한 부부 및 커플 관계 평가도구로서 결혼 향상이나 상담의 방향을 제시해 준다. ENRICH의 검사 목표는 부부관계의 강점과 약점을 파악하여 상담과 결혼 향상에 도움을 주고, 원가족에 대한 이해를 도우며, 개인, 커플, 가족의 목표를 세울 수 있도록 해 주는 것이다. 척도는 총 165문항으로, 결혼만족도, 성격문제, 의사소통, 갈등해결, 재정관리, 여가활동, 성관계, 자녀/양육, 가족/친구, 역할관계, 종교적 신앙의 11개 영역에 각 10문항씩으로 이루어져 있다(김유숙 외, 2003).

관계강점 영역은 부부가 높은 일치감과 더불어 만족감을 나타내는 영역이다. 반면, 성장필요 영역(약점)은 부부가 낮은 일치감과 만족감을 나타낸 영역으로 변화가 요구된다. 관계강점 영역과 성장필요 영역을 결정하는 데 사용되는 긍정적 부부 의견일치 점수인 PCA(Positive Couple Agreement)가 80~100% 범위이면 관계강점 영역이지만, 0~20% 범위이면 성장필요 영역(약점)으로 구분된다. PCA 점수를 근거로 부부 유형 도표를 확인하고 전반적인 부부관계 상태를 살펴본다. [그림 10-1]의 예를 보면, 이 부부의 경우 종교적 신앙(80%)은 관계강점 영역인 반면, 갈등해결(10%)과 여가활동(10%)은 성장필요 영역임을 알 수 있다.

한편, PCA 점수를 바탕으로 부부 유형을 다음과 같은 다섯 가지로 나눌 수 있는데, 이는 부부치료 계획을 수립하는 데 도움이 된다.

- 활기찬 부부: 대부분의 영역에서 최고의 PCA 점수가 나타난다. 자원이 풍부하고 통합된 인성을 가지며, 가장 행복한 결혼생활을 영위할 가능성이 높고 이혼할 가능성이 가장 적다.
- 조화로운 부부: 1~2개의 영역을 제외하고는 대부분의 영역에서 높은 PCA 점

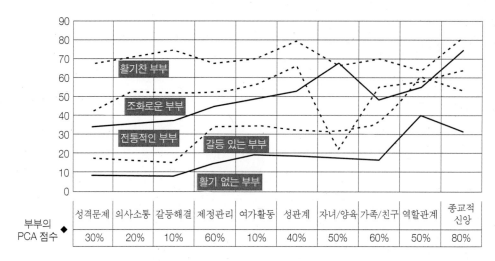

부부의 PCA 점수	성격문제	의사소통	갈등해결	제정관리	여가활동	성관계	자녀/양육	가족/친구	역할관계	종교적 신앙
	30%	20%	10%	60%	10%	40%	50%	60%	50%	80%

[그림 10-2] ENRICH 기혼 부부 유형 및 PCA 점수

출처: ENRICH Korea (1999); 김유숙, 전영주, 김수연(2003) 재인용.

수를 보인다. 대체로 행복한 결혼생활을 하며, 애정 표현이나 성적 영역에서 만족스러우나 부모 역할이 스트레스원이 되기도 한다.

• 전통적인 부부: 의사소통이나 갈등 해소에서 다소 낮은 PCA 점수를 보이나 전통적 영역(자녀/양육, 가족/친구, 신앙)에서 상대적으로 높은 점수를 보인다. 이혼이 높지는 않으나 행복한 결혼생활을 한다고 하기 어렵다.

• 갈등 있는 부부: 많은 영역에서 낮은 PCA 점수를 보이며, 이혼의 위험성이 높고 결혼생활이 행복하지 않다.

• 활기 없는 부부: 대부분의 영역에서 가장 낮은 PCA 점수를 나타낸다. 대부분 불행한 결혼생활을 하며 이혼할 위험성이 높다.

참고문헌

김유숙, 전영주, 김수연(2003). 가족평가핸드북. 서울: 학지사.

Olson, D. H. L., & Olson, A. K. (2003). 건강한 부부관계 만들기[*Empowering couples: Building on your strenghs*]. 21세기 가족문화연구소 역. 경기: 양서원. (원저는 1979년에 출판).

제4부

주제별 가족평가

제11장 아동문제와 가족평가

　가정이나 학교, 사회 등 여러 곳에서 도움을 필요로 하는 아동을 만나는 것은 그리 어려운 일이 아니다. 발달이론의 관점에서 보면 그들은 아이도 어른도 아닌 이두 시기를 통과하는 이행의 시기로서 성장을 향한 변화의 기로에 있다. 이 같은 변화와 이행의 시기를 별 어려움 없이 통과하는 아동이 있는 반면, 어린 벌레가 성충이 되기 위해 번데기의 껍질 속에서 오랫동안 기다려야 하는 것처럼 여러 가지 위기의 통과를 기다려야 하는 아동도 있다. 후자의 아동이 자신 앞에 있는 위기를 잘 극복하는가는 그들을 둘러싼 가족들과 직결되어 있다. 따라서 아동이 보이는 문제를 이해하려면 그들의 가족환경을 함께 고려하지 않으면 안 된다.

　그러나 최근 수십 년 사이에 가족환경은 급격히 변했으며, 특히 변화된 사회구조나 문화의 영향으로 가족구조나 부모 역할, 가정기능도 많이 달라졌다. 예를 들어, 도시화와 산업화로 인해 부모들의 사회 활동이 늘어나면서 부모가 담당해야 할 교육적 기능은 전문기관에 이양되었다. 뿐만 아니라 핵가족화의 확산은 조부모로부터 옛 것을 배울 수 있는 기회를 박탈당하고, 아동이 부모세대가 조부모와 어떤 관계를 맺는지를 통해 익힐 수 있는 인간관계의 원리도 배울 수 없게 되었다. 결국 현 세대의 아동은 가족으로부터 듣고 보면서 배울 수 있는 기회를 많이 상실한 셈이다. 가족평

가를 통해 이 같은 현대 가족이 안고 있는 역기능의 구조를 파악하여 아동은 물론 이들을 둘러싸고 있는 전체로서의 가족이 성장할 수 있는 기회를 모색할 필요가 있다.

가족관계를 중심으로 아동이 보일 수 있는 문제 행동은 다양한데, 여기서 몇 가지 예를 들어 보려고 한다.

첫째, 어떤 자녀는 부모가 자신에게 사회가 제시한 행동의 범주 안에서 행동하기를 강요한다고 느낀다. 가족 이외의 바깥세계의 새로운 것에 관심이 많아진 자녀는 부모의 이 같은 행위를 자신의 개성을 말살하는 것으로 받아들인다. 강한 힘을 가진 부모의 기대에 부응할 수 없다고 생각한 자녀는 더 이상 자신의 감정을 드러내지 않고 자기 안으로 숨어 버리면서 인터넷 게임 등에만 몰두한다.

둘째, 어떤 자녀는 사소한 일에 화를 내고 어머니를 상대로 난폭하게 굴거나 극단적으로 입을 다물어 버린다. 가족, 특히 어머니에게는 이처럼 행동을 하면서 학교나 친구 사이에는 아무 일이 없는 듯이 행동한다. 어머니는 이런 자녀의 태도가 염려되어 필요 이상으로 기분을 맞추려 하고 이런 어머니의 태도에 자녀는 점점 도발적이 된다. 이때 아버지는 좀처럼 어머니와 자녀 사이에 개입하려 하지 않는다. 어쩌다 개입해도 어머니로부터 떠밀려서 마지못해 자녀를 야단친다. 자녀는 이런 형식적인 아버지의 태도에 강한 반발을 하고, 부모와 자녀 사이에 끊임없는 공허한 투쟁이 벌어진다. 이런 과정을 거치면서 자녀는 자신의 자존감에 상처를 입는다.

셋째, 자녀의 도벽 행동을 알게 된 아버지는 이런 문제 행동은 어릴 때 확실히 뿌리를 뽑아야 한다고 생각하여 심한 체벌을 하였다. 아버지의 체벌이 있은 후 아동의 행동은 더욱 악화되어 도벽뿐 아니라 동생을 때리는 공격적 행동까지 보였다. 이에 다시 부모는 체벌을 하고, 부모의 체벌은 아동을 더 반항적으로 행동하게 하며, 아버지는 또다시 아동을 때리게 된다. 이 같은 부모와 자녀의 상호작용에서 아동학대는 이어지고 있다.

넷째, 부모의 이혼은 자녀들에게는 정서적 스트레스를 경험하는 힘든 일임에 틀림이 없다. 갑자기 아버지가 사라진 경험을 한 어린 아동은 앞으로 모든 일을 스스로 해야 한다는 두려움에 빠져서 함께 있는 어머니에게 버림받지 않으려고 노력한다. 지금까지 어리광만 부리던 아동이 의젓하게 행동하자, 부모 양쪽의 역할을 해

야 하는 어머니는 아동의 나이를 잊은 채 동생 돌보기 등 지나친 요구를 한다. 아동
은 본의 아니게 점점 자신의 발달 수준 이상의 역할을 하면서 불안, 분노의 감정을
쌓아 간다.

이상의 예처럼 아동의 문제 행동을 그를 둘러싼 가족과의 상호작용에서 이해할
수 있는 경우는 많다. 이 장에서는 인터넷 매체에 과몰입하거나 충동적이고 도발적
인 자녀, 학대와 이혼가정을 중심으로 가족평가에 필요한 기초 지식과 도움이 되는
척도를 제공하고자 한다.

1. 인터넷 매체에 과의존하는 아동

현대인들에게 인터넷은 적절히 활용한다면 유용한 도구이지만 과도하게 사용될
때는 여러 가지 문제가 발생한다. 이렇게 인터넷을 지나치게 사용하여 일상생활에
부정적 영향을 미치는 아이들이 많아졌다. 자녀들의 과의존을 살펴보면 [그림 11-1]
과 같이 다양한 것에서 그 원인을 찾을 수 있다(김유숙, 최지원, 홍예영, 출간예정).

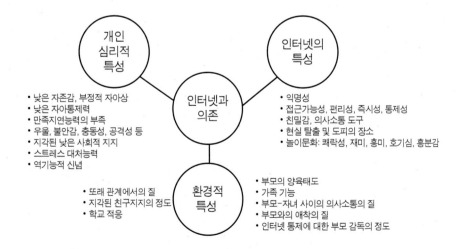

[그림 11-1] 인터넷 매체에 과의존하는 아동의 특성

출처: 김유숙, 최지원, 홍예영(출간 예정).

여기서 알 수 있듯이 개인적 특성과 함께 가족기능이나 부모-자녀 의사소통과 같은 환경적 특성이 중요하다. 특히 저연령의 자녀일수록 자녀 자신이 가진 내적인 특성보다는 주변 환경의 영향으로 인해 인터넷에 몰입하게 될 가능성이 크다. 이 시기는 현실과 가상세계를 혼동하거나 앞으로 일어날 예측을 하기 어렵고 스스로 자기통제를 하기 어렵기 때문에 부모가 만들어 주는 양육환경이 중요하다.

부모의 통제 때문에 자율성을 손상받는다고 느낀 아동이 자기 뜻대로 조절할 수 있는 인터넷을 만나게 되면 그와 같은 가상세계로 회피할 가능성이 높아진다. 또한 이때 권위적인 부모로부터 자신이 수용되지 않는 경험을 지속적으로 받게 되면 인터넷 세상에서 자기 자신을 표현하면서 거기서 만난 타인으로부터 피드백을 얻고 싶어 한다. 이때 이전과 달리 자신들에게 많은 것을 숨기고 있다고 생각하는 부모들이 자녀의 비밀스러운 이야기들을 캐내려고 한다면 자녀는 더욱 움츠러들어서 이들의 관계가 더욱 소원해지는 악순환을 초래한다. 인터넷에 과의존하는 자녀와 부모 사이에는 무엇보다 긍정적인 의사소통이 중요하다.

여기서는 부모-자녀 간의 의사소통의 기능 정도를 알아보는 척도로서 하워드, 반스와 올슨(Barnes & Olson, 1982)이 개발한 부모-자녀 의사소통 척도(Parent-Adolescent Communication and the Circumplex Model)를 소개한다. 이 척도가 개발된 지는 오래되었지만 문항 수가 적고 부모용과 아동용이 따로 있어서 국내 여러 연구에서 높은 타당도와 신뢰성이 입증되었다.

<자료 11-1> 부모-자녀 의사소통 척도

다음 문항을 읽고 해당되는 것에 표시해 주세요.

<부모용>

번호	문항 내용	매우 그렇다	약간 그렇다	그저 그렇다	별로 그렇지 않다	전혀 그렇지 않다
		1	2	3	4	5
1	나는 딸(아들)에게 나의 생각을 주저하지 않고 의논한다.					
2	때때로 나는 딸(아들)이 말하는 모든 것이 믿기 어려울 때가 있다.					

번호	문항 내용					
3	딸(아들)은 항상 내 이야기를 주의 깊게 잘 들어준다.					
4	때때로 나는 딸(아들)에게 원하는 것을 부탁하기가 어렵다.					
5	딸(아들)은 말하지 않아도 될 것을 나에게 말하곤 한다.					
6	딸(아들)은 내가 말하지 않아도 내가 어떤 기분상태인지 잘 안다.					
7	나는 딸(아들)과 대화하는 형태에 만족한다.					
8	나는 내가 힘든 일이 있을 때 딸(아들)과 의논한다.					
9	나는 딸(아들)에게 애정을 솔직히 표현한다.					
10	우리(딸 또는 아들과 나)에게 문제가 생겼을 때 나는 침묵을 지킨다.					
11	나는 딸(아들)에게 말할 때 조심스러운 편이다.					
12	나는 딸(아들)에게 말하지 않아도 될 것을 말할 때가 있다.					
13	딸(아들)은 나의 질문에 정직하게 대답해 준다.					
14	딸(아들)은 나의 입장을 이해하려고 노력한다.					
15	나에게는 딸(아들)과 이야기하기를 꺼리는 화제가 있다.					
16	나는 딸(아들)과 문제를 의논하기가 쉽다.					
17	나는 딸(아들)에게 나의 모든 진실한 감정을 잘 표현한다.					
18	딸(아들)은 나에게 잔소리를 많이 한다.					
19	딸(아들)은 나에게 화를 낼 때 모욕감을 준다.					
20	나는 어떤 것에 대한 나의 느낌을 딸(아들)에게 솔직하게 표현하기 어렵다.					

〈자녀용〉

번호	문항 내용	매우 그렇다	약간 그렇다	그저 그렇다	별로 그렇지 않다	전혀 그렇지 않다
		1	2	3	4	5
	아버지와의 의사소통					
1	나는 아버지에게 나의 생각을 주저하지 않고 의논한다.					
2	때때로 나는 아버지가 말하는 모든 것이 믿기 어려울 때가 있다.					
3	아버지는 항상 내 이야기를 주의 깊게 잘 들어준다.					
4	때때로 나는 아버지에게 원하는 것을 부탁하기가 어렵다.					
5	아버지는 말하지 않아도 될 것을 나에게 말하곤 한다.					
6	아버지는 내가 말하지 않아도 내가 어떤 기분상태인지 잘 안다.					
7	나는 아버지와 대화하는 형태에 만족한다.					
8	나는 나에게 문제가 생겼을 때 아버지와 의논한다.					
9	나는 아버지에게 애정을 솔직히 표현한다.					
10	우리(아버지와 나)에게 문제가 생겼을 때 아버지에게 자주 침묵을 지킨다.					

11	나는 아버지에게 말할 때 조심스러운 편이다.					
12	나는 아버지에게 말하지 않아도 될 것을 말할 때가 있다.					
13	아버지는 나의 질문에 정직하게 대답해 준다.					
14	아버지는 나의 입장을 이해하려고 노력한다.					
15	나에게는 아버지와 이야기하기를 꺼리는 화제가 있다.					
16	나는 아버지와 문제를 의논하기가 쉽다.					
17	나는 아버지에게 나의 모든 진실한 감정을 잘 표현한다.					
18	아버지는 나에게 잔소리를 많이 한다.					
19	아버지는 나에게 화를 낼 때 모욕감을 준다.					
20	나는 어떤 것에 대한 나의 느낌을 아버지에게 솔직하게 표현하기 어렵다.					
	어머니와의 의사소통					
1	나는 어머니에게 나의 생각을 주저하지 않고 의논한다.					
2	때때로 나는 어머니가 말하는 모든 것이 믿기 어려울 때가 있다.					
3	어머니는 항상 내 이야기를 주의 깊게 잘 들어준다.					
4	때때로 나는 어머니에게 원하는 것을 부탁하기가 어렵다.					
5	어머니는 말하지 않아도 될 것을 나에게 말하곤 한다.					
6	어머니는 내가 말하지 않아도 내가 어떤 기분상태인지 잘 안다.					
7	나는 어머니와 대화하는 형태에 만족한다.					
8	나는 나에게 문제가 생겼을 때 어머니와 의논한다.					
9	나는 어머니에게 애정을 솔직히 표현한다.					
10	우리(어머니와 나)에게 문제가 생겼을 때 어머니에게 자주 침묵을 지킨다.					
11	나는 어머니에게 말할 때 조심스러운 편이다.					
12	나는 어머니에게 말하지 않아도 될 것을 말할 때가 있다.					
13	어머니는 나의 질문에 정직하게 대답해 준다.					
14	어머니는 나의 입장을 이해하려고 노력한다.					
15	나에게는 어머니와 이야기하기를 꺼리는 화제가 있다.					
16	나는 어머니와 문제를 의논하기가 쉽다.					
17	나는 어머니에게 나의 모든 진실한 감정을 잘 표현한다.					
18	어머니는 나에게 잔소리를 많이 한다.					
19	어머니는 나에게 화를 낼 때 모욕감을 준다.					
20	나는 어떤 것에 대한 나의 느낌을 어머니에게 솔직하게 표현하기 어렵다.					

• 개방형 의사소통 문항: 1, 3, 6, 7, 8, 9, 13, 14, 16, 17
• 문제형 의사소통 문항: 2, 4, 5, 10, 11, 12, 15, 18, 19, 20

출처: Barnes & Olson (1982), pp. 443-445; 유지연(1998), pp. 69-74에서 재인용.

　　이 척도는 가족의 개방형 의사소통과 문제형 의사소통의 두 가지 하위척도로 각각 10문항씩 총 20문항으로 구성되어 있다. 또한 부모용과 자녀용 설문지로 나뉘며 부모와 자녀가 동일한 내용의 문항에 대하여 응답하도록 한다. 응답방식은 '매우 그렇다(5점)'부터 '전혀 그렇지 않다(1점)'까지의 5점 리커트(Likert) 식으로 문제형 의사소통 문항은 역채점한다. 점수가 높을수록 의사소통이 보다 기능적이고 긍정적인 의사소통을 하고 있음을 의미한다.

2. 충동적이고 도발적인 아동

　　주의력결핍 과잉행동장애(Attention Deficit Hyperactivity Disorder: ADHD)라는 질병으로 잘 알려져 있다. 충동적이고 도발적인 아동은 전형적으로 가정, 학교, 지역에서 행동상의 곤란을 경험하며, 또래관계, 학업수행 능력, 가족 내 관계에서도 여러 가지 어려움을 유발한다. 이들은 유아기부터 특정 연령에서 기대하는 발달 과제를 수행하지 못할 뿐 아니라 부모와 교사는 산발적이며 예측하기 힘든 행동으로 인해 많은 부담을 가진다. 일반적으로 청년기에 들어서면서 문제 행동은 다소 완

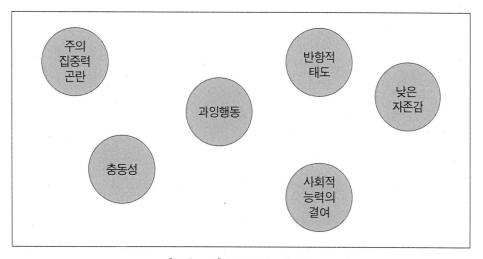

[그림 11-2] ADHD 아동의 태도

화되지만 주의집중력의 문제는 여전히 남아 있는 경우가 많다. 일반적으로 학습 곤란이나 행동의 문제가 있는 아동은 부모의 양육방식이나 본인의 태도에 문제가 있다고 말하는 경향이 있다.

ADHD 아동은 대부분 주의력 결핍, 충동성, 과잉행동, 사회적 인지능력 결여, 무질서, 고집, 학습 곤란, 단기기억의 문제, 낮은 자존감, 도전적 행동 등의 다양한 특성을 보인다.

[그림 11-2]에서 볼 수 있는 이들 아동의 특징은 충분히 발달되지 못한 뇌의 발달과 연관되어 있다(김유숙, 박진희, 최지원, 2010). 따라서 이들은 쉽게 싫증을 내면서 주의집중을 못하거나 떠오르는 순간 행동을 충동적으로 실행하여 많은 위험을 초래한다. 운동억제 기능도 충분히 조절할 수 없기 때문에 잠시라도 앉아 있지 못하고 자신의 연령에 맞는 규칙을 따르기 어렵다. 그리고 이들의 이 같은 행동이 잘못된 부모의 양육방식 때문이라고 비난받는 부모들은 이를 바로잡기 위해서 어릴 적부터 엄격한 훈육을 하는 경우가 많다. 그런데 이들은 집중하지 않는 것이 아니라 집중하지 못하는 것이기 때문에 잘 고쳐지지 못해서 부모들의 훈육 강도는 더 강해진다. 이들은 미성숙하기 때문에 어떤 일이 잘 되지 않으면 항상 비난할 사물이나 누군가를 찾게 되어 어린 아동은 비난의 화살을 부모나 형제에게 돌린다. 미숙한 평가체계 탓에 ADHD 아동은 그럴 생각은 없지만 다른 사람에게 부정적인 태도를 가지는 경향이 있다. 이것은 부모를 비롯한 주위 사람들을 더 자극하게 되고, 그리하여 더욱 엄격해진다. 결국 이와 같은 악순환은 이들 아동의 낮은 자존감과 이어진다. 때로는 '나는 할 수 없다.'와 같은 부정적인 말을 자주 하면서 화를 자주 내거나 심한 경우 사회적인 단절을 하는 경우도 있다. 따라서 이 같은 악순환을 끊기 위해서는 부모들이 아동을 이해하고 안전기지로 남아 있느냐가 중요하다.

여기서는 자녀가 성장하는 동안 부모와의 유대감을 측정하는 도구를 소개하려고 한다.

〈자료 11-2〉 **부모와의 유대 척도(Parental Bonding Instrument)**

그동안 아버지와 어머니께 대한 기억을 생각한 후 해당하는 곳에 표시하세요.

번호	문항 내용	아주 그렇다 1	그렇다 2	그렇지 않았다 3	전혀 그렇지 않다 4
1	나에게 따뜻하고 다정하게 말해 주었다.				
2	내가 원하는 만큼 도와줬다.				
3	내가 하고 싶었던 일을 하도록 해 주었다.				
4	나에게 쌀쌀하게 대하는 편이었다.				
5	나의 문제와 걱정을 이해하려 했다.				
6	나에게 다정다감했다.				
7	나의 일은 내가 결정하도록 도와줬다.				
8	나의 심리적 성숙을 원했다.				
9	내가 하는 것은 무엇이든 간섭하려 했다.				
10	나의 개인생활을 침범하려 했다.				
11	나와 함께 대화하기를 즐겼다.				
12	나에게 자주 미소를 보여 줬다.				
13	나를 어린애 취급하였다.				
14	내게 필요로 하거나 원하는 것을 이해하는 듯했다.				
15	내가 스스로 일을 결정하도록 하였다.				
16	나에게 원치 않은 자식이란 느낌이 들도록 하였다.				
17	내가 언짢을 때 기분을 풀어 줬다.				
18	나와 가끔 이야기하였다.				
19	아버지/어머니에게 의존심을 갖게 만들었다.				
20	아버지/어머니는 자신이 곁에 없으면 내가 내 몸 하나 제대로 돌보지 못한다고 여겼다.				
21	내가 원하는 만큼 자유를 주었다.				
22	내가 원하면 될 수 있는 한 밖으로 나갈 수 있도록 해 주었다.				
23	나를 과잉보호하였다.				
24	나를 칭찬해 주었다.				
25	내가 좋아하는 대로 옷을 입게 하였다.				

- 척도는 부모의 행동과 태도를 측정하는 것으로 양육과 과잉보호 측면으로 구성되어 있다.
- 척도의 개발 과정: 양육과 과잉보호에 대한 내적 신뢰도는 각각 .85, .69이며, 재검사 신뢰도는 각각 .76과 .63이다. 반분 신뢰도는 양육은 .88, 과잉보호는 .74이다.

- 척도는 부모의 행동과 태도를 측정하는 것으로 양육과 과잉보호 측면으로 구성되어 있다.
- 척도의 개발 과정: 양육과 과잉보호에 대한 내적 신뢰도는 각각 .85, .69이며, 재검사 신뢰도는 각각 .76과 .63이다. 반분 신뢰도는 양육은 .88, 과잉보호는 .74이다.
- 채점 방법: 양육에 관한 문항은 총 12문항이며, 과잉보호에 관한 문항은 총 13문항으로 전체 문항 수는 총 25문항이다. 4점 리커트식으로 구성되어 있으며 점수가 높을수록 각 차원에 대한 정도가 높음을 의미한다.
- 4, 9, 10, 13, 16, 18, 19, 20, 23번 문항은 역채점해야 한다.

출처: Parker, Tupling, & Brown (1990), pp. 337-371.

3. 학대를 경험한 아동

자녀의 훈육을 담당하는 부모들은 아동의 학습능력이 떨어지거나 또래관계가 원만치 않을 때는 엄격한 통제를 하게 된다. 이것은 자칫 훈육이라는 명목하에 자녀의 학대로 이어지게 된다. 아동학대는 1961년 헨리 캠프(C. Henry Kempe)가 피학대아 증후군(battered child syndrome)이라는 개념으로 소개한 이후 꾸준한 관심을 가져왔고, 미국에서는 1974년 「아동학대방지법」이 수립되었다. 우리나라의 경우에도 1998년 「아동복지법」이 제정되었고, 2016년에 「아동학대 범죄의 처벌 등에 관한 특례법」을 개정할 정도로 법적 제도를 개선하고 있다. 법률적 규정에 의하면 아동학대는 만 18세 미만의 아동에 대해 보호자를 포함한 성인이 아동의 건강 또는 복지를 해치거나 정상적 발달을 저해할 수 있는 신체적 · 정신적 · 성적 폭력이나 가혹 행위를 하는 것과 아동의 보호자가 아동을 유기하거나 방임하는 것으로 규정되어 있다. 그러나 우리 사회나 가정에서의 이에 대한 인식이나 대응은 미비하여 여러 가지 사회문제를 야기하고 있다.

아동학대는 크게 신체적 · 정서적 · 성적 학대, 방임으로 나뉜다. 가해자 역시 다양하지만, 대부분 가정에서 일어난다. 부모가 바른 방법으로 자녀를 가르쳐 자녀에게 사랑을 주는 것이 훈육인데, 역설적으로 아동학대는 주로 이 같은 훈육과정 중에 발생하는 경우가 많다. 그것은 훈육을 하면서 부모의 감정이 투사되어 자녀를 때리거나 지나치게 화를 내거나 방관하는 행동과 연관되어 있다. 따라서 부모들은 아동학대는 훈육이 아닌 범죄라는 인식을 가질 필요가 있다.

학대하는 부모의 대부분은 육아능력이 부족하거나 학대 당시 스트레스를 경험한다. 또한 학대하는 부모 역시 자신의 어린 시절에 학대받은 생육사를 가지고 있으며, 현재에도 만성적인 부부갈등과 경제적인 어려움으로 인해 사회적으로도 고립된 경우가 많다. 그리고 학대하는 부모의 대부분은 충동적 좌절을 통제하는 힘이 부족하다. 게다가 부적절한 방어기제를 사용하는 등 충분한 자아기능을 발달시키지 못했다. 또한 아동이 미숙하기 때문에 돌봐야 하는 존재임을 인정하지 않고 오히려 아이들이 자신에게 적의를 가지고 지배하려고 한다고 생각하고 있어서 왜곡된 부모-자녀 역할을 가지고 있었다. 앞에서도 언급한 것처럼 학대의 경험이 있는 아동이 성장하면 또다시 자신도 학대하는 부모가 되는 악순환이 이어지기 때문에 아동학대는 세대에서 세대로 전수되는 경향이 있다. 또한 결혼 후의 부부관계는 예외 없이 장애를 나타내며 부부간의 공감이 결여된다. 따라서 아동학대를 가족관계나 가족의 경제적 상태 등 만성적인 문제가 있을 때 드러나는 가족 위기 현상으로 볼 수 있다.

자녀를 학대하는 가정에 대한 평가에서 파악할 점은 다음과 같다.

첫째, 가정에서 '폭력의 대물림'이 일어나고 있는가? 부모에게 맞고 자란 아동이 성인이 된 후에는 죄의식 없이 자신의 자녀를 학대하는 가해자가 된다. 어린 시절 부모에게 직접적으로 맞았거나, 부모 중 한쪽이 다른 한쪽을 때리는 것을 보면서 자란 아이들은 '힘으로 다른 누군가를 제압할 수 있다.'는 사실을 경험을 통해 학습하게 된다.

자녀에게 폭력을 행하는 부모는 어린 시절의 자신의 가족사를 검토하면서 자신의 부모와 형제자매를 어떻게 바라보는지, 그들과 얼마나 잘 지내는지를 파악할 필요가 있다. 어린 시절 가정 내 학대 경험이 있었는지, 만일 그랬다면 기분은 어떠했는지에 대해 함께 나눌 필요가 있다. 또한 현재 자신의 자녀 중 어떤 자녀에게 자신의 모습을 동일시하는지를 파악해야 한다. 이런 평가를 통해 자녀에게 폭력을 행하는 부모는 자신이 어렸을 때 학대 혹은 방임의 경험이 있었는지와 그것들이 현재

〈자료 11-3〉 자신의 어린 시절 가족사 검토하기

- 어린 시절 나의 가족 안에서 신체적 처벌이나 비난 등이 있었나요? 있었다면 얼마나 자주, 어느 정도로 있었나요?
- 그때 가정 내 폭력으로부터 나를 막아 주거나 방어해 준 사람이 있었나요? 있었다면 그 사람은 누구였나요?
- 당신을 폭력으로부터 보호해 준 사람이 있었나요? 그때 당신의 감정은 어떠했나요?
- 당신이 폭력 상황에 있을 때 막아 주고 싶었으나 현실적으로 그렇게 할 수 없는 사정이 있어서 하지 못한 사람이 있었나요? 그때 당신의 감정은 어떠했나요?
- 어린 시절 당신의 가정에서 당신이 맡은 특별한 역할이 있었나요?(예: 어렸을 때 어른의 역할을 했다. 어렸을 때 골칫거리였다. 어렸을 때 몸이 약하고 병이 잦았다.)
- 어린 시절 당신의 가정생활에 어떠한 어려움이 있었으며 그것이 현재 당신의 삶에 어떠한 영향을 미쳤다고 생각하나요?
- 당신의 자녀 중 당신이 맡았던 특별한 역할을 하는 자녀가 있나요? 누구인가요? 그리고 당신은 그 자녀에게 어떻게 대하나요?(예: 다른 자녀보다 안쓰럽게 생각한다. 다른 자녀보다 그 자녀를 바라보면 화가 난다.)

출처: 김유숙, 최지원, 김사라(출간 예정).

벌어지는 일련의 행동과 연관성이 있는지를 인식하는 것이 중요하다. 즉, 아동학대 행위자의 잘못된 행위에 대해 비난하는 것이 아니라 그들이 자신의 생활 및 개인적 어려움에 대해 이야기할 수 있는 시간을 갖도록 해야 한다.

둘째, 부모들은 일상생활에서 어떠한 일로 스트레스를 받고 있는가? 스트레스는 일반적으로 일어나는 갈등 상황에 민감하게 반응하지만 그것을 해결하는 힘은 취약하여 갈등 상황에서 대처능력이 떨어진다고 알려져 있다. 어떤 가족은 아동에게 신체적 처벌과 같은 폭력적 행위를 통해 가족 내 갈등 상황을 해결하는 경우도 있다. 그러므로 아동에 대한 폭력, 특히 가정 내 폭력을 이해하려면 가정 안에서 부모와 자녀 간에 스트레스를 더 많이 느끼는 다양한 특성이 무엇인지를 살펴보는 것이 바람직하다.

여기서는 부모 역할 관련 스트레스에 대한 부모의 지각을 측정할 수 있는 도구를 소개하고자 한다.

〈자료 11-4〉 부모역할 스트레스 척도(Parental Stress Scale)

다음 문항들은 부모경험에 대한 느낌과 지각을 서술한 것입니다.
각 문항에 대해 어느 정도 반대/동의하는지 표시해 주세요.

번호	문항 내용	많이 반대	반대	모르겠음	동의	많이 동의
		1	2	3	5	
1	나는 부모로서의 내 역할이 행복하다.					
2	내 자녀(들)를 위해서라면 필요한 모든 것을 다 하겠다.					
3	내 자녀(들)를 돌보는 일은 때때로 필요 이상으로 많은 시간과 에너지를 필요로 한다.					
4	나는 때때로 내가 나의 자녀(들)를 위해 충분히 해 주고 있는지 걱정된다.					
5	나는 나의 자녀(들)와 가깝다고 느낀다.					
6	나는 내 자녀(들)와 시간 보내는 것이 즐겁다.					
7	내 자녀(들)는 내게 있어 애정의 중요한 원천이다.					
8	자녀(들)를 갖는다는 것은 내게 미래에 대한 보다 확실하고 낙관적인 관점을 제공한다.					
9	내 생활의 스트레스의 주된 근원은 나의 자녀(들)이다.					
10	자녀(들)를 갖는다는 것은 내 생활의 시간과 유연성이 거의 없다는 것을 의미한다.					
11	자녀(들)를 갖는다는 것은 경제적인 부담이었다.					
12	내 자녀(들)로 인해 다른 책임들과 균형을 맞추는 것이 어렵다.					
13	내 자녀(들)의 행동은 종종 나를 난처하게 만들거나 긴장시킨다.					
14	과거로 돌아간다면 나는 아이를 갖지 않을 것이다.					
15	나는 부모가 된다는 책임감에 압도당함을 느낀다.					
16	자녀(들)를 갖는다는 것은 내 삶에 대한 선택의 여지와 통제권이 거의 없다는 것임을 의미해 왔다.					
17	나는 부모로서 만족한다.					
18	나는 내 자녀(들)가 즐거워하고 있는 것을 안다.					

- 척도 개발 과정: 정서적 아동과 정서적/행동 문제가 있는 아동, 발달장애가 있는 아동의 부모 1,276명을 대상으로 사용하였다. 또한 447명의 맞벌이 아버지에게도 사용되었다. 내적 일치도는 .83이며, 6주 간격의 검사-재검사 신뢰도는 .81로 나타났다. 5점 척도의 18문항으로 이루어져 있다.
- 채점 방법: 1, 2, 5, 6, 7, 8, 17, 18번 문항을 역산한 후 합산하여 총점을 낸다.

출처: Berry & Rao (1995), pp. 463-472.

4. 이혼가정의 아동

부모의 이혼으로 자녀들이 정신적 타격을 받게 되는 것은 이미 알려진 사실이다. 이혼이 자녀에게 줄 충격은 이혼에 대한 부모의 반응, 이혼까지의 에피소드, 그 이후의 결과를 전체 맥락 속에서 살펴보아야 한다.

일반적으로 이혼하기 전 부부싸움이 벌어지는 것과 같이 부모의 불화로 인한 긴장된 가정 분위기가 이어지면 자녀들은 굉장한 일이 일어날지 모른다는 공포감을 가지게 된다. 그러다가 어느 한쪽의 부모가 집을 나가는 별거의 사태가 벌어지면 자녀들은 심한 정신적인 동요를 경험하게 되는데, 이때 연령에 따라 다른 행동을 하게 된다. 즉, 유아기나 초등학교 저학년의 자녀는 살 집, 음식 등 살아가는 데 필요한 것을 자기 혼자 해결하지 않으면 안 된다는 구체적 이미지가 공포감으로 변한다. 또한 남아 있는 부모에게 버림받지 않을까 하는 두려움 때문에 나이에 걸맞지 않은 어른스러운 행동을 하기도 한다. 집, 의복, 음식을 걱정하는 것은 현실감에서 벗어난 것이 아니라 애정과 안정을 구하는 기분을 아동 나름대로 표현하는 것이다. 이와는 달리 연령이 높은 자녀는 슬픔, 분노, 죄의식 등의 정서적 혼란으로 인해 도벽 등의 반항적 태도를 보이기도 한다. 무엇보다 이혼자녀의 어려움은 사별과 다르게 가족 모두가 상실감을 공유할 수 없어서 슬픈 감정을 자유롭게 표현할 수 없다는 것이다. 그렇기 때문에 자녀들은 슬픔, 분노의 감정을 행동으로 표현하게 된다. 유아의 경우에는 수면장애, 식욕부진, 성장지체로 나타날 수 있으며, 초등학생의 경우에는 두통이나 복통 등을 호소하거나 성적이 떨어지기도 한다. 십 대 자녀들은 정서적 불안, 퇴행이나 비행으로 이어질 수 있다. 따라서 이혼을 결심한 부모들은 발달에 따라 무엇을 말할 것인지를 부부 사이에 결정해 두는 것이 바람직하다. 또한 아이의 탓이 아니라는 점을 밝힐 필요가 있는데, 이것은 한 번에 그쳐서는 안 된다. 그러나 무엇보다 중요한 것은 진행되는 과정에 대하여 솔직하게 말하는 것이다.

자녀가 자신의 부모의 이혼을 어떻게 경험할 것인가는 자녀의 연령과 성숙정도에 따라 결정된다. 이혼가정의 자녀가 감당해야 할 과제는 다음과 같이 언급되고 있다(Wallerstein, 1991).

- 자녀들은 가정이 파괴되었다는 현실을 받아들일 필요가 있다.
- 부모의 갈등에 영향을 받지 않고 일상적인 일을 해 나가야 한다.
- 가족 전통의 해체와 변경에 대한 대처가 필요하다. 즉, 상실에 대해 적절하게 슬퍼할 수 있어야 한다.
- 분노 및 자책감을 해결해야 하며, 부모의 잘못을 용서할 수 있어야 한다.
- 이혼이 기정사실이라는 것을 받아들인다.
- 사랑을 주고받는 능력, 인간관계에 대한 현실적인 기대를 가져야 한다.

이처럼 아동·청소년기에 부모를 상실하는 것은 많은 악영향을 끼치지만, 동시에 이 기간에 부모의 상실이 성인기의 독립성을 성취하는 강점이 될 수 있다는 점도 잊지 말아야 한다.

여기서는 아동의 이혼 적응에 영향을 미치는 가족의 특징과 과정을 측정하고자 개발된 척도를 소개하고자 한다. 이 질문지는 양육권을 가진 부모가 이혼 후 아동의 적응 영역과 관련된 지각을 평가하도록 개발된 42문항의 5점 척도로 구성되어 있다.

〈자료 11-5〉 이혼적응척도(Divorce Adjustment Inventory: DAI)

다음 문항들은 이혼에 대한 가족의 감정, 행동 그리고 반응들입니다.
당신 가족을 가장 적절히 묘사하는 곳에 표시해 주세요.
아동과 관련된 문항의 경우, 이혼으로 인해 가장 어려움을 겪는 자녀를 기준으로 응답해 주세요.

번호	문항 내용	강한 반대	반대	확실치 않음	동의	강한 동의
		1	2	3	5	
1	이혼 전에 우리 가족은 종종 뭔가(저녁식사 등)를 함께 했다.					
2	이혼 전에 가족들은 집 안에서 서로를 피했다.					
3	이혼 전에 우리 가족은 서로에게 관련된 감정과 문제들을 이야기했다.					

4	이혼 전에 우리 가족들은 서로를 때렸다.				
5	이혼 전에 우리 가족들은 서로에게 소리를 쳤다.				
6	이혼 전에 우리 상황은 종종 스트레스와 논쟁으로 이어졌다.				
7	이혼 전에 전 배우자와 나는 대부분의 집안일 결정에 동의했다.				
8	이혼 후에 전 배우자와 나는 대부분의 집안일 결정에 동의했다.				
9	비록 문제가 있긴 했지만, 나는 우리가 함께 한 세월들을 호의적으로 회상할 수 있다.				
10	나는 아이들이 전 배우자와 함께 있을 때 활동과 보살핌을 받는 것을 허락한다.				
11	이혼 후에도 전 배우자와 나는 아이들이 있는 데서 싸우거나 서로를 비난한 적이 있다.				
12	이혼 후 전 배우자와 나는 아이들이 전 배우자에게 등 돌리도록 노력했다.				
13	내 생각에 우리는 서로를 다시는 안 보는 것이 좋을 것이다.				
14	나는 파경에 대해 전 배우자를 비난하지 않을 수 없다.				
15	이혼 후에 나는 이혼 전보다 아이들에 대해 훨씬 더 엄해졌다.				
16	아이들은 우리가 왜 이혼했는지에 대해 이해한다고 생각한다.				
17	가끔 아이들은 부모의 이혼이 어떤 식으로든 자신들 책임이라고 느낀다고 생각한다.				
18	아이들이 이혼으로 인해 우리가 자신을 덜 사랑하는 것을 의미하는 것은 아님을 이해한다고 생각한다.				
19	아이들이 이혼 전에 비해 나에 대해 다르게 느낀다고 생각한다.				
20	이혼 후에 다음과 같은 활동에 하나 이상 참여했다. 취미, 레크리에이션 활동, 친구들과의 사교, 정치활동, 종교활동.				
21	이혼 후에 자녀들은 다음과 같은 활동에 하나 이상 참여했다. 클럽, 교회, 방과활동, 레크리에이션 활동.				
22	이혼 후에 자녀들은 다른 아이들(사촌, 학우, 교회 등)과 이야기할 기회가 있었다.				
23	이혼 후에 자녀들은 다른 어른들(친척, 선생님, 친구 부모 등)과 이야기할 기회가 있었다.				
24	이혼 후에 자녀를 양육할 능력에 큰 타격을 받았다.				
25	이혼 후에 우리는 재정적 상황 때문에 이사를 가야만 했다.				
26	이혼 후에 약물(술 등)을 과용했다.				
27	이혼 후에 종종 우울해졌다(불면증, 울음, 아침에 일어나기 힘듦).				
28	이혼 후에 자녀들이 (부모나 형제, 친구들에게) 공격적이 되었다.				
29	이혼 후에 자녀들이 학교에서 문제가 있었다(성적 저하, 행동문제, 등교 거부).				

30	이혼 후에 전 배우자와 나는 자녀훈육문제로 논쟁을 했다.				
31	이혼 후에 전 배우자와 나는 서로에게 크게 소리를 지른 적이 있다.				
32	이혼 후에 전 배우자와 나는 신체적으로 서로를 해치려고 시도한 적이 있다.				
33	전반적으로 이혼은 자녀들에게 많은 정서문제를 초래했다고 생각한다.				
34	전체적으로 자녀들은 우리의 이혼에 잘 대처하지 못했다.				
35	이혼 후에 나는 치료나 개인상담에 참여한 적이 있다.				
36	이혼 후에 자녀들은 집단상담이나 개인상담에 참여한 적이 있다.				
37	이혼 후에 전 배우자는 자녀 양육과 지원에 부모로서의 책임을 다했다.				
38	자녀들은 양육권 합의에 대해 만족한다(원하는 대로 전 배우자를 만나거나 이야기할 수 있다).				
39	전반적으로 나는 자녀들이 지금보다 더 자주 전 배우자를 만날 수 있기를 바란다.				
40	내가 받는 양육비는 부적당하다.				
41	정황을 볼 때, 지금 받는 양육비는 공평하다고 본다.				
42	전 배우자는 양육비 지원으로 인해 곤란을 겪고 있을 것이다.				

- 척도 개발 과정 및 신뢰도: 학령기 아동을 양육하고 있는 재혼하지 않은 편모와 편부 102명을 대상으로 했다. 이 척도는 이혼을 이혼 전부터 이혼 후까지 연속된 가족 과정으로 보는 개념적 모델을 바탕으로 한다. 요인분석을 통해 가족갈등의 정도, 가용지원체계, 현재 아동의 적응상태, 이혼 전후 상태의 본질 등으로 구성되어 있음이 보고되었다.
- 채점 방법: 18문항을 역산한 후, 하위척도별로 총점을 내고 그것을 다시 합산한다.
- 역산할 문항: 1, 3, 8, 9, 10, 16, 18, 20, 21, 22, 23, 34, 35, 36, 37, 38, 41, 42
- 하위척도:
  - 가족갈등과 역기능: 2, 4, 11, 12, 15, 17, 19, 26~32
  - 순조로운 이혼 조건 및 아동의 대처 능력: 5, 6, 7, 13, 14, 24, 25, 40, 42
  - 긍정적 이혼 해결: 1, 3, 8, 9, 10, 37, 38, 41
  - 외적 지원체계: 21, 22, 23
  - 이혼 전이: 16, 18, 20. 33, 34, 35, 36, 39

출처: Portes., P. R., Lehman, A. J., & Brown, J. H. (1999), pp. 37-45.

참고문헌

김유숙, 박진희, 최지원(2010). ADHD 아동. 서울: 학지사.

김유숙, 최지원, 김사라(출간 예정). 학대를 경험한 아동. 서울: 학지사.

김유숙, 최지원, 홍예영(출간 예정). 인터넷 과의존 아동. 서울: 학지사.

유지연(1998). 정신장애인 가족의 부모-자녀간 의사소통에 관한 연구. 이화여자대학교 대학원 석사학위논문.

Berry, O., & Rao, M. (1995). The Parental Stress Scale: Initial psychometric evidence. *Journal of Social and Personal Relationships, 12*(2), 463-472.

Barnes, H. L., & Olson, D. H. (1982). *Parents-adolescent communication family inventories.* St. Paul, MN: Department of Family Social Science, University of Minnesota.

Parker, G., Tupling, H., & Brown, L. (1990). *A parental bonding instrument in handbook of general measurement techniques,* London: Sage.

Portes, R., Lehman, J., & Brown, H. (1999). The Child Adjustment Inventory: Assessing transition in child divorce adjustment. *Journal of Divorce and Remarriage, 30*(1/2), 37-45.

Wallerstein, J. (1991). The long-term effects of divorce on children. *Journal of the American Academy of Child & Adolescent Psychoiatry, 30*(3), 349-360.

제12장 부부관계의 평가

핵가족의 가족 유형에는 부부로 구성된 가족, 부부와 자녀로 구성된 가족, 한부모와 자녀로 구성된 가족 등이 있다. 가족 구성원 중에 부부가 포함된 가족의 경우(이하 '부부단위 가족'이라고 함)에는 가족 전체에 대해 가족체계를 평가하는 것도 중요하겠지만, 부부단위 가족의 특징을 고려하여 부부관계와 부부체계에 대한 평가가 필요하다. 특히 부부들이 가족상담사에게 상담을 받으러 왔을 때에는 갈등을 경험하고 있는 상황이므로, 부부가 갈등을 경험하며 관계가 와해되어 가는 과정을 고려하여 결혼생활 중에 부부관계와 성생활에 대한 만족도, 부부갈등 경험 정도, 이혼 의사 정도 등의 부부평가를 할 필요가 있다.

1. 결혼만족도

결혼만족도는 부부관계의 질을 평가하는 데에 중요한 요소이다. 이러한 결혼만족도는 부부체계가 얼마나 친밀감을 바탕으로 유지되고 있는지 평가할 수 있는 기준이 될 뿐만 아니라 얼마나 부부체계가 불안정하고 관계가 와해되어 있는지 평가할 수 있는 기준이 되기도 한다. 결혼 만족도를 평가하기 위한 도구를 소개하면 다음과 같다.

1) 한국판 결혼만족도 검사

스나이더(Snyder, 1979)가 결혼만족도 검사(Marital Satisfaction Inventory: MSI)를 개발하였는데, 그 개정판(Snyder, 1997)을 권정혜와 채규만(1999)이 번역하고 타당화, 표준과 작업을 거쳤다. **한국판 결혼만족도 검사**(K-Marital Satisfaction Inventory: K-MSI)는 총 160문항이고, 예 혹은 아니요의 2점 척도로 구성되어 있다.

MMPI의 타당도 척도와 유사하게, 내담자의 검사 태도와 경향성을 평가하는 하위척도가 있다. 즉, 내담자의 일관성을 평가할 수 있는 비일관적 반응 척도(INC)와 부부관계를 솔직하게 평가하지 않고 바람직한 양상으로 평가하려는 경향성을 확인하는 관습적 반응 척도(CNV)가 있다.

개인심리검사와 달리, K-MSI는 부부체계를 한 단위로 보고 평가하려고 한다. 즉, 이 검사를 통해 상담자는 부부의 결혼생활의 만족 정도, 의사소통과 관련한 척도, 공격적인 행동을 하는 정도, 시간과 경제적 주제를 공유하는 정도, 성만족과 성역할 태도 양상, 자신의 원가족과 배우자의 원가족의 관계, 자녀와의 갈등 양상 등을 파악할 수 있다. K-MSI의 하위척도와 구체적인 내용은 <자료 12-1>과 같다.

<자료 12-1> 한국판 결혼만족도 검사(K-MSI) 하위척도

척도	측정 내용	약호
비일관적 반응 척도	얼마나 일관적인 방식으로 응답했는가를 평가	INC
관습적 반응 척도	부부관계를 사회적으로 바람직하게 제시하고 왜곡하려는 경향성 평가	CNV
전반적 불만족 척도	결혼생활에 대한 전반적인 불만족 분위기를 말해 주는 지표	GDS
정서적 의사소통 불만족 척도	배우자에게 느끼는 애정, 정서적인 친밀감의 결여 정도 측정	AFC

문제 해결 의사소통 불만족 척도	부부간의 의견차이 해결을 위한 의사소통상의 문제나 비효율성 평가	PSC
공격행동 척도	배우자의 언어적 위협과 신체적인 공격행동 수준 평가	AGG
공유시간 갈등 척도	배우자와 함께 시간을 보내는 정도 및 동지애의 정도 측정	TTO
경제적 갈등 척도	가계관리와 관련된 부부간의 불일치 정도 평가	FIN
성적 불만족 척도	성관계나 관련된 성적 활동의 양과 질에 대한 불만족 평가	SEX
관습적 성역할 태도 척도	성역할, 가사활동, 자녀 양육 등에 대한 비관습적·개방적 태도 평가	ROR
원가족 문제 척도	불행한 어린 시절, 가족 또는 부모의 결혼생활 분열 등 원가족 내 갈등 반영	FAM
배우자 가족과의 갈등 척도	배우자 가족으로 인한 부부갈등 정도 평가	CIL
자녀불만족 척도	자녀와의 관계에 대한 질 및 자녀의 정서·행동적 상태에 대한 걱정 평가	DSC
자녀 양육 갈등 척도	실제 자녀를 양육하는 과정에서 부부간에 겪는 갈등수준 평가	CCR

출처: 인싸이트(http://inpsyt.co.kr/).

이 척도의 저작권은 학지사에서 보유하고 있고, 매뉴얼과 검사지 등은 학지사 심리검사 연구소 인싸이트에서 구입할 수 있다. K-MSI의 문항의 일부는 〈자료 12-2〉와 같다.

〈자료 12-2〉 한국판 결혼만족도 검사(K-MSI)의 문항 예(일부)

번호	문항	예	아니요
1	나는 우리의 결혼생활이 꽤 행복하다고 생각한다.		
2	내 배우자는 그때그때 내 기분을 대부분 이해하고 있다.		
3	남편이 가족을 이끌어야 한다.		
4	내 배우자는 종종 내 생각을 이해하지 못한다.		
5	나는 결혼생활이 지금보다 더 좋았다고 느낀 적이 없다.		

출처: 인싸이트(http://inpsyt.co.kr/).

2) 결혼만족도 척도

결혼만족도 척도(Marital Satisfaction Scale: MSS)는 로치, 프레이지어와 보든(Roach, Fraizier, & Bowden, 1981)이 개발하고 최규련(1987)이 번안·수정한 척도이다. 총 12문항으로 이루어져 있으며, 전혀 그렇지 않다(1점)에서 매우 그렇다(4점)까지의 4점 척도로 구성되어 있다. MSS(Roach et al., 1981)의 12문항 중 * 표를 한 2, 3, 7, 8, 9, 10번 문항은 역채점을 하는 문항으로서, 점수가 클수록 결혼생활에서 만족감의 수준이 높은 것을 의미한다. 김경미(2009)의 연구에서 활용된 척도를 인용하면 〈자료 12-3〉과 같다.

〈자료 12-3〉 결혼만족도 척도(MSS)

문항	문항	전혀 그렇지 않다	그렇지 않다	그렇다	매우 그렇다
		1	2	3	4
1	지금까지의 내 결혼생활은 성공적이었다.				
2	나는 내 결혼생활에서 일어나는 일들 때문에 화가 나고 짜증스럽다.*				
3	내 배우자는 나를 매우 당황하게 하고, 신경과민이 되게 한다.*				
4	내 결혼생활의 미래는 희망적이다.				
5	내 결혼생활은 다른 어떤 일보다 내게 더 큰 만족감을 준다.				
6	내 결혼생활은 내가 생각했던 것만큼 행복하다.				
7	나는 지금의 배우자와 결혼한 것을 후회한다.*				
8	나는 배우자를 신뢰하기가 어렵다.*				
9	지금의 내 결혼생활은 확실히 불행하다.*				
10	나는 결혼생활을 잘 해 보려고 노력하는 일에 실망했다.*				
11	나는 배우자와 사이좋게 지내고 있다.				
12	나는 확실히 나의 결혼생활에 만족한다.				

출처: 김경미(2009), p. 163.

3) 개정판 부부적응 척도

스패니어(Spanier, 1976, 2001)가 개발한 부부적응 척도(Dyadic Adjustment Scale: DAS)를 버스비, 크리스테르슨, 크레인과 라슨(Busby, Christensen, Crane, & Larson, 1995)이 요인 분석을 하여 **개정판 부부적응 척도**(Revised Dyadic Adjustment Scale: **R-DAS**)를 개발하였고, 국내에서는 최성일(2004)이 번역 및 타당화하였다. R-DAS(Busby et atl., 1995)는 DAS가 갖고 있는 다차원적인 하위척도가 있으면서도 총 14문항으로 부부적응 평가에 효율적인 특징이 있다.

R-DAS(Busby et al., 1995)의 14문항은 부부간의 의견일치성(dyadic consensus)을 평가하는 6문항(1~6번), 부부 만족도(dyadic satisfaction)를 평가하는 4문항(7~10번), 부부간의 응집도(dyadic cohension)을 평가하는 4문항(11~14번)의 세 가지 하위척도로 구성되어 있으며, * 표를 한 7, 8, 9, 10번 문항은 역채점 문항으로서 점수가 높을수록 부부 적응이 높음을 의미한다. 곽민하(2016)의 연구에서 활용한 척도를 인용하면 〈자료 12-4〉와 같다.

〈**자료 12-4**〉 **개정판 부부적응 척도(R-DAS)**

우리는 일상생활에서 배우자와 의견이 맞지 않아 갈등을 느끼는 경우가 종종 있습니다.
아래의 문항을 읽고 각각의 내용에 대해 당신과 배우자가 의견이 일치하는지 불일치하는지, 만일 일치한다면 얼마나 일치하는지 해당되는 곳에 ○ 표해 주십시오.

번호	문항 내용	항상 불일치	거의 대부분 불일치	자주 불일치	가끔 일치	거의 대부분 일치	항상 일치
		0	1	2	3	4	5
1	종교문제						
2	애정표현						
3	중요한 결정을 내리는 것						
4	성관계						
5	관습 또는 관례(어떻게 처신하는 것이 옳은가 하는 문제)						
6	직업 결정						

아래의 문항 내용과 같은 일들이 당신과 배우자 사이에 얼마나 자주 일어나는지 그 정도를 가장 잘 나타낸 곳에 ○ 표해 주십시오.

번호	문항 내용	전혀 그렇지 않다	거의 그렇지 않다	가끔 그러는 편이다	비교적 자주 그랬다	거의 대부분 그랬다	언제나 그랬다
		0	1	2	3	4	5
7	이혼이나 별거와 같이 부부관계를 끝내려고 생각하거나 그런 문제에 대해 이야기하는 경우가 얼마나 자주 있습니까?*						
8	얼마나 자주 부부싸움을 하십니까?*						
9	결혼하신 것을 후회한 적이 있습니까?*						
10	당신과 배우자는 상대방의 신경을 건드리는 경우가 얼마나 자주 있습니까?*						

11	당신과 배우자는 여가 생활이나 취미 활동을 함께 하십니까? 해당하는 곳에 ○ 표해 주십시오.	
	문항 내용	해당 사항
	여가 생활이나 취미 활동을 전혀 함께 하지 않는다.	0
	극히 일부의 여가 생활이나 취미 활동을 함께 한다.	1
	어느 정도의 여가 생활이나 취미 활동을 함께 한다.	2
	대부분의 여가 생활이나 취미 활동을 함께 한다.	3
	모든 여가 생활이나 취미 활동을 함께 한다.	4

다음의 문항에 제시된 일들이 당신과 배우자 간에 얼마나 자주 일어나는지 그 정도를 가장 잘 나타낸 곳에 ○ 표해 주십시오.

문항	문항	전혀 없다	한 달에 1번 이하	한 달에 1~2번	일주일에 1~2번	하루에 1번 정도	하루에 1번 이상
		0	1	2	3	4	5
12	활기 띤 의견 교환						
13	어떤 일을 위해 함께 노력하기						
14	어떤 문제에 대해 흥분하지 않고 차분하게 토론하기						

* 표는 역채점 문항.
출처: 곽민하(2016), pp. 47-48.

2. 부부 성만족도

부부관계의 질을 평가하는 데 있어, 결혼생활에 대한 만족도뿐만 아니라 부부 성 관계에 대한 만족도를 평가하는 것이 필요하다. 부부관계에 있어 성관계는 친밀감 을 유지하는 데 있어 매우 중요한 요소로 작용하기 때문이다(김요완, 2000). **부부 성 만족도**를 평가하는 도구는 다음과 같다.

1) DSFI의 성만족 평가척도

데로가티스(Derogatis, 1975)가 개발한 데로가티스 성기능 검사(Derogatis Sexual Function Inventory: DSFI)는 장순복(1989, 1990)의 연구에서 우리말로 번역되었고 이 민식, 최정훈, 이홍식(1989)에 의해 타당화되었다. DSFI(1975)는 개인의 성기능을 측정하기 위해 총 10부, 261문항으로 구성되었는데, 이 중 성만족 평가척도는 제10부 의 11개 문항이다. **DSFI의 성만족 평가척도**는 예(1점) 혹은 아니요(0점)의 2점 척도, 마지막 11번 문항은 최악의 상태(0점)부터 최상의 상태(8점)까지의 9점 척도로 구 성되어 있다. * 표를 한 2, 3, 5, 6, 9번 문항은 역채점 문항으로서, 점수가 클수록 성 만족 수준이 높은 것을 의미한다. 김요완(2000)의 연구에서 활용한 DSFI의 성만족 평가척도를 인용하면 <자료 12-5>와 같다.

<자료 12-5> DSFI의 성만족 평가척도

번호	문항	예 1	아니요 0
1	나는 나의 배우자에 대해 만족한다.		
2	나는 성교 횟수가 충분하지 못하다고 느낀다.*		
3	나와 배우자의 성생활은 단조롭다.*		
4	나는 성교 후에 편안하고 만족감을 느낀다.		
5	성교시간이 충분하지 못하다.*		

6	나는 성에 관해 별 흥미가 없다.*		
7	성교를 하면 대개는 만족스럽게 오르가슴을 느낀다.		
8	성교 전 애무를 할 때 나는 매우 흥분한다.		
9	나는 배우자를 성적으로 만족시킬 수 있을까를 염려한다.*		
10	나는 배우자와 함께 성 문제를 터놓고 대화한다.		

번호	문항	최악의 상태 0	아주 나쁨 1	신통치 못함 2	약간 부적당 3	적당 4	보통 이상 5	좋음 6	아주 좋음 7	최상의 상태 8
11	현재 성관계에 대한 당신의 만족도는 어느 정도입니까?									

* 표는 역채점 문항.
출처: 김요완(2000), p. 64.

2) 성만족 지표

성만족 지표(Index of Sexual Satisfaction: ISS)는 허드슨, 다이앤과 폴(Hudson, Dianne, & Paul, 1981)이 개발한 25문항의 척도를 김연과 유영주(2002)가 번역하였고, 상관이 입증된 21문항을 최종 척도 문항으로 구성하였다. 김연과 유영주(2002)의 연구에서는 '전혀 그렇지 않다'를 1점, '매우 그렇다'를 5점으로 하였고, * 표한 4, 5, 6, 7, 8, 12, 15, 17, 21번 문항은 역채점 문항이며, 점수가 클수록 성만족 수준이 높은 것으로 평가하였다. 김연과 유영주(2002)가 활용한 척도를 인용하면 〈자료 12-6〉과 같다.

〈자료 12-6〉 성만족 지표(ISS)

번호	문항	전혀 그렇지 않다 1	그렇지 않다 2	보통 이다 3	그렇다 4	매우 그렇다 5
1	나는 배우자가 성생활을 즐긴다고 느낀다.					
2	나의 성생활은 매우 자극적이다.					
3	성관계는 배우자와 나에게 재미있다.					
4	나는 배우자가 나를 볼 때 성생활에만 만족한다고 느낀다.*					
5	나는 성행위가 더럽고 혐오스럽다고 느낀다.*					
6	나의 성생활은 단조롭다.*					
7	우리 부부는 성관계 시 너무 빨리 서둘러 끝내 버린다.*					
8	나의 성생활은 수준이 낮다고 느낀다.*					
9	배우자는 성적으로 매우 자극적이다.					
10	나는 배우자가 좋아하거나 사용하는 성 테크닉을 즐긴다.					
11	나는 성관계가 멋지다고 생각한다.					
12	배우자는 성행위 시 너무 거칠고 난폭하다.*					
13	배우자는 청결을 중요시한다.					
14	나는 성생활이 부부관계에서 정상적 기능이라고 느낀다.					
15	내가 성관계를 원할 때 배우자는 원하지 않는다.*					
16	나는 성생활이 우리 부부관계에 진실로 많은 보탬이 된다고 생각한다.					
17	나는 배우자 이외 다른 누군가와 성행위를 하고 싶다.*					
18	나는 배우자에 의해 성적으로 쉽게 흥분한다.					
19	나의 배우자는 나에게 성적으로 만족한다고 느낀다.					
20	배우자는 나의 성적 요구와 욕망에 매우 민감하다.					
21	나는 성생활이 지루하다고 느낀다.*					

* 표는 역채점 문항.

출처: 김연, 유영주(2002), p. 8.

3. 부부갈등

부부가 갈등을 경험하고, 부부관계가 와해되어 파탄에 이르게 되는 것은 특정 사건으로 인해 한순간에 일어나기도 하지만, 많은 경우 오랜 시간 동안 여러 과정을 거친다(김요완, 2007). 부부상담을 받고자 하는 부부들은 갈등을 경험하며 이를 극복하여 관계가 회복되는 것을 바라기도 하지만, 관계가 회복되기보다 이혼을 통해 부부관계를 법적으로 정리하여 단절하기를 원하기도 한다. 따라서 갈등관계 중에 있는 부부의 관계를 평가할 때는 부부가 관계를 회복하고 싶은지 혹은 이혼을 결심하고 법적인 이혼 절차를 통해 부부관계를 단절하고 싶은지의 의향을 파악하는 것이 중요하다. 또한 **부부갈등** 정도가 얼마나 되는지를 평가한 상태에서 부부가 관계 회복을 원한다면 회복을 위한 부부상담을 진행하지만, 부부 모두가 이혼을 원한다면 추가적으로 이혼 의도를 평가한 후 이혼을 준비하는 이혼상담을 진행할 필요가 있다.

1) 부부갈등 척도

부부갈등 척도(Marital Conflict Scale: MCS)는 마크먼, 스탠리와 블룸버그(Markman, Stanley, & Blumberg, 1994)가 개발한 척도로서, 총 8문항으로 구성되어 있다(권영주, 2017 재인용). MSC(Markman et al., 1994)는 6점 척도이나, 정현숙(2004)은 우리나라 상황에 익숙한 5점 척도로 수정·번안하였다. 점수가 클수록 부부갈등 수준은 높을 것으로 볼 수 있다. 권영주(2017)가 활용한 척도를 인용하면 〈자료 12-7〉과 같다.

〈자료 12-7〉 부부갈등 척도(MCS)

번호	문항 내용	전혀 그렇지 않다	그렇지 않다	보통 이다	그렇다	매우 그렇다
		1	2	3	4	5
1	사소한 말다툼이 큰 싸움으로 변해 서로 욕설하고 비난하며, 과거의 잘못을 다시 들추면서 싸운다.					
2	남편(부인)은 내 생각이나 기분 혹은 내가 원하는 것을 비난하고 별로 중요하게 생각하지 않는다.					
3	남편(부인)은 내 생각과 말을 내가 의도한 것보다 더 부정적으로 보는 경향이 있다.					
4	남편(부인)은 나를 존중하지 않는 것 같다.					
5	내 진짜 생각과 느낌 혹은 우리 관계에 대한 요구를 남편(부인)에게 말해 봤자 아무 의미가 없다.					
6	다른 사람과 사귀거나 결혼하면 어떨까 하고 심각하게 생각한다.					
7	나는 지금 결혼 생활에서 외로움을 느낀다.					
8	우리는 다투면 더 이상 이야기하고 싶지 않아 그 자리를 피해 버린다.					

출처: 권영주(2017), p. 53.

2) 결혼 불안정성 지표

결혼 안정성 지표는 부스, 존슨과 에드워즈(Booth, Johnson, & Edwards, 1983)가 개발한 **결혼 불안정성 지표**(Marital Instability Index: MII)를 최연실(1987)이 번안·수정한 척도이다. 이 척도는 결혼의 불안정성과 이혼 경향성을 평가하는 척도이다. 총 14문항에 예(1점), 아니요(0점)의 2점 척도로서, 점수가 높을수록 결혼생활의 불안정한 수준이 높은 것으로 볼 수 있다. 여성가족부와 한국건강가정진흥원(2015)이 소개한 척도를 인용하면 〈자료 12-8〉과 같다.

〈자료 12-8〉 결혼 불안정성 지표(MII)

다음의 내용을 읽고 당신의 부부관계와 가장 일치된다고 생각하시는 부분에 각 항목별로 ○ 표해 주십시오.

번호	문항	예	아니요
		1	0
1	부부도 가끔은 떨어져 생활해야 한다고 생각한다.		
2	결혼생활에 문제가 있다고 생각해 본 적이 있다.		
3	아내(남편)가 결혼생활에 문제가 있다고 생각하는 것 같다.		
4	내가 결혼생활의 문제로 다른 사람과 의논해 본 적이 있다.		
5	아내(남편)가 결혼생활의 문제로 다른 사람과 의논해 본 적이 있다고 생각한다.		
6	나는 이혼이나 별거를 생각해 본 적이 있다.		
7	아내(남편)가 이혼이나 별거를 생각해 본 적이 있다고 생각한다.		
8	나 또는 아내(남편)가 이혼을 심각하게 제의한 적이 있다.		
9	아내 또는 남편과 재산 분배에 대하여 이야기한 적이 있다.		
10	법률가와 상담하는 것에 대해 이야기한 적이 있다.		
11	나 또는 아내(남편)가 법률가와 상담하는 것에 대해 이야기한 적이 있다.		
12	부부 문제로 아주 짧은 기간 별거한 적이 있다.		
13	이혼이나 별거에 관한 서류에 대하여 아내(남편)와 이야기한 적이 있다.		
14	나 또는 아내(남편)가 이혼이나 별거 소송을 제기한 적이 있다.		

출처: 여성가족부, 한국건강가정진흥원(2015), p. 158.

3) 부부폭력에 관한 평가척도

갈등표출척도 개정판(Conflict Tactics Scale-2: CTS-2)는 스트라우스, 햄비, 보니-맥코이와 슈거먼(Straus, Hamby, Boney-McCoy, & Sugarman, 1996)이 개발한 척도로 CTS(Straus, 1979)의 개정판인데, **부부폭력**의 정도를 평가하는 데 유용하다(이수정 외, 2007 재인용). CTS-2는 총 78문항으로 구성되어 "부부폭력 신체적 학대, 심리적 공격, 협상의 갈등"을 평가한다(이수정 외, 2007, p. 77). 현재 국내에서의 CTS-2의

〈자료 12-9〉 갈등표출척도 개정판(CTS-2)

번호	문항 내용
	협상(negotiation)
1	두 분 간에 의견이 달라도 아버지는 그 문제에 대해 염려하고 있다는 태도를 보여 주었다.
2	두 분 간에 의견이 다를 경우 아버지는 어머니에게 아버지의 입장을 설명하셨다.
7	아버지는 다투게 된 문제에 대한 어머니의 감정을 존중해 주셨다.
18	아버지는 어머니에게 두 분이 그 문제를 잘 해결할 수 있을 것이라고 말씀하셨다.
25	아버지는 어머니에게 협상을 제의하셨다.
32	아버지는 어머니가 제시한 방법으로 문제 해결을 시도하는 데 동의하셨다.
	심리적 폭력(psychological aggression)
3	아버지는 어머니에게 모욕적인 말이나 행동을 하거나 욕을 했다.
11	아버지는 어머니에게 뚱뚱하다거나(말랐다거나) 못생겼다고 말했다.
13	아버지는 어머니의 소유물을 부수었다.
16	아버지는 어머니에게 고함지르거나 소리를 질렀다.
22	아버지는 화가 나서 발을 세게 구르거나 문을 세게 닫았다.
27	아버지는 어머니에게 쓸모없는 사람이라고 말했다.
28	아버지는 어머니를 괴롭히는 악의에 찬 말을 했다.
29	아버지는 어머니에게 때리거나 물건을 던지겠다고 위협했다.
	신체적 폭력(physical assault)
4	아버지는 어머니를 다치게 할 수 있는 물건을 어머니에게 던졌다.
5	아버지는 어머니의 팔을 비틀거나 머리카락을 잡아당겼다.
8	아버지는 어머니를 밀었다.
9	아버지는 어머니에게 칼이나 총을 사용하였다.
12	다치게 할 수 있는 물건으로 아버지는 어머니를 쳤다.
15	아버지는 어머니의 목을 졸랐다.
17	아버지는 어머니를 벽 쪽으로 세게 밀어붙였다.
20	아버지는 손으로 어머니의 몸을 때렸다.
21	아버지는 어머니를 꽉 움켜잡았다.
23	아버지는 어머니의 뺨을 때렸다.
26	아버지는 뜨거운 물이나 불로 어머니에게 고의로 화상을 입혔다.
31	아버지는 어머니를 발로 찼다.

상해(injury)	
6	부부싸움으로 어머니는 삐거나 타박상을 입거나 작은 상처가 생겼다.
10	다툼 중에 아버지가 어머니의 머리를 때려 어머니가 기절하였다.
14	부부싸움에서 다쳐서 어머니는 병원에 갔다.
19	부부싸움 때문에 어머니는 몸이 아파 의사를 찾아가야 했지만 가지 않았다.
24	부부싸움으로 어머니의 뼈가 부러졌다.
30	부부싸움으로 어머니는 그다음 날까지 몸이 아팠다.

출처: 백경임(1998), p. 84.

번안과 타당화를 위한 연구는 발견하지 못했으나, 자녀용으로 수정된 CTS-2의 번안과 타당화를 위한 연구가 있고, 이를 소개하면 <자료 12-9>와 같다.

4. 이혼 의도

부부는 갈등을 경험한다고 해도 곧바로 법적인 이혼 절차를 밟지 않는다. 배우자와 갈등을 경험하면서 이혼을 결심했다가 철회를 반복하는 과정을 거치고, 수없이 이러한 과정을 반복한 후, 최종적으로 법적인 이혼 절차를 진행하겠다고 결심을 한다(김요완, 2007). 따라서 **이혼 의도**에 대한 평가는 법적인 이혼 절차가 진행될 가능성이 있는지 예측할 수 있는 지표가 될 수 있고, 이러한 이혼 의도에 대한 평가를 통해 부부의 관계가 와해되어 가는 과정에서 심각성을 평가할 수 있다. 이혼 의도를 평가할 수 있는 척도를 소개하면 다음과 같다.

1) MSI의 이혼의도 척도

부부관계 상태 평가도구(Marital Status Inventory: MSI)는 부부관계의 위기 수준을 측정하기 위하여 와이스와 체레토(Weiss & Cerreto, 1980)가 개발한 척도로서, 김영희(1999)가 번안·수정하였다. MSI(Weiss & Cerreto, 1980)는 10문항으로 구성되어 있는데, 그중 5문항이 부부의 이혼 의도나 이혼계획을 평가할 수 있어서 김영희(1999)는 이 5문항으로 부부의 의혼 의도 정도를 평가하였다. 이 척도는 5점 척도로 구성되어 있는데, 점수가 높을수록 부부가 이혼을 원하는 수준이 높고 부부관계의 상태가 불안정하다는 것을 나타낸다. 김영희(1999)가 활용한 척도를 인용하면 〈자료 12-10〉과 같다.

〈자료 12-10〉 부부관계 상태 평가도구(MSI)의 이혼의도 척도

번호	문항	전혀 그렇지 않다 1	그렇지 않다 2	보통 이다 3	그렇다 4	매우 그렇다 5
1	나는 배우자와 심하게 싸우고 난 뒤 별거나 이혼을 생각해 본 적이 있다.					
2	이혼이나 별거 문제에 대해 친구나 다른 사람과 이야기한 적이 있다.					
3	나와 배우자는 이혼이나 별거에 대한 이야기를 종종 한다.					
4	나는 배우자와 별거 중이다.					
5	나는 이혼신청을 했다.					

출처: 김영희(1999), p. 86.

2) 이혼의도 척도

이경성(1998)이 개발한 이혼의도 척도를 유향순(2009)의 연구에서 수정·보완한 척도가 있다. **이혼의도 척도**는 이혼 혹은 별거 의향, 이혼 시도 경험 유무, 이혼 계획의 세 가지 하위 영역과 총 13개 문항으로 구성되어 있다. 유향순(2009, pp. 173-174)의 연구에서 활용한 척도를 인용하면 〈자료 12-11〉과 같다.

〈표 12-11〉 이혼의도 척도

번호	문항	전혀 그렇지 않다 1	그렇지 않다 2	보통이다 3	그렇다 4	매우 그렇다 5
1	나는 배우자와 함께 살 의사가 없다.					
2	나는 배우자와 한동안 떨어져 살고 싶다.					
3	나는 배우자와 별거하고 싶다.					
4	나는 배우자와 이혼하고 싶다.					
5	나는 언젠가는 배우자와 이혼하겠다.					
6	나는 배우자와 헤어져서 살았으면 좋겠다고 생각한 적이 있다.					
7	지난 6개월 동안 이혼에 대해 친구와 의논한 적이 있다.					
8	지난 6개월 동안 이혼에 대해 부모와 의논한 적이 있다.					
9	지난 6개월 동안 이혼할 경우의 자녀 양육이나 위자료 문제를 알아본 적이 있다.					
10	지난 6개월 동안 이혼하는 법적 절차에 대해서 알아본 적이 있다.					
11	가까운 장래에 이혼할 작정이다.					
12	나는 배우자와의 관계가 오래 동안 지속되길 원한다.					
13	나는 배우자와 이혼하기 위해서 경제적으로 독립할 준비를 하고 있다.					

출처: 유향순(2009), pp. 173-174.

5. 이혼 절차 중의 평가

이혼 절차 중인 부부에 대해서 평가를 할 때는 먼저 부부의 이혼 의도를 평가할 필요가 있다. 부부 모두 이혼 의도가 분명하여 관계 회복을 원하지 않을 경우, 가족상담사는 부부간의 갈등이 최소화될 수 있도록 조정자의 역할을 할 필요가 있다.

이혼 절차 중인 부부들은 이혼 의사, 자녀와 관련한 사항, 금전에 대한 사항에 대해 합의, 즉 의견의 일치를 보아야 한다. 이러한 사항을 자세히 구분하면, 이혼 절차 중인 부부는 이혼 의사, 미성년 자녀의 친권자 지정, 미성년 자녀의 양육자 지정, 미성년 자녀에 대한 면접교섭 방법, 미성년 자녀에 대한 양육비 금액과 지불방법, 재산분할 금액과 방법, 위자료 금액의 일곱 가지 사항에 대해 합의를 해야 한다. 가족상담사가 이러한 사항에 대해 부부간에 얼마나 합의가 되었는지 평가하는 것은 이후 이혼 절차 중에서 부부간에 얼마나 갈등이 심각할 수 있는지 예측할 수 있는 중요한 지표가 된다. 또한 가족상담사는 이러한 요소들을 평가함으로써 부부 개인의 분노감 해소, 부부간의 의사소통 방식의 변화, 부모로서 미성년 자녀에 대한 돌봄의 지속을 위해 어떠한 역할을 할 수 있을지에 대한 상담 전략을 수립할 수 있다.

이혼 절차 중인 부부에 대해 위의 일곱 가지 사항의 합의 여부는 이후 부부가 협의이혼 혹은 조정 성립을 통해 갈등의 기간이 조기에 종결될지, 아니면 가정법원-고등법원(가정법원 항소부)-대법원의 3심제 재판까지 소송을 진행하며 수년 동안 갈등이 지속될지 평가하는 데에 기초 자료가 된다. 따라서 일곱 가지 사항 중에 한 사항이라도 합의, 즉 의견 일치가 안 되었거나 특히 자녀의 친권자 및 양육자 지정 문제로 갈등이 심각할 경우에는 소송이 장기화될 것을 예상하고, 가족상담사는 소송 중에 부부가 자녀를 양육하는 데 공동화(空洞化)가 일어나지 않도록 주의하여 상담을 진행할 필요가 있다.

1) 자의 양육과 친권자 결정에 관한 협의서에 근거한 부부평가

부부가 이혼을 할 경우, 협의이혼이건 조정 혹은 소송과 같은 재판상 이혼이건 간에 법원에 그 절차에 대한 신청을 해야 한다. 즉, 협의이혼의 경우 법원의 협의이혼실에 협의이혼의사확인 신청서를 접수하고 재판상 이혼의 경우는 법원의 종합민원실에 이혼소장 혹은 이혼조정신청서를 접수해야 그 절차가 시작된다.

이혼 의사에 대한 사항, 미성년 자녀에 대한 친권자 · 양육자 · 면접교섭 · 양육비에 대한 사항, 재산분할 · 위자료에 대한 사항 등 일곱 가지 사항에 대해 부부 모두가 의견이 일치되면 협의이혼을 할 수 있다. 하지만 일곱 가지 사항에 대해 하나라도 의견이 불일치하면 재판상 이혼을 해야 한다. 재판상 이혼의 절차에는 각 사항에 대해 법원이 조정자가 되어 의견의 일치를 볼 수 있도록 도와달라고 요청하는 이혼조정 절차와, 부부 당사자 간 도저히 조정을 할 수 없으니 법원이 부부의 잘잘못을 따져 각 사항을 판단하여 결정을 해 달라고 요청하는 이혼소송 절차가 있다. 협의이혼 절차건 재판상이혼 절차이건 간에, 이혼과 관련한 일곱 가지 사항은 각 절차에서 매우 중요하게 다뤄지는 것이다.

협의이혼 절차를 규정한 「민법」 제836조의2 제4항(법률 제14409호, 시행 2016. 12. 20)에서는 미성년 자녀가 있는 부부의 경우, **자의 양육과 친권자 결정에 관한 협의서**를 제출하도록 규정하고 있다.

「민법」 제836조의2(이혼의 절차)

① 협의상 이혼을 하려는 자는 가정법원이 제공하는 이혼에 관한 안내를 받아야 하고, 가정법원은 필요한 경우 당사자에게 상담에 관하여 전문적인 지식과 경험을 갖춘 전문상담인의 상담을 받을 것을 권고할 수 있다.

② 가정법원에 이혼의사의 확인을 신청한 당사자는 제1항의 안내를 받은 날부터 다음 각 호의 기간이 지난 후에 이혼의사의 확인을 받을 수 있다.
  1. 양육하여야 할 자(포태 중인 자를 포함한다. 이하 이 조에서 같다)가 있는 경우에는 3개월
  2. 제1호에 해당하지 아니하는 경우에는 1개월

③ 가정법원은 폭력으로 인하여 당사자 일방에게 참을 수 없는 고통이 예상되는 등 이혼을 하여야 할 급박한 사정이 있는 경우에는 제2항의 기간을 단축 또는 면제할 수 있다.

④ 양육하여야 할 자가 있는 경우 당사자는 제837조에 따른 자(자)의 양육과 제909조 제4항에 따른 자의 친권자결정에 관한 협의서 또는 제837조 및 제909조 제4항에 따른 가정법원의 심판정본을 제출하여야 한다.

⑤ 가정법원은 당사자가 협의한 양육비부담에 관한 내용을 확인하는 양육비부담조서를 작성하여야 한다. 이 경우 양육비부담조서의 효력에 대하여는 「가사소송법」 제41조를 준용한다.

특히 이 「민법」에 근거한 대법원 가족 관계등록예규 제3호 서식에서는 자의 양육과 친권자 결정에 관한 협의서를 <자료 12-12>와 같이 규정하고 있다.

<자료 12-12> 자의 양육과 친권자 결정에 관한 협의서

[제3호 서식]

자의 양육과 친권자 결정에 관한 협의서

사건 _____호 협의이혼의사확인신청
당사자 부 성명 _____
주민등록번호 _____

모 성명 _____
주민등록번호 _____

협의 내용

1. 친권자 및 양육자의 결정(□에 ✔ 표시를 하거나 해당 사항을 기재하십시오)

자녀 이름	성별	생년월일(주민등록번호)	친권자	양육자
	□ 남 □ 여	년　월　일 (　－　)	□ 부 □ 모 □ 부모공동	□ 부 □ 모 □ 부모공동
	□ 남 □ 여	년　월　일 (　－　)	□ 부 □ 모 □ 부모공동	□ 부 □ 모 □ 부모공동
	□ 남 □ 여	년　월　일 (　－　)	□ 부 □ 모 □ 부모공동	□ 부 □ 모 □ 부모공동
	□ 남 □ 여	년　월　일 (　－　)	□ 부 □ 모 □ 부모공동	□ 부 □ 모 □ 부모공동
	□ 남 □ 여	년　월　일 (　－　)	□ 부 □ 모 □ 부모공동	□ 부 □ 모 □ 부모공동

2. 양육비용의 부담(□에 ✔ 표시를 하거나 해당 사항을 기재하십시오)

지급인	□ 부 □ 모	지급받는 사람	□ 부 □ 모
지급 방식	□ 정기금		□ 일시금

지급액	이혼신고 다음 날부터 자녀들이 각 성년에 이르기 전날까지 미성년자 1인당 매월 금 _____원 (한글병기:　　　　　　원)	이혼신고 다음날부터 자녀들이 각 성년에 이르기 전날까지의 양육비에 관하여 금 _____원 (한글병기:　　　　　원)
지급일	매월　　일	년　　월　　일
기타		
지급 받는 계좌	(　　　) 은행 예금주:　　　　　계좌번호:	

3. 면접교섭권의 행사 여부 및 그 방법(□에 ✔ 표시를 하거나 해당 사항을 기재하십시오)

첨부 서류

1. 근로소득세 원천징수영수증, 사업자등록증 및 사업자소득금액 증명원 등 소득금액을 증명하기 위한 자료 - 부, 모별로 각 1통
2. 위 1항의 소명자료를 첨부할 수 없는 경우에는 부·모 소유 부동산등기부등본 또는 부·모 명의의 임대차계약서, 재산세 납세영수증(증명)
3. 위자료나 재산분할에 관한 합의서가 있는 경우 그 합의서 사본 1통
4. 자의 양육과 친권자결정에 관한 협의서 사본 2통

협의일자:　　　년　　월　　일

부:　　　　(인/서명) 모:　　　　(인/서명)

○○ 가정(지방)법원		판사 확인인
사건번호		
확인일자	.　.　.	

출처: 가족 관계등록예규 제3호 서식.

참고문헌

곽민하(2016). 부부갈등과 부부적응의 관계에서 탈중심화 및 용서의 조절효과. 단국대학교 대학원 석사학위논문.

권영주(2017). 부모의 부부갈등과 사회적 지지 환경이 유아의 일상적 스트레스에 미치는 영향: 다문화가정 유아와 일반가정 유아의 비교. 울산대학교 대학원 석사학위논문.

권정혜, 채규만(1999). 한국판 결혼만족도 검사의 표준화 및 타당화 연구. 한국임상심리학회지: 임상, 18(1), 123-139.

김경미(2009). 부부의 성격특성과 갈등의 상호작용이 결혼만족도와 이혼의도에 미치는 영향. 충북대학교 대학원 박사학위논문.

김연, 유영주(2002). 기혼남녀의 성생활만족도에 관한 연구. 한국가족관계학회지, 7(1), 1-18.

김영희(1999). 결혼생활의 질과 안정성: 이론적 모델의 검증. 대한가정학회지, 37(6), 77-95.

김요완(2000). 부부의사소통과 성지식 수준의 성만족도와의 관계연구. 연세대학교 대학원 석사학위논문.

김요완(2007). 이혼소송 중인 부부관계 와해 과정 연구. 연세대학교 대학원 박사학위논문.

백경임(1998). CTS(Conflict Tactics Scales)-2의 자녀용으로의 수정 및 한국 대학생에 대한 타당성 검증. 대한가정학회지, 36(2), 77-89.

여성가족부, 한국건강가정진흥원(2015). 가족상담 매뉴얼. 서울: 한국건강가정진흥원.

유향순(2009). 종교성향에 따른 분노와 용서 및 갈등 대처양식이 이혼의도에 미치는 영향: 이혼을 고려하는 기독교인을 중심으로. 백석대학교 대학원 박사학위논문.

이경성(1998). 결혼 관계에서 귀인이 만족과 이혼의도에 미치는 영향. 성균관대학교 대학원 박사학위논문.

이민식, 김중술(1996). 부부적응 척도(Dyadic Adjustment Scale)의 표준화 예비연구. 한국심리학회지: 임상, 15(1), 129-140.

이민식, 최정훈, 이홍식(1989). DeRogatis 성기능 검사의 표준화 예비 연구. 한국심리학회: 임상, 8(1), 143-158.

이수정, 윤옥경, 신연숙, 이혜선, 김현정, 김성혜, 임영선(2007). 가정폭력 행위자 재범위험성 평가도구 개발 연구: 2007년 법무부 연구용역 보고서. 서울: 법무부, 경기대학교.

이숙형(2015). 기혼남녀의 성기능장애가 성만족에 미치는 영향: 성태도의 조절효과. 대구가톨릭대학교 대학원 박사학위논문.

이지현(2007). 발달장애아동 어머니가 인식한 부부적응에 관한 연구. 이화여자대학교 대학원 석사학위논문.

장순복(1989). 자궁절제술 부인의 성생활만족에 관한 요인분석. 이화여자대학교 대학원 박사학위논문.

장순복(1990). 자궁적출술을 받은 부인과 자궁적출술을 받지 않은 부인의 성생활 만족 요인분석. 대한간호학회지, 20(3), 357-367.

정현숙(2004). "결혼 전 교육프로그램" 개발을 위한 기초연구. 한국가정관리학회지, 22(1), 91-101.

조현, 최승미, 오현주, 권정혜(2011). 한국판 부부적응 척도 단축형의 타당화. 한국심리학회지: 상담 및 심리치료, 23(3), 655-670.

최규련(1988). 한국도시부부의 결혼만족도요인에 관한 연구. 고려대학교 대학원 박사학위논문.

최성일(2004). 개정판 부부적응 척도(Dyadic Adjustment Scale)의 신뢰도 및 타당도에 대한 연구. 고황논집, 35, 97-114.

최연실(1987). 사회경제적 지위에 따른 결혼만족도와 결혼안정성에 관한 연구. 서울대학교 대학원 석사학위논문.

Booth, A., Johnson, D. R., & Edwards, J. N. (1983). Measuring marital instabillity. *Journal of Marriage and the Family*, *45*, 387-393.

Busby, D. M., Christensen, C., Crane, D. R., & Larson, J. H. (1995). A revision of the Dyadic Adjustment Scale for use with distressed and nondistressed couples: Construct hierarchy and multidimensional scales. *Journal of Marital and Family Therapy*, *21*, 289-308.

Derogatis, L. R. (1975). *Derogatis sexual functioning inventory(DSFI): Preliminary scoring manual*. Baltimore, ML: Clinical Psychometric Research.

Hudson, W. W., Dianne, F. H., & Paul, C. C. (1981). A short-form scale to measure sexual discord in dyadic relationships. *The Journal of Sex Research*, *17*(2), 157-174.

Kurdek, L. A. (1992). Dimensionality of the dyadic adjustment scale: evidence from heterosexual and homosexual couples. *Journal of Family Psychology*, *6*(1), 22-35.

Roach, A. J., Frazier, L. P., & Bowden, S. R. (1981). The marital satisfaction scale: Development of a Measure for Intervention Research. *Journal of Marriage & the Family*, *43*, 538-546.

Schumm, W. A., Nichols, C. W., Schectman, K. L., & Grigsby, C. C. (1983). Characteristics of responses to the Kansas Marital Satisfaction Scale by a sample of 84 married mothers. *Psychological Reports*, *53*, 567-572.

Sharpley, C. F., & Cross, D. G. (1982). A psychometric evaluation of the Spanier dyadic adjustment scale. *Journal of Marriage and the Family*, *44*(3), 739-741.

Snyder, D. K. (1979). Multidimensional assessment of marital satisfaction. *Journal of Marriage and the Family*, *41*, 813-824.

Snyder, D. K. (1997). *Marital Satisfaction Inventory, Revised(MSI-R) Manual*. Los Angeles, CA: Western Psychological Service.

Spanier, G. B. (1976). Measuring dyadic adjustment: new scale for assessing the quality of marriage. *Journal of Marriage and the Family*, *38*, 15-28.

Spanier, G. B. (2001). *Dyadic Adjustment Scale(DAS)*. New York: Multi-Health Systems.

Weiss, R. L., & Cerreto, M. C. (1980). The marital status inventory: Development of a measure of dissolution potential. *American Journal of Family Therapy*, *8*(2), 80-85.

인싸이트 http://inpsyt.co.kr/

제13장 다양한 가족평가

'가족'이 무엇을 의미하는지에 대해 학자들은 점점 더 신중해지고 있다. 산업화 이후 '제도(institution)'로서의 가족의 의미는 약화된 반면, '관계(relationship)'로서의 가족의 의미는 상대적으로 커지고 있다. 또한 전형적 가족(the family) 관념에 대한 회의가 커지고, 언제 어디서든 다채로운 인간 공동체의 삶의 모습을 포괄할 수 있는 가족 개념(families, doing family, family, family lives)에 주목하게 되었다.

아이힐러(Eichler, 1988)는 가족과 결혼에 대해 "가족은 한 명 혹은 그 이상의 자녀를 포함하거나 포함하지 않을 수 있으며(예: 무자녀 부부), 이 자녀가 혼인관계에서 태어날 수도 있고 그렇지 않을 수도 있는(예: 입양가족, 재혼가족 등) 사회 집단이다. 이들 성인관계는 결혼에 근원을 둘 수도 있고 그렇지 않을 수도 있다(예: 사실혼). 이들은 거주지가 같을 수도 있고 그렇지 않을 수도 있다(예: 분거가족). 이들 성인은 성적으로 동거할 수도 있고 그렇지 않을 수도 있으며, 이 관계는 애정, 매력, 경건성 등의 사회적으로 패턴화된 감정을 포함할 수도 있고 그렇지 않을 수도 있다."라고 정의하였다(이원숙, 2016 재인용).

이와 같이 가족에 대한 현대적 정의는 보다 광범위한 방향으로 변화하고 있으며, '자신들 스스로가 가족으로 생각하면서 전형적인 가족 임무를 수행하는 2인 이상의 사람들'(Miller, 1984), 또는 '소속감을 가지고 있으며 전형적인 가족의 임무를 수행하는 2인 이상의 사람들'과 같이 광의의 의미로 사용되고 있다(이원숙, 2016 재인용).

최근 우리 사회에서 이성애 부부(생계 부양자 남편과 전업주부 아내)와 생물학적 친자녀로 이루어진 전형적 핵가족의 비율은 점점 감소하고 있는 반면 다양한 형태의 가족은 증가하고 있다. 개인주의와 평등의식의 확산으로 다양한 대안적 삶의 방식이 수용되고 있는 것이라고 하겠다. 여전히 전형적인 가족을 '정상 가족'으로 바라보는 인식이 있어 다양한 가족의 출현을 사회문제로 보는 시각도 있으나, 어떤 형태의 가족이든 관계 집단 안에서 자유와 평등, 행복을 누리는 것이 보다 중요하다는 관점이 힘을 얻고 있다. 따라서 다양한 가족의 출현을 가족 해체나 붕괴로 보는 가족위기론의 관점보다 '새로운 가족 형태'로 수용하자는 가족 재구성의 관점이 확산되고 있다.

가족의 변화 속에 상담자들 또한 다양한 유형의 가족과 함께 작업할 기회가 늘고 있다. 이 장에서는 다양한 가족 유형 중 최근 급증하고 있는 맞벌이가족, 한부모가족, 재혼가족, 다문화가족 등을 중심으로 각 유형의 가족 특징과 평가에 대해 살펴보고자 한다.

1. 맞벌이가족

1) 맞벌이가족의 등장

산업화된 사회에서 일반적으로 가족은 세 가지 유형의 일(노동)을 담당한다. 생계 유지를 위한 집 밖의 일, 가사노동 그리고 자녀 양육과 관련된 일이다. 인간 사회에서 성을 기반으로 한 분업은 언제나 존재해 왔지만, 지난 반세기 동안 거의 모든 산업화된 사회에서 여성의 노동시장 진출이 급격히 증가하였다. 출산율이 저하되면서 노동시장에서 여성의 노동력이 필요해졌으며, 산업화가 진행될수록 실수입의 감소로 이전 삶의 수준을 유지하기 위해서는 부부 모두의 수입원이 필요하게 되었다. 또한 여성들도 기술과 재능을 개발하여 개인적 관심을 추구하며 임금노동 참여를 원하게 되었다.

맞벌이가족이란 부부 모두 훈련이 요구되는 직업을 가지고 가정생활을 유지해 나가는 가족을 일컫는다. 우리나라에서 1980년대 이후 교육 수준과 생활 수준이 향상되고 여성 노동력의 수요와 여성들의 자아실현 욕구가 높아지면서 여성의 임금노동 시장 참여가 늘어났으며, 이제 맞벌이가족 형태가 유배우자가구의 절반에 육박할 정도로 우리 사회의 일반적인 가족 형태로 자리 잡아 가고 있다(김정옥 외, 2012). 또한 맞벌이가족 10쌍 중 1쌍은 같은 가구에 거주하지 않는 분거가족 또는 비동거 맞벌이가구 형태인 것으로 알려져 있다(통계청, 2011).

맞벌이가족은 여성의 취업 동기에 따라 생계유지형, 내조형, 자아실현형, 여가활동형으로 분류한다. 생계유지형은 생계 유지를 위해 취업하는 형태이며, 내조형은 생계 위협은 없지만 경제적 여유나 남편의 학업 또는 출세를 뒷바라지하기 위해 취업하는 유형이다. 자아실현형은 중산층 이상의 고학력 여성들이 자아실현과 사회기여를 추구하기 위해 취업하는 유형이며, 여가활동형은 생계 걱정 없이 취미를 살리기 위해 취업하는 유형이다. 우리나라의 맞벌이가족의 상당수는 경제적 필요성에 따른 취업 유형이라고 볼 수 있다.

2) 맞벌이가족의 역할 갈등

전통적인 성역할 규범은 남편에게는 생계 부양자로서 도구적 역할을, 아내에게는 양육과 가사를 돌보는 표현적 역할을 나누어 부여했다. 이러한 성역할 사회화의 영향으로 초기 맞벌이가족에서는 여성이 직장을 다니더라도 자녀 양육과 교육, 가사노동에 대한 일차적 책임을 져야 한다는 문화적 기대가 컸다. 이러한 문화적 기대는 일하는 기혼여성의 역할 과중으로 이어져 가족 갈등을 야기할 뿐만 아니라 젊은 여성들의 혼인과 출산 기피에 영향을 미치고 있다.

대다수의 산업사회는 가족 내 양성평등을 장려하고 있으며, 생계 부양뿐만 아니라 가사노동과 자녀 양육에 있어서 남편과 아내 모두 평등하게 역할을 수행해야 한다는 기대가 사회적으로 확산되고 있다. 그러나 실제에서는 부부간의 역할에 대한 상호 간 기대와 수행이 일치하지 않아 갈등이 이어지는 경우가 적지 않다. 역할 갈등은 특히 어린 자녀를 둔 부부에게 나타나는 보편적 현상이며, 높은 수준의 역할 갈등은 부부관계에 악영향을 미치기 쉽다. 역할 과부하나 역할 갈등은 남편과 아내 모두가 경험할 수 있지만, 우리 사회에서는 특히 여성이 심각하게 경험하는 경향이 있다. 맞벌이가족에서 여성들은 배우자의 지지가 있고 자신의 일에 만족할 때 전반적인 삶의 만족도가 높으며, 부모의 역할도 잘 수행하는 것으로 알려져 있다(김정옥 외, 2012).

가사노동과 자녀 양육의 분담 정도를 측정하는 가장 보편적인 기준은 남편과 아내가 각각 어느 정도의 시간을 각 영역에 쏟는가를 보는 것이다. <자료 13-1>은 부부의 가사노동과 자녀 돌봄에 대한 역할 분담 실태를 점검할 수 있는 체크리스트로, 이를 통해 부부가 평등하게 가족 내 노동을 분담하는 수준을 확인할 수 있다.

<자료 13-1> 맞벌이 부부의 역할분담 체크리스트

자녀 돌봄에 대한 부부 역할 분담				
	남편이	남편, 아내 동등하게	아내가	기타
자녀 밥 먹는 것 도와주기				
자녀 옷 입는 것 도와주기				
자녀가 아플 때 돌보기, 병원 데려가기				
자녀 숙제나 공부 돌봐 주기				
자녀와 함께 놀아 주기				
놀이방 데려다주고 데리고 오기				
자녀 목욕시키기				
교육시설 알아보기				
학교 준비물 챙기기				

남편과 아내의 가사노동 참여 여부와 주당 참여 횟수

집안일	남편/아내	참여한다	참여하지 않는다	주당 참여 횟수
식사 준비	남편			
	아내			
설거지	남편			
	아내			
세탁	남편			
	아내			
다림질	남편			
	아내			
집 안 청소	남편			
	아내			
음식물 쓰레기 버리기	남편			
	아내			
쓰레기 분리수거	남편			
	아내			
시장 보기	남편			
	아내			

출처: 여성가족부(2005).

3) 일-가족 양립 갈등

맞벌이가족이 늘면서 가정생활과 직장생활 간의 양립이 주요한 이슈가 되었다. 일-가족 양립을 보는 세 가지 기준은 다음과 같다. 첫째, 남편과 아내가 공적 영역(가정 밖 노동)과 사적 영역(가정 내 노동)을 같은 정도로 중요시하는가? 둘째, 남편과 아내가 가사노동과 자녀 양육 책임을 동등하게 분담하는가? 셋째, 일-가족 양립을 위한 제도(예: 육아휴직, 보육, 시간제 근무, 타임오프제 등)를 얼마나 쉽게 이용할 수 있는가?

따라서 맞벌이가족이 일과 가족의 균형을 유지하며 최적의 기능을 발휘하기 위해서는 개인과 가족, 사회 모두의 노력이 필요하다. 첫째, 가족적 요인으로 남편의 근대적 성역할 인식과 태도의 변화가 이루어져 남편의 가사노동과 자녀 양육에의 참여로 이어져야 한다. 아내 역시 집안일과 직장 일을 모두 완벽하게 하려는 '슈퍼우먼 콤플렉스'를 내려놓아야 한다. 둘째, 사회적으로 취업여성과 남성을 위한 출산과 육아휴직제에 대한 긍정적 인식과 적극적 실시가 이루어져야 한다. 셋째, 직장보육시설이나 방과후교실의 활성화를 통해 자녀 양육에 대한 제도적 지원이 이루어져야 한다.

〈자료 13-2〉 일-가족 갈등 척도

일-가족 갈등 척도
(Work-Family and Family-Work Conflict Scales: WF/FWCC)

① 척도 소개: 직장과 가정에서의 역할과 요구 상충으로 인해 경험되는 어려움을 측정한다.
② 척도 개발 과정 및 신뢰도: 본 척도의 문항은 미국의 초·중등교사와 교육행정가 집단을 대상으로 1차 개발되었고, 도시자영업자를 대상으로 2차 개발되었으며, 회사원을 대상으로 3차 개발되었다. 세 연구의 신뢰도는 .82~.90으로 나타났다.
③ 채점 방법: 본 척도는 일-가족 갈등(1~5번 문항)과 가족-일 갈등(6~10번 문항) 하위척도로 구성되어 있다. 각 하위척도 점수는 반응 점수를 합산하여 산출된다.
④ 출처: Netemeyer, R. G., Boles, J. S., & McMurrian, R. (1996). Development and Validation of Work-Family Conflict and Family-Work Conflict Scales. *Journal of Applied Psychology, 81*(4), 400-410.
⑤ 척도:

다음은 귀하의 일-가족 갈등에 관한 기술들입니다. 적당한 곳에 표시하십시오.

강한 반대						강한 동의
1	2	3	4	5	6	7

일이 가족에 주는 갈등
1. 내 일의 요구가 가정과 가족생활에 방해가 된다.
2. 일에 들어가는 시간의 양 때문에 가족에 대한 책임감을 다하기 어렵다.
3. 직장의 일이 요하는 것들 때문에 집에서 하고 싶은 것들을 하기 어렵다.

4. 일에서 생기는 긴장 때문에 가족 의무를 다하기 어렵다.
5. 일과 관련된 의무 때문에 가족활동 계획을 바꾼 적이 있다.
6. 가족이나 배우자의 요구가 일과 관련된 활동에 방해가 된다.
7. 집안일 때문에 직장 일을 하는 것을 연기한 적이 있다.
8. 가족이나 배우자의 요구로 직장에서 하고 싶었던 일을 못한 적이 있다.
9. 나의 가정생활은 직장에서의 책임감(예: 늦게까지 일하기 등)을 방해한다.
10. 가족과 관련된 긴장이 직업과 관련된 의무에 방해가 된다.

가족이 일에 주는 갈등
1. 가족생활의 요구가 일에 방해가 된다.
2. 가족과 보내야 하는 시간의 양 때문에 일에 대한 책임감을 다하기 어렵다.
3. 가족에게 요하는 것들 때문에 직장에서 하고 싶은 일들을 하기 어렵다.
4. 가족에서 생기는 긴장 때문에 직장의 의무를 다하기 어렵다.
5. 가족과 관련된 의무 때문에 직장이나 일의 계획을 바꾼 적이 있다.
6. 직장의 요구가 배우자나 가족과 관련된 활동에 방해가 된다.
7. 가정 일 때문에 직장 일을 하는 것을 연기한 적이 있다.
8. 직장의 요구로 가족에서 하고 싶었던 일을 못한 적이 있다.
9. 나의 직장생활은 가족에서의 책임감을 방해한다.
10. 직장과 관련된 긴장이 가족과 관련된 의무에 방해가 된다.

출처: 김유숙, 전영주, 김수연(2003).

2. 한부모가족

1) 한부모가족의 실태

한부모가족은 현대사회에서 가장 큰 폭으로 늘어나고 있는 가족 유형 중 하나로 이혼, 별거, 배우자의 사망, 미혼모/미혼 등의 다양한 이유로 형성된다. 한부모가족은 만 18세 미만의 미성년 자녀가 한쪽 부모와 거주하는 형태의 가족을 의미하며, 모자가족 또는 부자가족으로 나누어진다. 모자가족 발생의 원인인 사별의 경우 전쟁사, 병사, 사고사 등이 있으며, 생별의 경우 이혼, 별거, 유기, 행방불명 등이 있다. 그 외에 배우자의 장기입원이나 해외 거주, 감옥 수감, 심신장애 등으로 모자가

족이 형성되기도 한다. 예전에는 한부모가족 형성 사유 중 사별의 비중이 높았지만, 최근 들어 이혼과 미혼출산 비율이 점차 높아지고 있다.

1990년대 중반 이후 우리 사회에서 급증한 이혼으로 일시적 또는 영구적 형태의 한부모가족이 크게 증가하고 있다. 특히 개인 파산자 중 이혼율이 평균 이혼율보다 높게 나타나는 점은 경제적 어려움이 가족해체에 지대한 영향을 미치는 요인임을 시사한다. 이혼 후 어머니가 자녀를 양육한다는 일반적 인식과는 달리, 최근 모자가족에 비해 부자가족의 증가 속도가 빨라지고 있다.

2) 한부모가족의 어려움

대다수의 한부모가족은 생계 부양과 육아의 역할 과부하 외에 정서적 어려움, 사회적 편견 등의 어려움을 경험한다. 아버지와 어머니의 분리된 성역할을 강조하던 전통적 관점에서 모자가족은 경제적 부양자를 상실한 것이며 부자가족은 양육자와 보호자를 상실한 것으로 간주되었다. 이러한 결핍 모델로 접근할 경우, 한부모가족에 대해 결손가족, 편부모가족 등 기능상 어려움을 가진 비정상 가족으로 보는 경향이 있었다.

한부모가족에 대한 부정적인 사회적 분위기는 이혼, 별거, 사별을 경험한 가족들에 대한 차별을 가져올 수 있고, 모자가족의 여성 부양자가 취업과 부양의 고통으로 이어질 수 있다. 최근에는 한부모가족을 가족 형태로 간주하며, 강점 관점 모델을 바탕으로 결손 대신 가족의 강점을 파악하고 감정을 활용한 문제 해결을 통해 접근한다(김정옥 외, 2012).

3) 한부모가족의 자녀 양육

한부모가족은 부 또는 모의 부재로 인해 가족이 일시적이거나 영구적인 기능상의 어려움에 처할 수 있다. 이혼으로 인한 한부모가족의 경우, 이혼 전후 경험하는 부모의 부부갈등에 자녀가 노출되면서 정서적인 어려움을 겪을 수 있다. 비양육 부모의 부재로 인해 소득이나 양육적 측면에서 어려움을 겪으면서 자녀 적응에 부정적인 영향을 미칠 수 있으며, 한부모가족의 양육 스트레스가 종종 아동학대로 이어지기도 한다.

대다수 모자가족의 어머니는 생계 부양에 전념하면서 자녀를 제대로 돌보지 못한다는 죄책감을 경험하거나 소진으로 인한 감정적 양육 태도를 보이기도 한다. 간혹 헤어진 배우자에 대한 감정이 자녀에게 투사되어 부정적 감정을 나타내거나, 자녀에게 배우자 역할을 기대하기도 한다. 자녀 입장에서는 부의 부재로 인한 감독 부족, 동일시 대상의 상실, 사회적 편견에서 오는 열등감 등을 경험할 수 있다. 그러나 모자가족의 모-자녀 관계가 일반 가족보다 더 긍정적이며 개방적 의사소통을 하며, 어머니와 자녀 모두 스트레스 상황에 잘 적응한다는 연구 결과도 제시되고 있다(정옥분, 정순옥, 홍계화, 2005). 한다는 보고도 있다. 이는 가족의 구조적 측면보다 모의 정서적 균형과 가족기능의 수준이 자녀의 적응과 발달과 중요한 요인임을 시사하는 것이다(김정옥 외, 2012).

부자가족의 경우, 아버지들의 공감능력과 유연성 부족으로 자녀와의 의사소통 및 정서적 교류가 부족할 수 있고, 양육 네트워크 결여로 인해 자녀 양육 정보가 제한적일 수 있다. 가사문제가 겹칠 경우 자녀 양육에 필요한 적절한 의식주 생활이 이루어지지 않아 자녀의 건강한 발달에 저해 요인이 될 수 있다(김정옥 외, 2012). <자료 13-3>은 한부모가족의 자녀 양육에 대한 부모의 적합성, 만족도, 헌신의 영역을 측정하는 척도이다.

<자료 13-3> 한부모 적응 척도

한부모 적응 척도
(Single Parent Adjustment Scale: SPAS)

① 척도 소개: 한부모로서 자녀 양육에 대한 적합성, 만족도, 헌신의 세 영역을 측정함.
② 척도 개발 과정 및 신뢰도: 총 26개 문항으로 적합성(17문항), 만족도(7문항), 헌신(2문항)의 세 하위영역으로 구성되어 있다. 내적 일치도는 각 영역별 .96(conformity), .94(satisfaction), .87(commitment)로 나타났고, 전체문항의 신뢰도는 .96이었다. 하위척도 간의 상관계수는 .60~.63이며, 전체척도와 각 하위척도별 상관계수는 .96, .81, .75였다.

③ 채점 방법: 21~24번까지는 T(1점), F(0점)로 계산하고, 25번은 a=4, b=3, c=2, d=1, e=0으로 한다. 적합성(conformity), 만족도(satisfaction), 헌신(commitment)의 세 하위척도는 각 하위척도별 문항의 합산으로 구한다.

④ 원판의 출처: Singh, R. N., & McBrown, J. (1992). On measuring the adjustment of separated and divorced mothers to parenting: A proposed scale. *Journal of Divorce and Remarriage*, 18(1/2), 127-147.

⑤ 척도:

I. 적합성(Conformity)

A. 다음과 같은 자녀의 욕구 충족을 위해 얼마나 적절히 해 주고 있다고 생각합니까?

0: 욕구 만족 못해 줌   1: 부적절, 문제 있음   2: 적절, 어려움 있음   3: 적절, 문제 없음

1. 음식과 영양   2. 자녀의 독방   3. 의료적 처치
4. 의류   5. 장난감   6. 학교, 사교육
7. 베이비시트   8. 자녀의 친구 및 또래와의 상호작용

B. 자녀와 함께 얼마나 아래 활동에 참여하십니까?

0: 절대 안 함   1: 거의 안 함   2: 드물게   3: 가끔   4: 매우 자주 5: 항상

9. 자녀에게 책을 읽어 줌.   10. 공부나 숙제를 도와줌.   11. TV를 함께 봄.
12. 영화를 보러 감.   13. 외식을 함.   14. 집 안팎에서 게임을 함.
15. 훈육을 위해 권위를 사용함.   16. 잘못된 행동·실수에 대해 매를 듦.
17. 자녀에 대해 신경 쓰지 않음.

II. 만족도(Satisfaction)

A. 현재 자녀와 관련되어 다음 문항에 대해 어떻게 느끼십니까?

0: 전혀 그렇지 않다   1: 그렇지 않다   2: 보통   3: 약간 그렇다   4: 매우 그렇다

18. 나는 한부모로서 책임감을 느낀다.
19. 나는 자녀 주변에 가까이 있으려고 노력한다.
20. 모든 것을 고려할 때 한부모로서 지금 상태에 대해 행복한가?

B. 다음 문항들에 대해 일반적으로 사실(T)인지 거짓(F)인지 표시하시오.
21. 우리 사회의 대부분의 한부모가 기혼부모보다 더 자유롭고 재미있게 산다.
22. 아이들이 기혼부모가정에서 성장하는 것이 반드시 필요한 것은 아니다.

23. 오늘날 사회의 기본적 가치관은 자녀 양육이 엄마와 아빠가 모두 있는 가족에서 가장 잘 이루어진다는 것이다.
24. 한부모는 부부중심적인 사회에서 고립되어 있다고 느낀다.

III. 헌신(Commitment)

25. 다음 기술 중에 자녀에 대한 당신의 감정을 가장 잘 묘사한 것은?
    (a) 자녀 없이는 살 수 없으며, 자녀를 데리고 있고 키우기 위해 무엇이든 할 것이다.
    (b) 자녀를 원하며 아이들을 위해 내가 할 수 있는 것은 무엇이든 할 것이다.
    (c) 자녀가 계속 나와 함께 살든 말든 상관없다.
    (d) 자녀가 나와 지내는 것을 원한다면 함께 살아야 한다.
    (e) 자녀를 데리고 있는 것이 매우 부담스럽다. 자녀를 위한 다른 양육적 대안이 있으면 좋겠다.
26. 얼마나 자녀들과 정서적으로 밀착되어 있는가?
    (0: 거의 아님   1: 다소 소원함   2: 상당히 밀착됨   3: 극단적으로 밀착됨)

출처: Singh & McBrown (1992).

3. 재혼가족

1) 재혼가족의 실태

최근 이혼 증가와 함께 **재혼가족** 또한 늘면서 재혼 유형도 다양해지는 추세를 보이고 있다. 재혼의 유형도 변화하고 있는데, 재혼남-재혼녀 부부의 비율이 가장 높긴 하나 재혼남-초혼녀의 비율을 제치고 초혼남-재혼녀의 비율이 급증하고 있는 추세이다. 초혼남-재혼녀의 결합에서는 여성이 남성보다 경제력이 더 높은 경우도 많은데, 이는 재혼가족의 구조 유형이 재혼의 동기나 부부의 자원과도 관련이 있음을 시사한다.

재혼가족은 실패한 전혼에 대한 기억 때문에 가족이 위기에 처할 경우 고통스러운 악몽을 또다시 경험하게 될까 봐 불안감을 갖는 경향이 있다. 또한 전통적 핵가족과 차별화되는 충성심 갈등이나 경계의 모호성과 같은 불안정성 요인도 갖고 있

지만, 그럼에도 재혼가족이 경험하는 스트레스는 전통적 핵가족과 큰 차이가 없다. 다만 재혼가족의 구조적 복잡성과 생활주기의 다양성을 고려하며 재혼가족 특유의 취약성 요인을 염두에 두고 평가에 임해야 한다.

2) 재혼가족의 복잡성

재혼가족의 구조적·관계적 복잡성을 고려할 때 가족의 기능평가에 앞서 구조적 유형과 재혼부부의 연령차, 개인생활주기와 가족생활주기의 일치성, 전혼(또는 초혼)의 미해결된 문제, 재혼의 동기 등에 대한 정보를 구할 필요가 있다. 무엇보다 재혼가족은 전통적 핵가족보다 복잡한 집단이며, 평가 역시 다차원적 평가를 요한다. 복잡한 관계의 재혼가족이 원활하게 기능하기 위해서는 가족 구성원의 문제 해결 능력과 의사소통 기술이 더 많이 요구된다고 하겠다.

재혼가족을 평가할 때 기능평가에 앞서 구조적 유형의 평가가 이루어져야 하는데, 재혼가족의 유형은 재혼한 부부의 결혼 지위(미혼, 이혼, 사별), 자녀 유무, 자녀 양육 유무, 재혼자의 연령에 따라 다양한 형태를 가지므로, 초혼과 그것과는 다른 양상을 보인다. 재혼가족의 구조적 분류는 클린겜필 등(Clingempeel et al., 1987)이 전혼자녀 유무와 양육권 유무를 기준으로 아홉 가지 구조 유형으로 분류한 것(이영숙, 박경란, 전귀연, 1999 재인용), 부부의 전혼 지위까지 고려한 세이거 등(Sager et al., 1983)의 24유형 등이 있는데, 자녀 수나 재혼 횟수 등을 고려한다면 재혼가족의 구조 유형은 훨씬 더 다양하게 분류될 수 있다.

재혼가족의 생활주기로 페이퍼나우(Papernow, 1887)는 재혼가족 발달을 7단계로 제시했는데, 이는 초기(1, 2, 3단계), 중기(4, 5단계), 말기(6, 7단계)로 나뉜다(이영숙 외, 1999 재인용). 재혼가족은 7단계를 거치는 데 평균 7년 정도 소요되나, 빠른 경우 4년 정도 걸리기도 한다. 가족들이 어려움을 겪는 초기 단계에서 적응이 빠른 가족은 1년, 평균 3~4년 정도 걸리나, 여기서 5년 이상 걸리는 가족은 이혼할 가능성이 크다고 한다. 그러나 일단 초기 단계를 지나면 대부분의 가족은 중간 단계의 협상에 2~3년, 말기 단계는 1년 정도 걸려 완성되게 된다.

　　재혼가족은 초혼가족에 비해 부부의 연령차가 큰 경우가 많으며 자녀의 연령까지 고려하면 상당히 복잡한 생활주기를 보인다. 종종 가족의 생활주기와 개인의 생애주기가 복잡하게 엮여 갈등을 겪을 소지도 있다. 따라서 재혼가족의 생애주기를 볼 때는 개인과 부부, 재혼가족의 세 가지 생애주기, 소위 다중 경로(multiple tracks)의 생애주기를 고려하는 것이 유용하다고 한다(Sager et al., 1983). 기존의 발달단계론을 바탕으로 Sager 등(1983)은 재혼가족의 개인과 부부, 가족의 발달 과업을 통합적으로 정리한 바 있다.

　　재혼가족의 발달 과업에 대한 체크리스트를 활용해 재혼가족이 고착된 부분을 평가해 볼 수도 있다. <자료 13-4>의 체크리스트는 재혼가족이 정체성을 확립하기 위해 성취해야 할 발달 과업을 8개 영역의 55문항으로 세분화하고 있다(Goldenberg & Goldenberg, 2001).

<자료 13-4> 재혼가족의 정체성 발달을 위한 과업

재혼가족의 정체성 발달을 위한 과업	체크
A. 상실과 변화 다루기	
1. 모든 개인에 대한 상실을 확인하고 인식하기	☐
2. 슬픔을 표현하도록 지지하기	☐
3. 자녀가 감정을 행동으로 나타내지 않고 말하도록 돕기	☐
4. 계부모 가족에 관련된 책 읽기	☐
5. 서서히 변화를 만들기	☐
6. 모든 사람이 변화하는 것을 보기	☐
7. 자녀와 함께 계획을 세운다는 것을 자녀에게 알리기	☐
8. 변화에 대한 불안을 수용하기	☐
B. 서로 다른 발달적 요구를 협상하기	
1. 아동발달과 부모교육 강좌에 참여하기	☐
2. 서로 다른 생활주기 단계의 타당성을 수용하기	☐
3. 분명하게 개인의 요구를 의사소통하기	☐
4. 양립 불가능한 요구 협상하기	☐
5. 포용력과 융통성 발달시키기	☐

C. 새로운 전통 세우기

1. 옳고 그른 것이 아니라 방식이 다르다는 것을 인식하기 ☐
2. 중요한 상황에만 집중하기 ☐
3. 계부모는 천천히 자녀 훈육에 참가하기 ☐
4. 문제 해결과 감사를 표현하기 위해 가족회의를 사용하기 ☐
5. 가능할 때마다 천천히 '기정사실'을 변경하기 ☐
6. 적절한 의례를 계속 유지하고 결합하기 ☐
7. 새롭게 만든 전통을 증진시키기 ☐

D. 견고한 부부유대를 발달시키기

1. 일차적인 장기적 관계로서 부부를 수용하기 ☐
2. 좋은 부부관계 만들기 ☐
3. '부부만의 시간'을 계획하기 ☐
4. 부부로서 일반적인 가족규칙을 정하기 ☐
5. 자녀와 함께 서로 지지하기 ☐
6. 부모-자녀와 계부모-계자녀 간의 느낌이 다르다는 것을 예상하고 수용하기 ☐
7. 재정문제는 함께 해결하기 ☐

E. 새로운 관계를 형성하기

1. 과거 역사를 알리기 ☐
2. 계부모-계자녀 간의 1:1 시간 갖기 ☐
3. 부모-자녀 간의 1:1 시간 갖기 ☐
4. 부모는 계부모-계자녀 관계를 위한 여지 만들기 ☐
5. 즉각적인 사랑과 적응을 기대하지 않기 ☐
6. 배려하는 마음이 생기기 전일지라도 계자녀에게 공정하기 ☐
7. 계부모를 호칭하는 법에 대해 자녀의 안내를 따르기 ☐
8. 함께 즐거운 일을 하기 ☐

F. '부모역할 연합(parenting coalition)'을 새로 만들기

1. 다른 가정에서 부모역할을 하는 사람과 직접 관계하기 ☐
2. 부모 간의 양육 불일치로부터 자녀를 보호하기 ☐
3. 다른 가정의 성인에 대해 부정적으로 이야기하지 않기 ☐
4. 당신이 할 수 있는 것을 통제하고 한계를 수용하기 ☐
5. 다른 가정과 권력투쟁을 피하기 ☐
6. 이전 배우자의 양육기술을 존중하기 ☐

G. 가구 구성의 지속적인 변화를 수용하기

1. 자녀가 그들의 가정들을 즐길 수 있도록 허락하기 ☐
2. 가구 전환(household transitions)에 적응하기 위해 자녀에게 시간을 주기 ☐

3. 자녀에게 메시지 전달자나 스파이가 될 것을 요구하지 않기	☐
4. 거주지 변화에 대한 십 대 자녀의 심각한 요구를 고려하기	☐
5. 모든 가정의 독립성(경계)을 존중하기	☐
6. 자신의 가정에 영향을 미치는 결과만 다루기	☐
7. 함께 거주하지 않는 자녀를 위해 개인적인 장소를 제공하기	☐
8. 다양한 가정배열(constellations)을 위한 특별한 시간을 계획하기	☐
H. 개입(involvement)하기	
1. 학교, 종교, 스포츠 활동에 계부모를 포함하기	☐
2. 필요할 때 대행하기 위해서 계부모에게 법적 권한을 주기	☐
3. 부모의 죽음이나 이혼 이후에 배려하는 마음이 생겼을 때 계부모-계자녀 관계를 유지하기	☐
4. 계부모는 계자녀의 활동에 자신을 포함시키기	☐
5. 계부모 가족을 지지하는 집단을 찾기	☐
6. 모든 관계에는 위험이 따른다는 것을 기억하기	☐

출처: Sage et al. (1983).

3) 계부모-계자녀 관계

종종 재혼가족을 친부모-친자녀로 구성된 전통적 핵가족과 혼돈하여 재혼가족에 대한 비현실적인 기대를 갖기 쉽다. 예컨대, 계자녀에게 사랑이 금방 생길 것이라는 기대나 계자녀가 계부모의 양육에 잘 따를 것이라는 기대 등은 현실에서 이루어지기 어려우므로, 재혼가족의 부적응을 낳을 수 있다. 상담자는 재혼가족 구성원에게 어떤 비현실적 기대가 있는지, 그것이 가족의 적응을 어떻게 방해하는지 평가할 필요가 있다. 예컨대, 계부모가 계자녀에 대해 즉각적인 사랑을 느낄 것이라든가, 계자녀가 계부모의 양육을 순순히 받아들일 것이라는 비현실적인 기대를 가짐으로써 재혼가족의 불안정성을 부추기게 될 수 있다.

재혼가족의 모호성의 주된 원인은 경계에 대한 규칙의 비일치성 때문인 경우가 많다. 계부모의 부부 하위체계나 계자녀의 형제 하위체계를 규정하는 내적 경계(internal boundary)가 명확하지 않거나, 누가 재혼가족의 구성원인지 아닌지를 규정하는 외적 경계(external boundary)가 명확하지 않은 경우 등이 그러하다. 경계에 관

해 평가할 영역은 재혼가족 구성원들의 상호작용, 즉 재혼부부 하위체계, 계부모-
계자녀 하위체계, 계형제자매 관계, 확대가족 구성원 및 외부 기관과의 상호작용
등이다.

　　재혼가족에서는 종종 친부모가 의식적·무의식적으로 Y형의 의사소통 관계망을
조직하여 계부모를 자녀로부터 분리시킬 수 있다(노영주, 서동인, 원효종, 2001). Y형
의 관계망을 가진 가족에서는 친부모만이 자녀를 훈련시킬 수 있다는 규칙이 있으
며, 이러한 유형은 특정한 가족 갈등을 제거하는 데는 도움이 될지 몰라도 친부모
를 통해 메시지가 여과되며 선택적으로 변화될 수 있으므로 장기적으로 바람직하
다고 볼 수 없다.

　　한편, 휘셋과 랜드(Whisett & Land, 1992)는 52문항의 계부모 역할긴장 지표
(Stepparent Role Strain Index: SRSI)를 개발하였다. 이 척도의 하위척도는 ① 역할매
임(10, 11, 52h번 문항), ② 역할 모호성(1a, 1b, 1c, 1d, 1e번 문항), ③ 역할 갈등(4, 5,
6번 문항), ④ 자기역할 비일치성(14, 15, 16, 17, 18번 문항), ⑤ 정서적 배우자 지원,
⑥ 경계의 모호성(24, 25, 26, 29번 문항), ⑦ 포용/배척(20, 21, 23번 문항), ⑧ 자원(12,
13, 14번 문항)의 여덟 가지로 구성되어 있다(<자료 13-5> 참조). 채점방법은 1a, 1b,
1c, 1d, 1e, 7, 19, 31, 45, 48, 52d, 52i번 문항을 역산한 후 합산하여 총점을 구하면
된다. 점수가 높을수록 계부모의 역할 긴장이 높음을 의미한다.

<자료 13-5> 계부모 역할긴장 지표

계부모 역할긴장 지표

(Stepparent Role Strain Index: SRSI)

계부모로서 당신의 느낌을 반영하는 곳에 표시해 주십시오.

0: 강한 동의　　　1: 동의　　　2: 동의도 반대도 아님　　　3: 반대　　　4: 강한 반대

1. 나는 내 배우자가 우리 자녀들과 관련된 다음의 사항들에 대해 내게 기대하는 바가 무엇인
　지 분명히 알고 있다.
　　a. 훈육　　b. 학교/숙제　　c. 집안일　　d. 돌봄과 배려　　e. 함께 시간을 보내는 것
2. 나는 나의 직업적 요구를 계자녀보다 우위에 놓을 때에 내가 이기적이라고 느낀다.
3. 남편/아내로서 내게 기대되는 것들은 계모/계부로서의 나의 역할과 때때로 마찰을 일으킨다.

4. 나의 직업적 요구들은 때때로 남편/아내로서의 나의 역할을 방해한다.

5. 때로 직장에 나가 있는 나의 시간은 가족과의 시간과 상충된다.

6. 나는 나의 다른 역할들(예: 배우자, 직업, 부모)을 잘 관리하고 있다고 느낀다.

7. 나는 재혼하기 전에 계자녀 문제에 대해 충분히 인식하고 있었다.

8. 때때로 나는 내가 원하지 않는 상황에 걸려들었다고 느낀다.

9. 때때로 나는 계자녀가 커서 집을 떠나야만 내가 원하는 삶을 살 수 있을 것 같다고 느낀다.

10. 때때로 나는 내가 부응해야만 하는 모든 요구들에서 벗어났으면 하고 바란다.

11. 때로 나는 다른 모든 사람들의 요구에 부응하느라 나의 욕구는 놓치고 있다고 느낀다.

12. 우리 가족의 욕구에 부응하기에는 생계 대책이 부적당하다.

13. 우리가 매우 열심히 일한다 할지라도, 우리의 모든 지출을 감당하기에는 결코 돈이 충분한 것처럼 여겨지지 않는다.

14. 나는 계자녀에 대해 사랑해야 한다고 머리로 생각하지만 그만큼 마음이 따르지 않는다.

15. 나는 계자녀와 보다 많은 시간을 함께 보내야 한다고 생각하지만 그만큼 마음이 따르지 않는다.

16. 나는 계자녀와 많은 것들을 함께 공유해야 한다고 생각하지만 그만큼 마음이 따르지 않는다.

17. 나는 계자녀에 대해 지금 느끼는 것보다 더 긍정적으로 느끼기를 원한다.

18. 나는 나의 계자녀에 대해 내가 하는 것보다 정서적으로 더 많이 내 자신을 줄 수 있기를 원한다.

19. 나는 나의 계자녀의 친부모가 아이와 통화하는 것을 개의치 않는다.

20. 때때로 나는 내 배우자와 그 자녀들 간의 관계에서 소외되었다고 느낀다.

21. 나는 의사결정에 더 많이 참여하고 싶다.

22. 나는 내 배우자가 자기 자녀에 대한 자신의 감정을 내게 더 많이 이야기해 주기를 원한다.

23. 나는 내 배우자가 자신의 전 배우자에 대한 자기 감정을 내게 더 많이 이야기해 주기를 원한다.

24. 나는 내 배우자의 전남편/부인 앞에서 어떻게 행동해야 할지 잘 모르겠다.

25. 나는 내 남편/아내의 전 배우자가 배우자와 나의 관계를 방해한다고 느낀다.

26. 나는 내 남편/아내의 전 배우자가 나와 계자녀의 관계를 방해한다고 느낀다.

27. 나의 성생활은 집에서의 사생활이 잘 보장되지 않아 어려움을 겪고 있다.

28. 나는 내 배우자의 시간을 계자녀와 나누어야 한다는 것이 화가 난다.

29. 나는 계자녀가 자기의 친부모와 나 사이에서 충성심 갈등을 느낀다고 생각한다.

30. 방문 스케줄은 다른 사람의 필요를 수용해야 한다는 측면에서 내게 힘들다.

31. 긴급한 일로 방문 스케줄에 갑자기 변동이 생겼을 때 나는 쉽게 마음을 바꿀 수 있다.

32. 나는 내 계자녀가 두 가족을 왔다 갔다 하는 것이 혼란스럽거나(혹은 혼란스럽고) 당황스럽기 때문에 자기의 친부모를 방문한 뒤에 거칠게 행동한다고 느낀다.

33. 만약 나의 남편/아내가 더 많이 도와준다면 나는 계부모로서의 양육이 더 쉬워질 것 같다.

34. 내 배우자와 나는 이 세상에서 그 어떤 두 사람이 될 수 있는 것만큼 잘 적응되어 있다.

35. 나의 파트너와 나는 서로 완벽하게 이해하고 있다.

36. 만약 나의 남편/아내가 내가 자기의 자녀를 훈련시키는 것에 대해 지지한다면 나는 계부 모로서의 양육이 더 쉬워질 것 같다.
37. 내 배우자가 어떤 잘못을 범한다 하더라도, 나는 그 잘못을 알아차리지 못한다.
38. 내 파트너는 나의 모든 기분을 온전히 이해하고 공감한다.
39. 내 파트너에 관해 내가 배워 온 모든 새로운 것은 나를 기쁘게 해 왔다.
40. 나는 내 파트너에게서 많은 사랑과 애정을 느끼지 못할 때가 있다.
41. 나는 나의 남편/아내에게 더 많이 기댈 수 있기를 소망한다.
42. 나는 어떤 커플이라도 내 배우자와 나보다 더 멋진 조화를 이루며 살 수 있다고 생각하지 않는다.
43. 나의 관계는 완벽한 성공은 아니다.
44. 나는 우리가 함께 있을 때 어떤 커플도 내 배우자와 나보다 더 행복할 수 있을 것이라고 생각하지 않는다.
45. 나는 나의 남편/아내에게 어떤 것이라도 그냥 말할 수 있다.
46. 나는 우리의 관계에서 채워지지 않는 욕구들이 있다.
47. 내 배우자가 나를 불행하게 만드는 일들을 할 때가 있다.
48. 내 배우자는 나의 가장 친한 친구이다.
49. 만약 이성이라는 세계 안에서 모든 사람이 나에게 유효하고 나와 기꺼이 결혼하려 할지라도 나는 더 나은 선택을 할 수는 없었을 것이다.
50. 나의 관계는 지금보다 더 행복해질 수 있을 것이다.
51. 나는 내 배우자와의 관계를 한순간도 후회한 적이 없었다.
52. 계부모로서의 당신의 경험을 생각해 볼 때 전반적으로 당신은 다음의 각 정서들에 대해 얼마나 강하게 느끼는가?

a. 좌절감   b. 긴장   c. 자기확신이 없음   d. 행복   e. 혼란
f. 분노   g. 원망   h. 정서적인 고갈   i. 만족감   j. 의기소침

출처: Whisett & Land (1992).

4. 다문화가족

1) 다문화가족의 실태

다문화가족(multicultural family)은 우리나라에 거주하며 우리와 다른 민족적 또는 문화적 배경을 가진 사람들로 구성된 가족 공동체를 총칭하는 용어이다(천정웅, 이

형하, 이승민, 이정희, 2015). 다문화가족의 경우 부부가 양쪽 문화를 잘 수용한다면 큰 장점이 될 수도 있지만, 자칫 문화 충돌로 인한 혼란과 갈등이 발생할 수 있다. 1990년대 중반 이후 급증하고 있는 국제결혼은 과거 1950년대부터 1980년대까지 우리나라가 경험했던 국제결혼과는 근본적으로 다른 양상을 보이고 있다. 가장 큰 특징은 우리나라보다 경제력이 낮은 국가 출신의 여성들이 한국인 남성과 결혼하여 한국에 이주, 정착한다는 것이다.

　　결혼이주여성 다문화가족의 경우, 부부간 결혼의 동기가 다르고, 결혼 전 만남이 짧으며, 결혼의 도구적 성격이 강하고, 대부분 결혼 중개업체를 통해 결혼이 성사되며, 부부 간의 나이 차이가 많은 점 등을 들 수 있다(한재희, 2014). 가부장적인 한국인 남편은 현모양처를 기대하며 어린 신부를 맞지만 외국인 아내는 돈을 벌어 친정에 보내고 한국 문화에 대한 환상을 가지고 있어, 부부가 서로 다른 결혼 동기로 출발하기 때문에 국제결혼의 어려움은 배가된다. 결혼 후 한국 사회에 적응하는 과정에서 환경적·가족적·개인적 어려움에 광범위하게 직면하게 된다. 부부관계 및 확대가족과의 갈등, 남편의 무능력과 경제적 어려움, 자녀 양육과 교육 문제, 취업에 대한 갈등, 합법적 체류문제, 의료 및 복지 체계 결여 등이 있다. 이러한 문제들

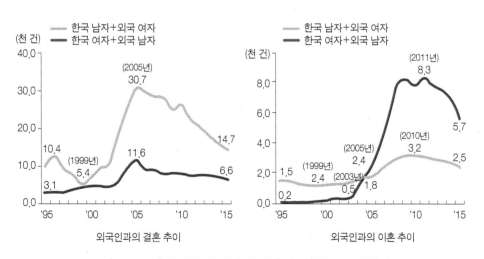

[그림 13-1] 외국인과의 결혼 및 이혼 추이(1995~2015년)

출처: 통계청(2016).

<자료 13-6> 다문화 개방성 척도

다문화 개방성 척도

1	2	3	4	5
전혀 그렇지 않다	그렇지 않다	보통이다	그렇다	매우 그렇다

1. 내 친구 중에는 외국인이 있다.
2. 나는 외국인이 모이는 곳에 가도 어색하지 않다.
3. 나는 외국인과 쉽게 친해진다.
4. 나는 외국인을 알고 있다는 것이 자랑스럽다.
5. 나는 외국인을 만나면 즐겁다.
6. 나는 우리나라 사람의 생각과 외국인의 생각이 크게 다르지 않다고 생각한다.
7. 나는 다른 나라(외국)의 드라마나 영화를 본다.
8. 나는 외국인들에게 잘 대해 준다.
9. 나는 외국인들과 친구가 되고 싶다.
10. 나는 외국인들이 가지고 있는 전통을 인정한다.

출처: 한국청소년상담원(2006).

이 복합적으로 나타나고 있는데, 많은 문제의 저변에 한국 가족에 내재된 가부장적 의식, 부부간의 세대 차이, 부부간 계급관계 형성 등의 문제가 내재되어 있다.

2) 다문화가족의 어려움

결혼이민자 여성이 호소하는 문제로는 남편과 시부모의 한국 문화를 따르라는 강요(예: 출산 후 미역국 먹기 강요), 한국 체류문제나 국적 취득을 미끼로 한 부당한 대우, 이웃과의 단절이나 과도한 외출 통제, 시가족의 지나친 간섭 및 학대, 남편의 폭력, 원치 않는 성행위 강요, 자국민 모임 참석 금지, 감금과 폭력과 같은 심각한 인권문제 등 다양하다. 반면, 한국인 남편이 호소하는 문제로는 아내의 성생활이나 임신 기피, 잦은 외출이나 가출, 게으름과 가사노동 기피, 본국으로의 과도한 송금, 고부갈등, 전처 자녀와의 문제, 자녀 양육에 대한 가치관 차이의 문제 등이 있다(여

〈자료 13-7〉 다문화가족 부부갈등의 원인 범주

보편적 요인	문화적 요인	개인적 요인
• 성격의 부조화 • 성차에 대한 이해 부족 • 의사소통 기술 부족 • 직장이나 경제적 문제 • 원가족(시가/처가) 문제 • 역할기대와 수행 불일치 • 스트레스 대처기술 부족	• 언어소통장애와 오해 • 남편의 가부장적 사고, 태도 • 상호 비현실적 기대 • 의식주에서의 생활방식 차이 • 가정의례 방식 차이 • 연령차로 인한 세대갈등 • 재혼에 따른 문제	• 분노조절, 폭언, 폭력 등 • 우울, 강박, 불안장애 • 과도한 통제와 소유욕 • 지적 장애, 신체적 장애 • 중독(알코올, 도박, 게임 중독) • 외도 등 성문제

출처: 여성가족부(2010).

성가족부, 2010). 한편, 시어머니가 호소하는 문제로는 의사소통의 어려움(예: 며느리가 시모의 말을 무시하거나 알아듣지 못하는 척함), 며느리가 눈치가 없거나 버릇이 없음, 경제적 관념의 부족, 친정에 돈 보낼 궁리를 하거나 국제전화를 자주 함 등으로 나타났다.

　다문화가족에서 발생하는 가정폭력은 가부장적 이데올로기와 문화차별주의, 계급문제의 복합적 성격을 가진다. 가부장적 이데올로기가 강한 국가의 남성이 경제적으로 빈곤한 국가의 여성과 결혼했을 때 성차별과 계급문제는 심화될 수밖에 없다. 추가적으로 이주를 위한 합법적 수단으로 국제결혼을 선택한 경우, 한국인 남편과 외국인 아내 사이에는 불평등한 권력관계가 필연적으로 발생한다. 한국인 남편은 아내에게 전통적 성역할 수행을 기대하며 '돈으로 산' 아내를 소유물로 생각하고 통제하는 것을 정당한 권리로 인식하기도 한다.

　거래적 성격을 가진 결혼과 의사소통 문제로 오해가 발생한 경우 부부간의 갈등은 폭력으로 이어지기 쉽다. 만일 남편이 술문제가 있거나 분노조절 능력, 충동성, 공감능력 등이 부족한 경우 가정폭력의 가능성은 더욱 커진다. 가정폭력 문제는 위기개입상담으로 다루어야 하며, 다문화가족의 가정폭력을 위한 연계기관은 〈자료 13-8〉에 제시되어 있다.

〈자료 13-8〉 다문화가족 폭력문제 상담연계기관

문제	연계기관
폭력으로 인한 두려움, 안전 위협	가정폭력상담소, 쉼터, 경찰의 동행지원
폭력으로 인한 상해, 질병, 우울	결혼이민자무료진료센터, 원스톱센터, 한국이주민건강협회
가해자 교정 교육 및 상담	가정폭력상담소 연계
부부관계 증진	건강가정지원센터 연계
폭력으로 인한 가출, 불법체류 문제	한국인 배우자가 출입국관리사무소를 방문하여 아내의 신원보증을 철회한 경우를 대비하여, 가정폭력상담소나 쉼터 관계자가 출입국관리사무소에 경위설명이 필요함.

출처: 보건복지가족부(2008), 중앙건강가정지원센터(2008): 여성가족부(2010) 재인용.

3) 다문화가족 평가

(1) 문화적 맥락에서의 평가

다문화가족의 문제를 파악하고 가설을 세우는 단계에서 주의할 점은 내담자의 심리적·가족적·사회문화적 차원 등 다차원적 관점에서 사례개념화를 진행해야 한다는 것이다. 그러나 자칫 문화적 배경이나 민족적 배경에 근거한 상담자의 편견이 작용할 수 있다는 점을 항상 주의해야 한다. 평가와 사정, 가설 설정 과정에서 상담자는 문화적 중립성과 공정성을 유지하되, 동시에 내담자의 문제가 미치는 문화적 영향을 정확히 평가할 수 있어야 한다. 내담자와 면접하는 과정에서 통번역사의 도움이 필요한 경우가 많다. 내담자의 한국어 유창성과 언어적 흐름에 따라 바꾸어 말하기, 재진술 등 유연하게 면접기법을 사용하며, 내담자가 대화 내용을 제대로 이해하고 있는지 수시로 확인해야 한다. 또한 상담에 통번역사가 동석하는 경우가 적지 않기 때문에 이러한 상황에서 발생할 수 있는 오역이나 복잡한 집단 역동에 주의할 필요가 있다(천정웅 외, 2015).

<자료 13-9> 내담자의 문화적 강점과 지지 목록

강점 유형	대상
개인 강점	• 개인의 성격, 믿음, 능력, 유머, 문화에 대한 자부심 • 언어적 유창성(한국어 능력 등) • 소수 문화에 속한 지위에 대처하는 능력
대인관계 강점	• 가족, 친구, 이웃 집단 네트워크 • 문화적 자조모임이나 활동(사회적 · 정치적 · 여가 활동)
환경 자원	• 문리적 · 자연적 환경 자원 • 영성적 자원(종교행사참여, 명상, 기도 등)

출처: Heys (2010): 천정웅 외(2015) 재인용.

(2) 문화적 구조에 적합한 개입

다문화가족상담의 경우, 가족의 사회 통합과 역량강화라는 상담 목적의 특수성에 따라 통합적이며 다차원적인 접근이 필요하다. 다문화가족의 갈등은 의사소통

<자료 13-10> 개인 내적 문화구조 비교 틀

	상담자	내담자	상담에 미치는 영향
인종 및 나라			
출신지역(도시/시골)			
종교			
나이			
성별			
거주지			
사회적 지위			
경제적 여건			
교육 정도			
거주형태			
소속된 단체			

출처: 한재희(2014), p. 92.

의 장애 및 오해, 경제적 자원 활용의 차이, 풍습 및 의식주 등 기본 일상생활에서
의 차이, 가족관계의 어려움 등 매우 광범위하다. 따라서 다문화상담자는 확장된
복지와 상담의 개념에서 접근할 필요가 있다. 상담자는 내담자 개인의 심리치료나
가족상담을 위한 상담자 역할뿐만 아니라 문화 차이의 이해와 적응을 돕는 교사 역
할, 사회적 자원 연계를 도와주는 사례관리자 역할 등의 중재와 교육 역할을 할 수
있어야 한다.

(3) 상담자의 문화 민감성

인종과 문화를 포함한 다양성의 존중은 상담자의 중요한 윤리 원칙 중 하나
이다. 특히 다문화상담(multicultural counseling)에서 상담자가 자신의 가치체계
와 문화에 대한 잠재된 편견과 고정관념을 인식하는 것은 문화 민감성(cultural
sensitivity)을 키우기 위한 중요한 과제이다(한재희, 2014; 천정웅 외, 2015). 문화적
으로 민감한 상담과 대비되는 개념인 '차별적 상담'은 상담자가 문화적 다양성에
민감하지 않으며, 자신의 가정에 맞지 않는다고 수용하지 않거나 무시하며, 증거
없이 추측하고 일방적인 사고에 고착된 상담이라고 볼 수 있다(Corey et al., 2014:
천정웅 외, 2015 재인용).

상담자가 문화 민감성을 키우기 위해서는, 첫째, 자신의 문화에서 학습한 가정들
에 대해 자각하고, 둘째, 그 안에 내재되어 있을 문화적 편견을 인식하며, 셋째, 다
양한 문화가 공유하는 보편성 및 독특성을 이해하기 위해 노력해야 한다. 개인적
가치체계는 자신이 성장한 사회문화적 배경 속에 구성되는 것이므로, 그 사람의 세
계관, 문화, 세상에 대한 이해를 반영한다. 상담자는 자신의 가설과 기대, 태도 등
가치체계 전반에 대한 검토와 자기이해를 통해 문화적 편견을 극복해 나갈 수 있
다. 이러한 과정 속에서 문화적 편견으로부터 완전히 자유로운 상태가 되지는 않더
라도, 문화적으로 민감한 상담자가 될 수 있다(천정웅 외, 2015; 한재희, 2014).

〈자료 13-11〉 상담자의 다문화역량 검사

번호	문항	점수				
		1	2	3	4	5
1	나는 동성애자(게이 또는 레즈비언)를 보면 꺼려진다.*					
2	나는 다른 나라 사람과 가까이 사귀어 본 적이 있다.					
3	나는 고정관념적인 표현(예: '혈액형이 A인 사람은' '저 성격 유형은' '미국 또는 베트남 사람은' 등)을 나도 모르게 흔히 하는 편이다.*					
4	나는 나와 종교가 다른 사람들과 깊은 대화를 나누거나 함께 어떤 일을 하는 것이 불편하다.*					
5	나는 청소년이나 노인 등 나와 세대가 다른 사람들과 이야기할 때 많은 벽을 느낀다.*					
6	중국이나 베트남 등의 동남아에서 온 대부분의 결혼이민자가 경험하는 문제는 우리 문화 내담자들이 경험하는 것과 유사하다.*					
7	나는 다른 나라에서 우리나라로 이주해 온 사람들이 적응할 수 있도록 돕는 어떤 기관에서 정기적으로 일하거나 봉사해 본 경험이 있다.					
8	나는 노인요양 보호시설이나 장애우 시설에서 정기적으로 일하거나 봉사해 본 경험이 있다.					
9	나는 외국에서 거주해 본 경험이 있다.					
10	나는 문화가 다른 외국 사람들과 함께 직장이나 공동체에서 거주해 본 경험이 있다.					
11	나는 AIDS 걸린 사람과는 전염될 수 있을 것 같아 함께 있을 수 없다.*					
12	나는 '문화 상대주의, 문화충격, 다원주의, 민족중심주의' 등의 개념에 대해 잘 설명할 수 있다.					
13	나는 '다문화 상담'이라는 개념에 대해 잘 설명할 수 있다.					
14	나는 기존의 상담이론 및 방법에 있어서 문화적 편견이 내포되어 있는 가설들을 찾아내는 학문적 능력이 있다.					
15	나는 '편견, 인종차별' 등의 개념에 대해 잘 설명할 수 있다.					
16	나는 중국, 일본 및 동남아권 등 다른 문화집단에서 온 사람들에게 도움을 주는 정부의 기관과 지원내용에 대해 알고 있다.					
17	나는 우리나라의 다문화가족지원센터와 그곳에서 하는 일들이 무엇인지를 알고 있다.					

18	나는 우리 사회 내 소수자들(장애인, 동성애자, AIDS 감염자 등)이 겪고 있는 심리적 특징들에 대해 잘 알고 있다.				
19	나는 다른 문화집단의 사람들이 어떤 경로를 통해 오는지 그리고 그 현황이 어떤지에 대해 알고 있다.				
20	나는 우리나라의 이민제도 및 국내체류를 위한 법적인 절차와 내용을 알고 있다.				
21	나는 상담할 때 내담자의 문화적 상황을 진지하게 고려하는 편이다.				
22	일반적인 상담의 핵심기술들은 모든 문화적 배경의 사람들에게 유용하다.*				
23	나는 내담자의 문화에 따라 심리적 문제들이 다르다고 생각한다.				
24	상담에 있어서 상담의 목표와 관점은 내담자의 문화적 배경에 따라 달라진다.				
25	독립적인 생활양식과 자유로운 의사표현은 심리적 건강의 가장 중요한 기준이다.*				
26	상담에 있어서 다른 문화적 배경을 지닌 내담자들은 주류문화에서의 내담자들이 받는 것과 동일한 상담적 치료를 받는 것은 당연하다.*				
27	나는 상담심리학 및 가족상담학 등의 정신건강 관련 학문이 인종 및 민족적 특성과 상관없이 보편적으로 인간심리에 대해 잘 반영하고 있다고 생각한다.*				
28	나는 중국, 일본 및 동남아권 등 다른 문화집단에서 온 사람들의 심리적 문제들을 문화적인 측면이라기보다 자신들의 문제일 것이라고 생각한다.*				
29	우리 사회 내 소수자들(장애인, 동성애자, AIDS감염자 등)이 상담받기 원하는 문제는 대부분 타인과 다른 자신들의 특성에 관한 것이다.*				
30	나는 심리적 문제를 다루는 데 있어서 일반적으로 우리나라 사람들 사이의 문화적 차이는 별 문제가 되지 않는다고 생각한다.*				
31	나는 문화적으로 다른 내담자에게 나의 상담적 접근을 달리 적용하고 있다.				
32	나는 현 시점에서 나의 문화적 시각과 타 문화권 사람의 문화적 시각을 정확하게 비교할 수 있다.				
33	나는 나와 문화적 배경이 매우 다른 내담자를 효율적으로 상담할 수 있는 능력을 잘 갖추고 있다고 평가한다.				
34	나는 나와 문화적 배경이 매우 다른 사람들의 정신건강을 효과적으로 평가할 수 있는 능력이 있다고 평가한다.				
35	나는 상담 장면에서 문화적 배경이 다른 내담자가 편견, 차별, 선입관 등에 대해 불만을 토로 할 때 이를 효과적으로 다룰 수 있다.				

36	나는 중국, 일본 및 동남아권 등 다른 문화집단에서 온 내담자의 문제들을 정확하게 명료화시킬 수 있는 능력을 지니고 있다.					
37	나는 중국, 일본 및 동남아권 등 다른 문화집단에서 온 내담자들에게 심리검사를 사용함에 있어서 이 검사들의 장점과 약점을 알아낼 수 있다.					
38	일반적으로 나는 중국, 일본 및 동남아권 등 다른 문화집단에서 온 내담자들에게 적절한 상담 서비스를 제공할 수 있는 상담기술을 지니고 있다.					
39	나는 중국, 일본 및 동남아권 등 다른 문화집단에서 온 내담자들의 정신건강과 관련해서 다른 전문가에게 효과적으로 자문을 구할 수 있는 방안이 있다.					
40	나는 중국, 일본 및 동남아권 등 다른 문화집단에서 온 내담자들에게 상담 서비스를 제공하기 위해 효과적으로 문화적 정보와 자원을 확보할 수 있는 방안이 있다.					

* 표시 문항은 역채점.

출처: 한재희(2014), pp. 65-68.

〈자료 13-12〉 상담자의 다문화역량 검사 채점표

경험		지식		인식		상담기술	
1		11		21		31	
2		12		22		32	
3		13		23		33	
4		14		24		34	
5		15		25		35	
6		16		26		36	
7		17		27		37	
8		18		28		38	
9		19		29		39	
10		20		30		40	
합		합		합		합	

- 채점
  - 1G~10번 문항: 다문화적 경험에 대해
  - 11~20번 문항: 다문화적 지식에 대해
  - 21~30번 문항: 다문화적 인식에 대해

- 31~40번 문항: 다문화상담 기술에 대해
• 해석: 다문화상담자로서 네 영역 모두에서 점수가 높을수록 현재 자신의 삶 속에 체화되어 있는 다문화적 역량이 높은 것으로 볼 수 있다. 각 영역별 점수가 35~50점이라면 우수한 다문화적 역량을 지녔다고 볼 수 있으며, 25~34점은 보통 수준의 다문화적 역량, 24점 이하는 빈약한 다문화적 역량을 지닌 것으로 볼 수 있다.

출처: 한재희(2014), pp. 65-68.

참고문헌

교육인적자원부, 외교통 상부, 법무부, 행정자치부, 문화관광부, 농림부, 정보통신부, 보건복지부, 노동부, 여성가족부, 중앙인사위원회, 기획예산처, 대통령자문 빈부격차·차별시정위원회(2006. 4. 26). 여성결혼이민자 가족의 사회통합 지원대책. 미간행 보고서.

김유숙, 전영주, 김수연(2003). 가족평가핸드북. 서울: 학지사.

김정옥, 박귀영, 유가효, 전귀연, 홍계옥, 홍상욱(2012). 가족 관계. 경기: 양서원.

노영주, 서동인, 원효종(2001). 가족 관계와 의사소통: 응집성과 변화. 서울: 하우.

문선화, 구차순, 박미정, 김현옥(2013). 한국사회와 아동청소년복지. 경기: 양서원.

여성가족부(2005). 가족실태조사. 서울: 여성가족부 가족정책팀.

여성가족부(2010). 다문화가족지원센터 다문화가족 방문상담 매뉴얼. 서울: 전국다문화가족사업지원단.

이영숙, 박경란, 전귀연(1999). 가족문제론. 서울: 학지사.

이원숙(2016). 가족복지론. 서울: 학지사.

정옥분, 정순옥, 홍계화(2005). 결혼과 가족의 이해. 서울: 시그마프레스.

제석봉, 김춘경, 천성문, 이영순, 김미애, 이지민(2014). 가족상담. 경기: 정민사.

조희금, 김경신, 정민자, 송혜림, 이승미, 성미애, 이현아(2013). 건강가족론. 서울: 신정.

천정웅, 이형하, 이승민, 이정희(2015). 이민·다문화 가족복지론. 경기: 양서원.

통계청(2011). 맞벌이가구 및 경력단절여성 통계 집계 결과. 미간행 보도자료.

한국가족상담교육연구소(2010). 변화하는 사회의 가족학. 서울: 교문사.

한국청소년상담원(2006). 다문화가정 청소년(혼혈청소년) 연구. 사회적응 실태조사 및 고정관념 조사. 서울: 국가청소년위원회, 한국청소년상담원.

한재희(2014). 한국적 다문화상담. 서울: 학지사.

Ganong, L. H. (2001). Measuring family adjustment, health, and well-being. In J. Touliatos, B. F. Perlmutter, & G. W. Holden (Eds.), *Handbook of Family Measurement Techniques* (Vol. 2). London: Sage.

Goldenberg, I., & Goldenberg, H. (2001). 가족치료[*Family therapy: An overview*]. 김득성, 윤경자, 전영자, 전영주, 조명희, 현은민 공역. 서울: 시그마프레스.

Sager, C. J., Brown, H. S., Crohn, H., Crohn, T., Rodstein, E., & Walker, L. (1983). *Treating the remarried family*. New York: Brunner/Mazel.

Schriver, J. M. (2013). 인간행동이론과 사회복지실천: 패러다임의 경쟁과 전환[*Human behavior and the social environment: Shifting paradigms in essential knowledge for social work practice*]. 성균관대학교 사회복지연구회 역. 서울: 박영사. (원저는 2004년에 출간).

Singh, R. N., & McBrown, J. (1992). On measuring the adjustment of separated and divorced mothers to parenting: A proposed scale. *Journal of Divorce and Remarriage, 18*(1/2), 127–147.

Walsh, F. (2002). 가족과 레질리언스[*Strengthening family reselience*]. 양옥경, 김미옥, 최명민 공역. 서울: 나남출판. (원저는 1998년에 출간).

Whitsett, D., & Land, H. (1992). The development of a role strain for stepparetns. *Families in Society, 72*, 14–22.

Zeilfelder, E. L. (2008). 한국사회와 다문화가족[*Increasing muliticultural understanding in Korean society*]. 평택대학교 다문화가족센터 편. 경기: 양서원. (원저는 2007년에 출간).

다문화가족지원포털 http://www.liveinkorea.kr/
통계청(2016). http://www.kostat.go.kr/

제5부

가족평가의 실제적 적용

제14장 가족평가 과정 매뉴얼

1. 상담 초기

1) 상담신청서 작성과 주 호소문제 탐색, 상담동의(고지된 동의) 과정

(1) 상담신청서 작성과 문제 영역 평가

가족상담사는 내담자 한 명을 체계론적인 시각에서 상담하거나 IP를 포함한 가족들을 상담할 수 있어야 한다. 가족상담은 IP 혹은 가족들(이하 '내담자'라고 함)이 상담실에 방문하여 가족상담을 받겠다고 계약서를 작성하면서 시작된다. 내담자는 상담신청서를 작성하며 가족상담사와 내담자 간에 계약관계가 성립되고, 이때부터 상담관계가 시작된다.

가족상담 초기, 특히 **상담신청서 작성** 단계에서는 가족을 평가하는 데에 집중하기도 하지만, 상담자와 내담자 간에 건강한 치료적 관계를 형성하고 본격적으로 상담관계를 맺는 데에 기초가 될 수 있도록 상담 구조화를 잘하는 것이 중요하다. 따라서 가족상담사에게 있어 상담 초기, 특히 상담신청서 작성 단계에서는 상담 구조화가 적절하게 이루어지고 있는지 평가하는 것이 중요하다.

내담자에게 위기개입이 필요하거나, 내담자가 단회상담을 요구하며 상담신청서 작성을 원하지 않는다고 하거나, 특히 상담동의 과정을 생략하기를 요구할 수도 있다. 하지만 촌각을 다툴 정도로 심각한 상황이거나 5~10분을 지체할 수 없을 정도로 긴급한 내담자의 경우, 가족상담사를 만나 상담을 받기보다 병원이나 응급의료센터 혹은 경찰서에서의 도움이 더 필요할 수 있다. 따라서 이러한 상황의 내담자일 경우 더 적절한 기관으로 연계하는 것이 필요하지만, 이러한 상황이 아니면서 상담신청서 작성과 상담동의 과정을 생략하기를 요구하는 내담자에게는 신청서와 동의서 작성과정의 중요성을 설득하고 정해진 과정을 진행할 필요가 있다. 또한 자발적 상담이 아닌 법적 처분(처벌)의 성격으로 상담에 의뢰된 내담자의 경우에도, 상담신청서 작성과정은 내담자가 처분(처벌)을 무시하고 내방하지 않을 수도 있었는데도 상담실에 온 자발성을 강조하는 데에 의미가 있다.

상담신청서 작성 과정은 가족상담사가 내담자 가족들의 인적 사항을 파악할 뿐만 아니라 상담 요청 내용을 확인하면서 주 호소문제를 구체화하는 과정이다. 즉, 가족의 주 호소문제를 평가하고 가족을 첫 평가하는 데에 중요한 과정이다. 상담신청서 양식은 <자료 14-1>과 같으며, **문제 영역 평가** 양식은 <자료 14-2>와 같다.

<자료 14-1> 상담신청서

상담신청서

1. 접수사항

접수번호		접수자		접수일시	

2. 내담자 정보

내담자 정보	성명		생년월일		성별	
	이메일		연락처			
	주소					
가족 정보	관계	성명	나이	동거 여부	성별	연락처
				☐ 동거 ☐ 비동거		

			☐ 동거 ☐ 비동거		
			☐ 동거 ☐ 비동거		
			☐ 동거 ☐ 비동거		
상담 요청 내용	가족 문제			상담 내용 문제 상태	☐ 매우 심각
	부부 문제				☐ 조금 심각
	자녀 문제				☐ 보통
	개인 문제				☐ 잘 모르겠음

상담 유형 신청	☐ 이혼전후상담　☐ 부부상담　☐ 부모자녀상담　☐ 그 외 가족상담
	☐ 개인상담　　☐ 집단상담

찾아온 경위	☐ 스스로 결정　☐ 타 기관에서 권유함　☐ 주변 권유
	☐ 기타 (　　　　　　　　　　　　　　　　　　　　　　　　　　　　　)

상담 경험	경험 유무	☐ 없다　　☐ 있다(기간:　　　　　　　　　　　　)
	☐ 개인상담　　내용: ☐ 이혼전후상담　내용: ☐ 부부가족상담　내용: ☐ 심리검사　　종류:	

상담에 따른 변화에 대한 생각	☐ 변화가 없을 것 같다 ☐ 약간 좋은 상태가 될 것 같다 ☐ 매우 좋은 상태가 될 것 같다 ☐ 잘 모르겠다
상담 가능 시간	

출처: 여성가족부, 한국건강가정진흥원(2015), pp. 112-113.

〈자료 14-2〉 문제영역 평가지

사례번호			작성일		년 월 일	
내담자	※ 여러 명일 수 있음		상담자			
문제 영역	세부 영역		주관적 문제(내담자)		객관적 문제(상담자)	
				우선 순위		우선 순위
친인척 문제	① 의사소통 문제 ② 문화 차이 ③ 부모와의 갈등 ④ 형제자매와의 갈등 ⑤ 시가와의 갈등 ⑥ 처가와의 갈등 ⑦ 기타 친척과의 갈등 ⑧ 폭력 ⑨ 부양, 간병의 어려움 ⑩ 재산 문제 ⑪ 가정의례 문제 ⑫ 기타( )		* 문제 영역을 굵게 표시하고 내담자가 가지는 주관적 욕구와 어려움을 기술한다.		* 상담자가 바라보는 문제의 내용과 우선 순위를 작성한다.	
부부 문제	① 의사소통 문제 ② 문화 차이 ③ 자녀 양육 차이 ④ 가치관의 차이 ⑤ 임신(중절, 출산) ⑥ 배우자의 외도 ⑦ 자신의 외도 ⑧ 배우자의 가출 ⑨ 별거 ⑩ 폭력 ⑪ 이혼 ⑫ 전 배우자와의 관계 ⑬ 배우자와의 혼전 관계 ⑭ 혼전 성관계 ⑮ 부부간의 성적 부조화 ⑯ 부부 성폭력 ⑰ 혼수 및 예단 문제 ⑱ 기타( )					

자녀 문제	① 유치원 및 학교 부적응 ② 의사소통 문제 ③ 이성/친구 관계 ④ 학원 폭력 ⑤ 임신 ⑥ 비행 ⑦ 폭력 ⑧ 부모와의 갈등 ⑨ 학업, 진로 문제 ⑩ 교사와의 갈등 ⑪ 또래 관계 부적응 ⑫ 기타( )				
사회 문제	① 사회 부적응 ② 이웃 관계 갈등 ③ 사회적 차별 및 소외 ④ 기타( )				
기타 성문제	① 성폭력 ② 성추행 ③ 성병 ④ 성에 대한 정보 ⑤ 기타( )				
경제 문제	① 경제적 어려움 ② 채권, 채무 ③ 취업 상담 ④ 경제 상담 ⑤ 기타( )				
법률 상담	① 이혼 상담 ② 가정 법률 ③ 기타( )				
중독 상담	① 알코올중독 ② 도박 중독 ③ 약물중독 ④ 인터넷 중독 ⑤ 기타( )				
질환 및 장애 상담	① 신체 질환 및 장애 ② 정신 질환 및 장애 ③ 기타( )				

302 제14장 가족평가 과정 매뉴얼

기타	① 단순 정보 제공 ② 개인 관련 문제 ③ 기타( )				
상담자 의견					

출처: 여성가족부, 한국건강가정진흥원(2015), pp. 133-134.

(2) 상담동의서 작성

상담동의는 '사전동의' '고지된 동의(informed consent)'로 불리기도 한다. **상담동의서**를 작성하는 과정은 내담자에게 상담자를 소개하고 상담이라는 것이 무엇인지를 이해시키며 상담 시작의 선택권이 내담자에게 있음을 인식시켜 내담자의 자발성을 촉진하는 데에 일차적인 목적이 있다. 또한 비밀 유지에 대한 다짐과 비밀보장의 예외 사유를 고지하고 이에 대한 동의를 서면으로 받음으로써 내담자와의 신뢰관계를 보장하고 비밀보장 예외 사유 발생 시 내담자를 보호할 뿐만 아니라 상담자 자신도 보호받는 목적도 있다.

상담동의서는 내담자에게 동의를 요구하고 동의를 거부할 경우 상담에 제한이 있음을 알리는 부분과 동의를 거부해도 상담에 제한이 없으나 상담자의 필요에 의해 동의를 요청하는 부분으로 구성할 수 있다. 여성가족부, 한국건강가정진흥원(2015)의 상담동의서를 수정하여 인용하면 〈자료 14-3〉, 〈자료 14-4〉와 같다.

〈자료 14-3〉 내담자에게 동의를 요구하고 동의 거부 시 상담에 제한이 있음을 알리는 상담동의서

상 담 동 의 서

1. 상담자 소개: 본 상담자는 (학부/석사/박사) 과정에서 (가족상담학/심리상담학)을 전공하였으며, ○○기관에서 (실습상담자/인턴상담자/레지던트상담자)으로 수련을 받았습니다. 주요 경력은 ○○기관에서 ○년간 (아동/청소년/부부/가족) 상담을 하였고, 잘 하는 상담분야는 (아동/청소년/부부/가족) 분야이고, 경험이 많지 않은 상담 분야는 (아동/청소년/부부/가족) 분야입니다.

2. 상담: 상담이란 상담을 신청한 본인(이하 '내담자'라고 함)이 상담전문능력을 갖춘 상담자에게 현재의 어려움이나 도움받고 싶은 내용을 말하는 것으로 시작하여 상담자와 내담자가 그 어려움이나 문제를 해결해 가는 데 적극적으로 협력하는 과정입니다. 그러기에 내담자는 적극적으로 상담 과정에 참여할 때 상담의 효과는 더욱 커질 수 있습니다.

3. 비밀보장: 상담자와 내담자는 상담 중에 드러난 모든 정보와 내용에 대해서 상담자와 내담자 동의 없이는 어떠한 내용도 발설하지 않고 비밀을 보장할 것임을 약속합니다. 다만, 다음의 경우에는 예외적으로 상담 내용이 공개될 수 있습니다.

   ① 내담자가 자살, 자해 또는 살해, 폭력과 관련한 위험 등 자신이나 다른 사람을 위해하려는 긴박한 위협을 표현하였을 때

   ② 내담자가 아동이나 노인, 장애인들에 대한 학대를 암시했을 때

   ③ 내담자가 중증 장애인이 되거나 중한 전염병에 걸렸거나 임신 등의 의료적인 도움을 필요로 할 때

   ④ 법원 등과 같은 국가기관의 요청이 있었을 때

4. 내담자의 자율권: 내담자는 상담을 시작, 진행, 중단할 권리가 있으며, 이에 대해 상담자와 협의, 협조하는 것이 도움이 됩니다. 상담 계획이나 방법, 종료 시점 등에 관해서 궁금할 때는 상담자에게 언제든지 문의할 수 있습니다.

5. 위험 및 이점: 상담 중에 생길 수 있는 도움과 위험요소에 대해 이해했습니다. 상담 중에 원치 않는 기억을 되살려야 하는 위험이 있을 수 있고 강한 감정도 일어날 수 있으며, 주요한 사람들과의 관계에도 영향을 미칠 수 있습니다. 이러한 과정은 상담자와 내담자가 상담 목표를 달성하기 위해 경험할 수 있는 과정입니다.

6. 상담의 구조: 개인상담은 50분, 부부상담과 가족상담은 90분 정도로 주 1회 정도 진행합니다. 상담 일정 변경은 적어도 하루 전에 상담실로 연락을 해 주셔야 하고, 사전 연락 없이 상담시간에 늦을 경우 약속한 상담시간에 한해서 상담을 받을 수 있습니다. 또한 상담자는 상담실에서만 내담자를 만나며, 상담실 밖에서 개인적인 관계를 맺지 않을 것입니다.

7. 상담료: 상담료는 ○○원이고 내담자는 다음 회기의 상담료를 선불로 지불하기를 권합니다. 또한 사전 연락 없이 상담시간에 내방하지 않을 경우 상담료를 반환해 드리지 않습니다.

8. 위탁: 내담자는 상담 중에 필요한 기관을 소개받을 수 있고, 상담자의 전문분야가 아닌 상담분야에 대해서는 다른 전문기관에 위탁이 될 수도 있습니다.

9. 개인정보 제공에 대한 동의: 개인정보를 수집 및 이용하기 위해서는 본인의 동의가 필요합니다. 내담자는 상담 사례관리를 위해 개인정보(성명, 연락처, 주소, 상담신청서등 상담관련 서류)를 상담 종결 이후 6개월까지의 기간 동안 상담센터에 제공하는 데에 동의합니다(만 14세 미만의 아동일 경우, 법적 대리인의 동의가 필요합니다).

위 사항들을 읽고 충분히 이해하였으며 상담을 받는 것에 동의합니다.

동의 일자: 년   월   일

내담자: (서명)

보호자: (서명)

상담자: (서명)

출처: 여성가족부, 한국건강가정진흥원(2015), p. 114 일부 수정.

〈자료 14-4〉 상담자의 필요에 의해 내담자의 동의를 구하고,
　　　　　　거부를 하더라도 상담에 제한이 없음을 알리는 상담동의서 별지

[별지]

상담 내용의 활용

상담자는 상담 내용은 비밀을 보장할 것입니다. 다만, 상담자가 더 나은 상담을 위한 슈퍼비전, 사례회의의 기초자료로 사용하기 위해 상담 내용의 녹음 혹은 녹화 등이 필요합니다. 성명, 직업, 주소 등의 개인정보를 모두 삭제한 상태에서 상담의 내용을 공개할 수도 있는데, 다음의 사항에 동의를 하시면 각각의 항목에 대하여 서명을 부탁드립니다(만 14세 미만의 아동일 경우, 법적 대리인의 동의가 필요합니다).

활용 사항	내담자 동의 (서명)	보호자 동의 (서명)
1. 상담 내용의 녹음(1회기)		
2. 상담 장면의 녹화(1회기)		
3. 상담 내용의 전 회기 녹음		
4 상담 장면의 전 전회 녹화		
5. 상담 사례보고서 작성 및 지도감독자(supervisor)로부터 지도받음.		
6. 상담 사례보고서 작성 및 사례발표회에서 발표		
7. 상담 내용을 강의에 활용		
8. 상담 내용이 포함된 논문 작성 및 출간		
9. 상담 내용이 포함된 도서 출간		

동의 일자:　　　　년　　월　　일

내담자:　　　　　(서명)

보호자:　　　　　(서명)

상담자:　　　　　(서명)

상담신청서를 작성할 때는 행동관찰에 입각해 주 호소문제를 다음과 같이 탐색하고 구체화하여 평가할 수 있다.

> **상담자**: 어떤 도움을 받고 싶어서 상담실에 오셨는지 궁금해요.
>
> **내담자**: 너무 많은 문제가 저를 정말 힘들게 해요.
>
> **상담자**: 많은 문제로 힘들게 지냈군요. 최근 1~2개월 어떤 가족, 부부, 자녀 문제나 개인 문제 중에서 무엇이 ○○ 씨를 가장 힘들게 했나요? [기간과 내용 구체화]
>
> **내담자**: 부부 문제요. 남편이 저를 너무 힘들게 해요. 남편의 성격을 바꿨으면 좋겠어요.
>
> **상담자**: 남편으로 인해 많이 힘들었나 보군요. 구체적으로 남편의 어떤 모습이 ○○ 씨를 힘들게 했나요? [행동화 진술로 주 호소문제를 구체적으로 탐색]
>
> **내담자**: 저를 너무 무시해요. 제가 이야기할 때 대꾸를 하지 않아 너무 괴로워요. 벽을 보고 이야기하는 것 같아서 제 맘이 터질 것 같아요.
>
> **상담자**: ○○ 씨가 이야기할 때 남편이 대꾸를 하지 않나 보군요. 남편이 ○○ 씨를 무시하신다고 생각하니 화가 많이 나고요. [정보-인식-감정을 구분하여 반영]
>
> **내담자**: 네. 정말 힘들었어요.

이때 가족상담사는 "저를 너무 무시해요. 제가 이야기할 때 대꾸를 하지 않아 너무 괴로워요. 벽을 보고 이야기하는 것 같아서 제 마음이 터질 것 같아요."라는 내담자의 진술을 주 호소문제로 평가하고 이를 큰따옴표(" ")를 활용하여 상담일지에 기록할 필요가 있다. 위의 과정은 주 호소문제를 탐색하는 과정이지만, 가족상담사는 뒤이어 "남편이 대꾸를 하지 않을 때 ○○ 씨는 어떻게 행동했어요?" "○○ 씨가 주로 어떤 주제를 이야기를 할 때 남편이 대꾸를 하지 않았나요?" 혹은 "이렇게 남편이 이야기하지 않을 때 자녀들은 뭐라고 하나요?"와 같은 순환질문을 활용하여 관계나 상호작용을 파악할 필요가 있다.

2) 상담 목표의 합의 및 평가

(1) 합의한 상담 목표 평가

상담자는 상담신청서와 상담동의 과정을 통해 내담자와 상담계약 관계를 맺고 신뢰관계를 형성하는 토대를 마련하며 상담을 구조화하였으면, 그다음 단계로 내담자와 상담 목표를 합의한다. 상담 목표는 내담자와 합의하여 정하는 '합의한 상담 목표'와 상담자가 자신이 좋아하고 익숙한 가족상담 이론이나 심리상담 이론에 입각하여 내담자를 평가하고 이론에 입각하여 설정한 목표인 '상담자의 상담 목표'로 구분할 수 있다.

합의한 상담 목표는 주 호소문제와 관련하여 내담자와 합의를 하는데, "그러한 어려움이 상담을 마친 후에 어떻게 변화하길 원하세요?" 혹은 "오늘 상담실 문 밖을 나갈 때 ○○ 씨의 어려움이 어떻게 바뀌길 원하세요?"와 같은 기적질문을 활용하여 합의할 수 있다. 이러한 상담자의 질문에 대해 내담자는 "성격이 바뀌길 바라요." "그 사람이 변화하길 바라요."와 같이 문제의 원천적인 변화나 제3자의 변화 등을 목표로 합의하고자 할 수 있는데, 이때 상담자는 현실적으로 달성할 수 있는 목표를 고민하도록 내담자를 도울 필요가 있다. 즉, 상담자는 "상담실에 오지 않는 제3자를 변화하게 하는 것은 현실적으로 어려울 것 같은데요?"와 같이 말하며 상담자가 무한한 능력을 갖고 있지 않음을 알려 줄 필요가 있다. 또한 행동관찰 등의 방법을 통해 상담과정 중에 달성할 수 있고, 내담자도 달성 여부를 스스로 평가할 수 있는 목표를 합의하는 것이 필요하다. 주 호소문제 탐색과 이에 근거한 상담 목표를 합의하는 과정의 예는 다음과 같다.

> **상담자**: 어떤 도움을 받고 싶어서 상담실에 오셨어요? [주 호소문제 탐색]
> **내담자**: 너무 많은 문제가 저를 정말 힘들게 해요.
> **상담자**: 많은 문제로 힘들게 지냈군요. 최근 1~2개월 동안 어떤 문제가 ○○ 씨를 가장 힘들게 했나요?
> **내담자**: 무기력이요. 너무 무기력해서 힘들어요.

상담자: 많이 무기력해서 힘들고 괴로웠나 보군요. 무기력이라고 하셨는데, 구체적으로 ○○ 씨의 어떤 모습을 보고 무기력하다고 이야기하시나요? [행동화 진술]

내담자: 며칠씩 잠을 못 자다가도 한번 자면 3일 내내 잠을 자요. 그리고 식욕도 없고요.

상담자: 잠을 잘 조절하지 못하고 식욕도 없어 식사를 잘 하지 못하나 보군요. [행동 나열] 많이 괴롭고 힘들었겠어요.

내담자: 네. 정말 힘들었어요.

상담자: 이러한 어려움이 상담을 마친 후에 어떻게 변하기를 원하세요? [상담 목표 탐색]

내담자: 무기력감이 없어지기를 바라요.

상담자: 아까 잠을 조절하지 못하는 행동, 식욕이 없어 식사를 잘 하지 못하는 행동을 무기력의 구체적인 모습이라고 하셨는데, 이러한 행동이 없어지기를 바란다는 것인가요? 제가 잘 이해했어요?

내담자: 네.

상담자: 그러면 ○○ 씨가 구체적으로 어떤 행동을 했을 때에 잠을 잘 조절하고 식사를 잘 하는 것으로 볼 수 있을까요? [구체적 사건 탐색]

내담자: 늦어도 12시에는 자고 아침에는 7~8시 정도 일어나는 거요. 하루에 7~8시간 자는 것, 그리고 하루에 세 끼는 아니더라도 점심과 저녁, 두 끼는 먹는 거요.

상담자: 12시 정도 잠이 들어 7~8시간 정도 자고, 하루에 점심과 저녁 두 끼 정도를 먹으면, 잠과 식사를 조절하여 무기력에서 벗어난다고 생각하는 건가요? [구체적 사건 기록]

내담자: 네.

상담자: 그런데 7~8시간 정도 잠을 잔다는 것에 대해서는 알겠는데, 어떤 상태나 행동을 보면 잠을 잔다고 알 수 있을까요?

내담자: 침대에 누워만 있는 것은 잠을 잔다고 할 수 없죠. 눈을 감았을 때에 여러

생각이 없어지고 깊이 잠에 드는 거죠. 그리고 중간에 깨더라도 곧이어 잠이 드는 거예요.

상담자: 그렇군요. 정신이 말똥말똥하고 깨어 있는 상태를 0이라고 하고 아주 깊은 잠이 든 상태를 10이라고 하면, 잠이 드는 상태는 어느 정도로 이야기할 수 있을까요? [척도 기록]

내담자: 한 7~8 정도 되면 잠이 들었다고 할 수 있을 거예요.

상담자: 아, 그렇군요. 그러면 하루에 12시 정도 잠자리에 들어 7~8시간 정도 잠을 자고 하루에 점심, 저녁 두 끼 정도를 먹는 것을 일주일에 몇 번 정도 하고 싶은가요? [주기 탐색]

내담자: 일주일에 한 5일 정도요.

상담자: 일주일에 5일 정도요? [주기 기록] 알겠어요. 그러면 상담을 받은 후에는 ○○ 씨가 일주일에 5일 정도 12시부터 7~8시간 잠을 자는데 0에서 10 중에 7~8시간 정도의 깊이로 잠이 들며, 하루에 점심, 저녁 두 끼를 주 5일 정도 먹는 것으로 상담 목표를 잡고 싶은가요? [상담 목표 합의]

내담자: 네. 그러면 좋겠어요.

(2) 상담자의 상담 목표 평가

이처럼 내담자와 상담 목표를 합의하고 그에 대한 평가를 한 후, 상담자는 상담 신청서 작성 과정, 주 호소문제 탐색 과정, 합의한 상담 목표 설정 과정 등을 종합하여 상담이론에 근거한 '상담자의 상담 목표(임상 목표, 이론에 근거한 상담 목표)'를 설정하고 평가를 한다. 상담 초기 단계에서 1~2회기 때 상담한 결과로 가족과 개인을 평가하기 어렵다면, 심리검사를 실시하거나 가계도를 작성하는 등의 과정을 통해 상담자의 상담 목표를 설정할 수 있다.

후기 가족상담 이론에서는 상담을 구조화하거나 이론에 입각하여 상담을 하는 과정을 초기 가족상담 이론이나 개인심리상담 이론에 비해 덜 중요하게 생각할 수도 있다. 하지만 상담은 일반 대화와는 다르게 상담 초기부터 종결까지 이론에 근거한 과정이 중요하고, 상담자는 합의한 상담 목표나 상담자의 상담 목표를 달성하기 위해 방향성 있게 나아가고 있는지 상담과정을 평가하는 것이 중요하다.

　상담자의 상담 목표를 설정하는 것은 가족을 이론에 근거하여 평가하고 개인의 심리 상태를 평가하는 사람, 즉 사례를 개념화하는 과정에서 이루어진다. 따라서 상담자는 자신이 좋아하는 상담이론이나 내담자의 주 호소문제를 변화시키는 데에 적합한 상담이론을 선택하여, 그 이론에서 규정하는 가족문제, 심리적 문제에 근거하여 내담자 가족과 개인을 평가하고 이를 주 호소문제와 연결시킬 필요가 있다. 예를 들면, 개인심리상담 이론인 정신분석적 상담이론의 경우 개인의 심리적 문제가 억압 때문이라고 보기 때문에, 개인심리상담사의 경우 개인이 어떤 감정을 억압하는지, 성장하는 과정에서 어떤 경험을 하여 이처럼 심리적 억압을 하였는지 탐색할 필요가 있다. 또한 가족상담 이론인 보웬의 다세대 가족상담 이론의 경우, 가족의 문제를 자기분화를 저해하는 삼각관계로 규정하고 있다. 따라서 가족상담사는 내담자 가족들이 핵가족 내에서 어떻게 삼각관계를 맺고 있는지, 그러한 삼각관계는 원가족 내에서 어떻게 경험되어 다세대 전수되고 있는지 탐색할 필요가 있다.

　이처럼 내담자 개인과 가족의 문제의 원인을 탐색하고 평가한 후 상담자는 이론과 관련한 상담 목표를 설정하게 되는데, 이것이 상담자의 상담 목표이다. 이러한 상담자의 상담 목표는 내담자와 합의한 상담 목표와 일치할 수도 있지만, 많은 경우 합의한 상담 목표보다 상위의 개념이고 근본적인 목표이며 장기적인 목표이다. 따라서 일차적으로 상담자는 합의한 상담 목표를 향해 나아가려고 하지만, 더 나아가 최종적으로 근본적으로는 상담자의 상담 목표를 향해 나아가려는 입장을 갖고 있을 필요가 있다. 즉, 장기적인 상황에서 달성하려는 목표를 상담자의 상담 목표라고 한다면, 단기적으로는 합의한 상담 목표를 달성하려는 개념을 가질 필요가 있다. 예를 들면, 합의한 상담 목표를 '배우자와 주 1~2회 정도, 한 번에 1시간 이상의 산책을 하고 산책을 하는 동안 대화를 하여 친밀감을 현재 10 중에 2 정도에서 5~6 정도로 향상시킨다'로 합의하였다면, 상담 목표는 '원가족 관계에서 모와의 융합관계를 통찰하여 삼각관계를 탈피하여 자기분화 수준을 높이고 이를 통해 핵가족 내에서의 삼각관계를 중단한다.'와 같이 더 근본적이고 이론적인 목표가 되는 것이다.

2. 가족상담 단계별 평가

가족평가는 특정 시기에 제한되는 것이 아니라 상담의 전 과정을 통해 이루어진다. 초기평가는 개입의 전 단계에서 개입을 위한 계획의 근거를 제공하기 위해 이루어진다. 상담의 개입과정에서는 새롭게 직면되는 문제들을 평가하고 개입 계획을 수정하기도 한다. 종결 단계에서는 내담자 가족의 정서적 반응을 확인하고 변화된 가족관계 유형을 확인하며 재평가하는 작업이 이루어진다. 상담의 각 단계별 평가 작업에서 유의해야 할 이슈들은 다음과 같다(전영주 외, 2016; Nichols, 2014/2015).

1) 면접상담 전 전화상담에서의 평가

면접 전 전화상담에서는 제시된 문제에 대한 개략적인 정보를 얻고, 가족 구성원이 상담에 올 수 있도록 준비하는 것이 중요하다. 전화 상담자는 전화를 건 사람이 호소하는 문제에 대해 말하는 것을 경청하며 의뢰 경로, 문제와 관련된 가족 구성원 등을 확인하고, 첫 상담에 참석해야 할 사람과 상담 날짜와 시간, 장소 등을 구체적으로 정한다. 상담 약속을 잡더라도 대부분의 내담자는 막상 상담실을 방문하려면 망설이기 때문에 첫 상담 약속일 전에 확인 전화를 해야 불참률을 낮출 수 있다(Nichols, 2014/2015).

2) 첫 면담에서의 평가

(1) 라포 형성 및 기본 정보 확인

첫 면담의 주요 목표는 라포(rapport) 형성과 정보 수집이다. 상담자는 먼저 가족에게 자기소개를 하고, 부모에게 자녀를 소개해 주도록 부탁하거나 가족 구성원 각자 자기소개를 하도록 부탁한다.

상담 신청자가 전화로 말한 내용을 간단히 요약하여 다른 가족 구성원들이 궁금해하지 않도록 배려하며, 신청자에게 좀 더 상세히 말해 줄 것을 청하는 것도 괜찮다. 상담을 신청한 가족 구성원의 관점을 듣고 확인한 후("이런 말씀이시군요."), 다른 가족 구성원들의 (문제에 대한) 생각을 묻는다.

첫 면담에서 상담자는 내담자 가족의 이름과 연령, 발달 단계, 관계망 등에 대한 내용을 확인한다. 어떻게 상담에 오게 되었는지, 문제에 대한 가족 구성원들의 생각은 각각 어떠한지, 문제를 해결하기 위해 어떤 노력을 했는지 등에 대한 가족의 이야기가 대부분을 차지하게 된다. 이 평가과정을 통해 가족은 자신의 가족 역동성을 다루는 방법을 깨닫게 되고, 가족 구성원 각자가 가족을 바라보는 눈이 다르다는 것을 느끼게 된다.

(2) 정보 수집 및 가설 세우기

첫 상담의 대부분은 제시된 문제에 대해 할애하게 되지만, 문제에만 초점을 두는 것은 분위기를 가라앉게 할 수 있다. 상담자가 가족 구성원의 흥미와 업적에 시간을 할애해 탐색하는 것은 상담의 정서적인 에너지를 극적으로 바꿀 수 있다. 상담의 성공을 위해서는 가족의 강점, 탄력성에 대한 정보 수집도 매우 중요하다. 내담자는 자신이 맞이했던 최악의 순간뿐만 아니라 최고의 순간에도 관심을 가져 주는 상담자에게 감동한다(Nichols, 2014/2015).

상담자는 가족 구성원이 문제 해결을 위해 무엇을 했는지에 대해 질문하고, 가족의 상호작용을 관찰함으로써 가족의 연쇄과정에 대한 가설을 발전시킨다. 어떤 상담자는 정보 수집을 위해 표준화된 심리검사나 가계도, 기타 설문지 등을 활용하기도 한다.

첫 상담에서의 가족평가의 주목적은 가족상담의 계획을 세우고 가족을 알아 가는 과정으로서 필요하지만, 가족 스스로 자신들의 역동을 파악하게 해 주는 의미 있는 시간이 될 수 있다. 그러므로 상담자가 평가하는 과정 자체가 상담적 개입이라는 마음가짐을 갖는 것이 중요하며 가족과의 일상적이고 가벼운 대화에서 평가 작업이 시작된다(김유숙, 2000).

(3) 상담 구조화 및 적극적 사고의 시작

가족이 처한 가족생활주기에 대한 정보를 수집하는 것도 가설을 세우는 데 도움이 된다. 많은 가족이 가족생활주기의 전환기에 적응하지 못해 상담을 청하기 때문이다. 젊은 상담자들은 내담자 가족이 겪는 생활주기를 경험해 본 적이 없을 수 있는데, 이러한 경우 상담자는 성급히 결론짓기보다는 가족이 겪고 있는 어려움에 대해 호기심을 가지고 존중하는 것이 좋다. 첫 상담 말미에 가족과 합의하에 상담 계약을 맺게 되는데, 약속 시간, 상담에 소요되는 시간, 상담에 참여할 가족 구성원, 관찰자 참관 및 녹화 여부, 상담 비용 등에 대해 이야기한다.

상담자는 가족에게 상담에 오게 된 소감을 물어봄으로써 가족의 솔직한 표현을 격려한다. 만약 내담자가 "나는 상담에 오고 싶지 않았어요." 또는 "상담에 별 기대 없어요."라는 식으로 말한다면, 상담자는 "솔직하게 이야기해 주셔서 고맙습니다."라고 말할 수 있다. 성공적인 첫 면담은 제시된 문제에 대해 가족과 함께 적극적인 사고를 시작할 수 있도록 해 준다.

〈자료 14-5〉 첫 회기 점검 사항

1. 가족 구성원 각각과 접촉하며 문제에 대한 각자의 견해, 상담에 대한 감정을 나누었는가?
2. 상담의 구조와 속도를 조절함으로써 리더십을 발휘하였는가?
3. 온화함과 전문성을 균형 있게 갖춤으로써 가족과의 협력 관계를 발전시켰는가?
4. 가족 구성원의 긍정적인 행동과 강점을 칭찬하였는가?
5. 개인에게 공감해 주고 가족의 행동 방식을 존중하였는가?
6. 구체적인 문제와 시도했던 해결책에 초점을 맞추었는가?
7. 제시된 문제된 상호작용에 대한 가설을 발전시켰는가?
8. 불참한 가족 구성원, 친구 또는 다른 조력자들이 문제에 관여될 수 있다는 점을 고려했는가?
9. 상담을 구조화하였는가?(가족의 목표 인정, 상담자의 계획 구체화, 상담적 계약 협상)
10. 가족이 질문할 수 있도록 조력하였는가?

출처: Nichols (2014/2015), pp. 60-61.

3) 초기면담에서의 평가

가족상담에서 **초기면담**이라 함은 일반적으로 1~3회기 정도를 의미한다. 초기면담에서는 상담자가 호소문제를 파악하고, 체계적 맥락에서 문제를 파악하며, 가족과 함께 가설을 세우고, 상담의 계획을 수립하는 중요한 단계이다. 이 단계에서 상담의 목표를 적절하게 세울 경우 나머지 상담 여정은 순항할 수 있지만, 문제를 제대로 파악하지 못하거나 가족 구성원들과 라포 형성이 제대로 되지 않는 경우 남은 상담이 어려움에 처할 수 있다.

초기면담에서는 가족 구성원의 호소문제, 가족과정의 맥락 외에도 가족생활주기 적응, 가족폭력, 혼외관계, 약물중독 등의 여부도 반드시 확인해야 한다. 자칫 이러한 부분을 간과했다가 이후 상담과정에 난항을 겪을 수 있다. 더 나아가 상담자는 내담자 가족의 성역할, 섹슈얼리티, 권력, 문화적 요인 등도 초기면담에서 평가할 필요가 있다. 초기면담의 주요 이슈는 다음과 같다(Nichols, 2011).

〈자료 14-6〉 가족상담 평가에서 고려할 사항

1. 호소 문제 파악하기: 상호작용적 관점에서 문제를 보도록 전환하기
2. 의뢰 경로: 어떻게 의뢰되었는지, 또 이전과 현재 상담 받은 경험 여부 확인하기
3. 체계적 맥락 확인하기: 문제를 둘러싼 대인 간 상호작용의 맥락 확인하기
4. 가족생활주기 단계: 새로운 생활주기 단계에 적응하는 데 어려움 확인하기
5. 가족구조: 경계, 위계, 삼각관계, 가족 구성원의 역할과 지위 등 확인하기
6. 의사소통: 경청하기, 말하는 방식, 대화 시간과 빈도, 의사소통 채널 등 확인하기
7. 약물 및 알코올 중독: 음주 빈도와 양, 블랙아웃 빈도, 음주로 인한 가족불만 등 확인하기
8. 가족폭력: 아내구타, 아동학대, 부모폭력 등이 의심되는 경우 신고의 의무 있음.
9. 혼외 관계: 외도 상대자들이 부부관계에 끼어 있는 경우 부부관계의 해결이 어려움.
10. 가족 내 양성평등: 부부간 권력, 성역할, 성차 등의 이슈 탐색하기
11. 문화적 요인: 국적, 인종, 민족, 종교, 지역, 사회계층 등 문화적 민감성 확인하기

출처: Nichols (2014/2015), pp. 68-77.

(1) 공감과 수용

가족상담의 초기 단계에서는 일상적이며 가벼운 대화를 통해 기본적인 정보를

얻고 가족과의 친밀감을 형성하는 것이 중요하다. 가족상담에 참여하는 가족 구성원들 중에는 자신이 문제의 일부라는 생각을 하지도 않으며 상담을 받는 것을 꺼리는 경우도 적지 않다. 따라서 초기에는 상담자가 객관적인 면을 강조하는 것보다 가족 구성원을 그대로 수용하고 그들의 관점을 존중하면서 가족과 라포를 구축하는 것이 중요하다. 초기 단계에 가족과 상담자 사이에 신뢰감이 잘 형성되어야만 더 심층적인 정보를 얻을 수 있기 때문이다. 초기 단계의 상담자의 수용, 공감과 효과적인 의사소통은 향후 상담의 흐름에 큰 영향을 미친다(Nichols, 2014/2015).

경청은 상대방의 언어적 메시지뿐만 아니라 의도, 기대, 감정 등도 공감하고자 노력하는 듣기 자세이다. 상담자는 내담자와 시선을 맞추고, 내담자 쪽으로 몸을 기울이며, 내담자의 진술의 흐름에 적절하게 따라가는 질문이나 반응을 제공함으로써 경청하고 있음을 내담자에게 확인시켜 줄 수 있다. 가족상담사가 각각의 가족 구성원의 감정과 관점을 지속적으로 경청할 때 내담자는 자신의 생각과 감정을 자유롭게 표현할 수 있고, 자신의 방식으로 문제를 탐색하며 상담의 주체로서 책임감도 가질 수 있다.

(2) 변화를 위한 노력

상담 초기 단계란 일반적으로 3회기 이내를 말하는데, 초기 단계에서 상담자는 무엇이 문제를 유지시키는지에 대한 가설을 세우고, 상담 목표를 정립하며, 문제해결을 위한 작업을 시작한다. 대다수 상담자는 변화를 위해 무엇이 필요한지 알고 있으며, 훌륭한 상담자란 변화를 위해 기꺼이 밀고 나가겠다는 의지와 헌신을 가진 사람이다.

상담자가 내담자와 강한 상담적 동맹을 유지하는 것은 중요하다. 상담적 동맹이란 내담자의 견해를 경청하고, 인정하는 공감적 이해를 유지하며, 가족 구성원이 존중받고 있다고 느끼게 하는 것을 의미한다.

(3) 순환적 사고를 위한 도전

한 사람이 문제의 원인으로 지목되면, 상담자는 다른 가족 구성원이 어떻게 개입

되어 있는지를 질문함으로써 일방적 인과관계에 도전한다. 도전하는 방식은 상담
자의 스타일에 달렸지만, 중요한 것은 특정 가족 구성원(예: 말 안 듣는 아이)을 비난
하는 대신 다른 사람(훈육을 효과적으로 하지 못하는 부모)을 비난하는 것이 아니라,
문제를 상호작용적인 것으로 확대하여 공유되고 유지되는 것으로 보는 것이다.

　　고착된 상호작용에 도전하는 가장 좋은 방법은 가족의 역동을 정체되게 만드는
패턴을 직접 지적하는 것이다. 상담자가 내담자에게 "당신이 X를 하면 할수록 그는
Y를 할 것이며, 당신이 Y를 하면 할수록 그녀는 X를 할 것입니다."라고 설명해 주
는 것도 때때로 유용하다(Nichols, 2014/2015).

〈자료 14-7〉 초기 단계 점검 사항

1. 주요 갈등을 확인하고 가족이 갈등에 대해 어떻게 대처해 왔는지 확인하였는가?
2. 가족 연쇄 과정에 대한 가설을 세우고 구조, 경계, 삼각관계 등의 개념으로 공식화하였는가?
3. 문제를 악화시키는 관계적 상황에 초점을 맞추는 한편 건설적인 상호작용은 지지하였는가?
4. 문제를 지속시키는 상호작용에 대해 가족 구성원들이 이야기해 보는 과제를 부여하였는가?
5. 가족을 괴롭히는 문제에 각 구성원이 어떻게 기여했는지 생각해 보았는가?
6. 가족이 다음 상담에 올 때까지 변화를 위해 밀고 나갈 수 있도록 하였는가?
7. 공식화된 가설의 타당성과 개입의 효과를 검증하기 위해 슈퍼비전을 활용하였는가?

출처: Nichols (2014/2015), p. 64.

4) 중기 단계에서의 평가

(1) 가족 구성원 간의 상호작용 늘리기

　　가족상담이 진행되면서 평가와 개입은 반복하여 이루어진다. 상담자는 평가를
기반으로 하여 개입을 선택하며, 상담적 중재에 대한 효과성을 검증하기도 한다.
따라서 평가와 중재의 주기는 상담과정에서 계속 반복된다.

　　중기 단계에서 상담자는 내담자 가족이 자신을 표현하고 상호 이해하는 데 많은
부분을 할애한다. 그러나 상담자가 가족의 상호작용에 지나치게 관여하면 가족 구
성원 스스로 문제를 다루는 방법을 배우기 어려워진다. 오히려 상담자는 한 발짝
뒤로 물러나 가족과정을 관찰하며 가족 간의 대화가 정체될 때에만 개입하도록 한

다. 다만 가족 구성원이 갈등에 직면해 불안해할 때에는 상담자가 불안을 조절하거나 최소화함으로써 가족이 덜 방어적으로 말할 수 있도록 돕는다.

(2) 정체와 불안 다루기

회기가 거듭되어도 가족과정이 향상되지 않고 있다면 왜 상담이 정체되는지 파악하는 것이 필요하다. 예컨대, 부부상담을 하는 과정에서 관계가 개선되지 않는다면 부부 중 한 명이 심각하게 이혼을 고려하고 있고 상담에 대한 동기가 적기 때문일 수 있다. 이런 경우에 상담자가 부부관계 개선을 위해 아무리 노력을 해도 상담이 앞으로 나아가지 못하게 된다.

중기 단계의 평가에서는 상담과정의 전이문제와 역전이문제에 대한 평가가 필요하며, 상담자가 특정 개인의 역할을 대신해서 가족 내의 결여된 기능을 대신하고 있는 것은 아닌지도 확인할 필요가 있다. 또한 상담자가 피하고 싶은 개인이나 관계가 있는지에 대해서도 점검한다. 이러한 과정은 회기 간에 동료와의 자문이나 지도감독을 통해 개선될 수 있다.

가족 구성원 중 누군가 갈등에 대해 직접적으로 이야기하면 다른 가족 구성원은 불안해하며 반응적이 되기 쉽다. 일단 불안이 높아지면 경청이 어려워진다. 이럴 때는 가족 구성원이 가족 구성원끼리 서로 이야기하기보다 상담자에게만 말하게 함으로써 가족의 불안을 통제할 수 있다. 또는 가족 구성원이 서로에게 덜 방어적으로 말하는 것을 배우도록 도움으로써 불안을 가족 스스로 다루게 할 수도 있다. 가족 구성원이 서로 대화하거나 상담자와 함께 대화하는 것을 번갈아 하게 함으로써 불안 수준은 조절된다(Nichols, 2014/2015).

(3) 가족의 자기표현 촉진하기

상담 중기에 상담자는 지시적인 역할을 가능한 한 자제하면서 가족이 스스로의 자원에 의존할 수 있게 격려해야 한다. 상담자는 다양한 기법을 활용해 가족 구성원이 단지 비난하는 수준을 넘어 자신이 느끼는 것과 원하는 것을 직접적으로 이야기할 수 있도록 돕는다. 비생산적인 상호작용 문제가 전부 상대방 탓이 아니며 자신도 어떤 역할을 하고 있음을 깨닫도록 배우게 한다.

(4) 침착함과 호기심 유지하기

상담자는 내담자 가족의 문제를 자신이 해결해야 한다는 책임감을 갖지 않아야한다. 내담자가 아닌 사람이 내담자의 문제를 풀 수 있다는 환상을 버릴 때 상담자는 내담자가 회기에서 새롭고 유익한 것을 발견하게 돕는 작업에 집중할 수 있다. 또한 가족의 문제 해결을 방해하는 요소를 어디서 찾아야 하는지 이해해야 한다. 상담자의 침착함은 내담자의 불안을 가라앉히고, 가족들이 전체 맥락에서 문제를 볼 수 있도록 돕는다.

해결중심 모델에서는 상담자가 호기심을 유지하는 것을 특별히 강조한다. 호기심을 갖는다는 것은 상담자가 모든 답을 알고 있지 않다는 의미이다. 상담자는 알지 못함의 자세를 가지고 내담자에게 기꺼이 들을 준비를 할 수 있어야 한다. 상담자는 내담자의 어려운 상황에 대해 "당신의 경험에 대해 알고 싶습니다. 저에게 말해 주세요."라고 이야기할 수 있어야 한다(Nichols, 2014/2015).

〈자료 14-8〉 중기 단계 점검 사항

1. 집중하기, 저항을 극복하기 위해 창의적 방법을 사용하기, 공감하기 등을 활용하는가?
2. 상담자가 가족 상호작용에 지나치게 개입하고 있지는 않는가?
3. 가족 문제에 있어서 각 개인의 책임과 상호이해를 향상시키고 있는가?.
4. 관계 개선을 위한 노력은 현재의 불평에 긍정적 영향을 미침을 분명히 하였는가?
5. 하위집단을 만날 때 전체 가족에 대한 모습을 염두에 두고 있는가?
6. 특정 가족 구성원과의 관계를 회피하고 있지는 않는가?
7. 중기단계에서 특별히 고려할 사항은 다음과 같다.
    - 대화주제 선택에서 상담자가 지나치게 적극적인 역할을 맡고 있지는 않는가?
    - 가족과 상담자가 갈등보다 더 중요한 사회적 관계 발달에 신경을 썼는가?
    - 상담자가 내담자 가족 내의 결여된 기능 또는 특정 역할을 대신하지는 않았는가?

출처: Nichols (2014/2015), p. 66.

5) 종결 단계에서의 평가

종결 단계에서는 가족의 문제가 어느 정도 해결되었는지 파악하는 것이 주요한 평가 내용이 된다. 가족이 목표를 이루었다고 느끼고 상담자가 횟수를 줄이거나 회기 간격을 늘리는 것이 좋겠다는 생각이 든다면 종결의 신호라고 볼 수 있다. 종종 내담자 가족이 갈등을 회피하는 것이 아닌데도 일상적 이야기 외에는 상담실에서 더 할 말이 없는 것도 종결의 지표가 된다. 이 단계에서 가족은 상담의 목표를 이루었다고 느끼며, 상담자는 상담 횟수를 줄이거나 간격을 넓힐 수 있다고 느낀다. 그러나 때로는 상담의 효과가 경미하거나 다른 프로그램에 의뢰해야 하는 것과 같은 이유로 가족상담이 종결될 수도 있다. 종결 단계에서 가족은 그동안 상담에서 배운 바를 회고해 보고 강화하는 시간을 갖는다.

단기상담자는 제시된 문제가 해결되는 대로 상담을 마치는 반면, 정신분석 상담자는 상담이 수년 걸릴 수도 있다. 가족이 상담 목표를 달성했다고 느끼는 것은 상담자가 문제(증상)가 감소하는 시점에 이르렀다고 느끼는 것과 관련이 있다. 종결 시기를 알려 주는 신호의 예는 가족이 갈등을 회피하는 것이 아님에도 불구하고, 상담실에서 사소한 이야기밖에 할 말이 없는 경우와 꼭 해야 할 작업이 없는 경우이다. 종결을 준비하기 위해 상담의 간격을 늘리며 작별을 준비하는 것도 적절하다(Nichols, 2014/2015).

(1) 회고와 작별

종결 회기에서는 가족과 상담자의 관계를 회고하고 작별 인사를 하는 데 초점을 둔다. 종결은 그간 가족이 함께 성취한 것을 되짚어 보기에 좋은 시간이다. 대부분의 가족상담은 교육적인 기능을 갖고 있으므로, 가족이 서로 잘 지내는 방법에 대해 배운 것을 종결에서 확인한다.

(2) 문제 재발에 대한 대비

내담자에게 미래에 좋아진 상태가 다시 나빠질 수도 있다는 것을 예상하게 하고,

그럴 때 난관을 어떻게 다룰 것인지에 대해 토의하게 하는 것은 도움이 된다. "일이 악화된다는 것을 어떻게 알 수 있으며 무엇을 하겠습니까?"라는 질문을 활용할 수 있다. 또한 가족에게 현재의 안정과 조화가 영원히 유지될 수 없다는 것을 상기시키고, 문제 재발의 신호에 과잉 반응하는 것이 악순환을 야기할 수 있음을 알려 주는 것이 도움이 된다.

(3) 추후 확인

상담을 종결하고 몇 주 후에 가족이 어떻게 지내고 있는지 확인해 보는 것도 좋다. 편지나 전화 혹은 짧은 추후 상담으로 확인할 수 있다. 가족은 상담자의 관심에 감사할 것이고, 상담자는 사례가 제대로 종결되었다고 느낄 수 있다. 상담이 종결하였다고 해서 그 가족을 잊어야 할 이유는 없다.

〈자료 14-9〉 종결 단계 점검 사항

1. 제시된 문제가 개선되었는가?
2. 가족이 목표를 달성한 것에 만족하는가?
3. 가족이 자신들에 대해 더 알고 싶어 하며 가족 관계 개선에 관심을 갖는가?
4. 가족은 자신들이 효과 없는 방법을 썼다는 사실을 이해하고, 앞으로 비슷한 문제에 당면할 때 어떻게 피해야 할지 알고 있는가?
5. 사소한 문제의 재발은 가족의 역동에서 해결책이 부족하다는 것을 보여 주는 것인가 혹은 단순히 가족이 상담자의 도움 없이 기능하도록 재조정해야 하는 것인가?
6. 가족 구성원이 가족의 맥락 안팎에서 관계를 발전시키고 개선해 왔는가?

출처: Nichols (2014/2015), p. 67.

참고문헌

김유숙(2000). 가족상담. 서울: 학지사.
여성가족부, 한국건강가정진흥원(2015). 가족상담 매뉴얼. 서울: 한국건강가정진흥원.
전영주, 황경란, 양무희, 배덕경, 송정숙, 이복숙, 정수빈, 염은선(2016). 가족상담: 개념과 실
    제. 서울: 신정.

Nichols, M. P. (2015). 가족치료 이론과 실제[*The essentials of family therapy*]. 김영애 역. 서
    울: 시그마프레스. (원저는 2014년에 출간).

제15장 가족평가 사례

1. 가족놀이 가계도를 활용한 가족평가 사례

1) 사례 개요

이 사례의 부부는 자녀 양육 문제로 부부싸움을 자주 하는데, 이런 싸움은 언제나 폭력적인 행동으로 이어진다. 아이를 잘 키우려고 했던 의견이 아이들까지 뒤엉켜서 언제나 가족 모두가 상처를 받게 된다. 남편은 아내가 딸을 야단칠 때 모습을 보면, 그것이 훈육의 차원을 넘는다고 생각되어 그 부분을 지적한다. 아내는 남편의 이 같은 지적에 이성을 잃고 막말을 퍼붓게 되어 결국 부부싸움이 된다. 부부싸움의 마지막은 언제나 남편의 폭력으로 끝나는데, 남편은 폭력이 나쁘다고 생각하면서도 흥분하면 멈출 수가 없다. 때로는 아이들도 이런 싸움에 휘말리면서 집안 전체가 큰 소동으로 이어진다. 시작은 부부 모두 아이를 잘 키워 보자는 데 있었는데 정반대의 결과를 초래하게 되어 매번 스스로를 자책한다. 아내도 딸을 야단치거나 부부싸움을 할 때 이성을 잃고 언어적, 때로는 신체적 폭력도 행사한다. 그러나 자신의 폭력 행위는 잊어버린 채 남편이 문제라고 몰아붙이며 이혼을 요구한다. 남편은 부부싸움도 문제이지만 아내는 불안 수위가 높고 감정 변화가 심해서 가족 모두를 힘들게 한다고 호소한다. 특히 우울하면 말을 한마디도 하지 않은 채 모든 일에 의욕을 잃다가도 기분이 나아지면 말이 많아지고 매사 자신감에 넘치는 조울 경향이 있어서 가족들은 어디에 초점을 맞춰야 할지 판단이 서지 않는다. 남편은 자신이 일방적으로 따라다니면서 결혼을 했기 때문에 결혼 초에는 불만을 표현하지 못했다. 그러나 세월이 흐르면서 아내가 요리, 청소 등 가사에는 관심이 없고 자신의 뜻대로 되지 않으면 감정적이 되거나 마음을 닫아 버려서 지쳤다고 호소한다.

2) 가족평가

가족평가를 하기 위해 1, 2회기에 걸쳐서 면담한 결과를 토대로 세 가지 형태의 가계도를 작성하였다. 1회기에는 어머니 혼자 내방을 하였기 때문에 사회적으로 구성된 가계도는 어머니만 작성하였다. 2회기는 전 가족이 함께 참석하여 가족놀이 가계도를 실시하였다.

(1) 기본 가계도

① 남편(43)

부모의 강요에 의해 삼수까지 하고 간 학과가 적성에 맞지 않아서 대학생활이 힘들었다. 문과 경향인 자신에게 아버지는 '기술을 가져야 산다'며 컴퓨터공학을 강요했다. 여러 번 전과를 생각했지만 아버지의 고집을 꺾을 수 없어서 임시방편으로 군대를 갔다. 제대 후 자퇴를 고민할 정도로 학교에 흥미를 잃고 있던 중 캠퍼스에서 우연히 아내를 만났다. 아내를 만난 순간 반해서 많이 따라다녔고, 얼마 지나지 않아서 동거를 시작했다. 아내와 같은 캠퍼스에 있었기 때문에 적성에 맞지 않는 전공도 견딜 수 있었고 졸업도 했다고 생각한다. 그리고 아버지의 말대로 지금은 전공을 살려 안정된 생활을 하고 있다. 주위에서는 '아내 덕분에 안정된 생활을 하고 있다'고 하는데 맞는 말이다. 사실 어릴 때부터 집안은 끊이지 않는 문제들로 항상 시끄러워서 정을 붙일 수 없었다. 아내를 만나기 전까지는 삭막한 세계에서 살았다. 아버지는 외도를 많이 해 어머니와 갈등이 많았으며, 폭력적으로 남편을 다뤘고 여동생을 편애하였다. 그래서 남편은 어릴 때 몰래 여동생을 많이 때려서 지금도 여동생과 관계가 좋지 않다. 어머니는 이혼 전까지는 가정주부였으나, 이혼 후에는 법학을 전공했던 것을 살려 법무사 시험에 도전하여 한 번에 합격하였다. 현재는 법무사 사무실을 운영하면서 안정된 생활을 하고 있다. 좋아하는 음식을 해주는 것 등을 볼 때 자녀를 사랑하는 것은 알겠지만 표현이 서툴고 잔정이 없다. 똑똑하고 치밀하며 꼼꼼한 성격으로 남에게 피해도 주지 않지만 누구의 도움도 받지 않으려 한다. 어머니는 지나치게 논리적이어서 그런 점이 남편을 숨 막히게 했던 것 같다. 어릴 때부터 기준이 높고, 거기까지 올라가도록 다그쳤다. 남편의 꿈은 무시한 채 의사가 되기를 기대하셨고, 지금도 그렇게 되지 못한 것을 가끔 원망하기도 한다.

부모는 남편이 군대에 있을 때 이혼하였고, 현재 남편은 어머니와만 관계를 맺고 있다. 남편은 부모가 이혼한 후부터 어머니와 가깝게 지내지만, 어린 시절 자신의 감정에 공감해 주지 못한 어머니에 대해 양가감정을 가지고 있다. 그래서 남편은 어머니를 존경할 수는 있지만 마음이 편하지 않기에 오래 같이 머물 수는 없다고 말했다. 아버지와는 물리적ㆍ정서적으로 단절된 상태이다.

② 아내(39)

내담자의 어머니가 내담자가 5세 때 아버지의 상습적인 가정폭력을 피해 친정으로 도망을 가 버렸기 때문에 새어머니 밑에서 자랐다. 그런 환경 때문에 항상 적응을 하지 못했고 잘 하고 싶었던 마음도 없었다. 초등학교 때는 새어머니가 옷도 제대로 챙겨 주지 않아서 집 안에서만 지냈다. 초등학교 시절에 이혼하고 식당을 운영하는 친어머니에게 가서 몇 개월 동안 생활한 적이 있다. 그때 어머니가 동거하던 남자와 그의 고등학교 아들에게 성추행을 당한 아픈 경험이 있다. 자신이 어떻게 다시 아버지의 집으로 되돌아왔는지는 모르겠다. 때로는 그때 어떤 일이 있었는지 궁금하지만 부모는 물론 어느 누구에게도 그 시절에 관해서는 묻지 않았다. 그 시절에 대해 부모들에게 물었을 때 혹시라도 자신의 부끄러운 과거를 부모들이 이미 알고 있었다는 것을 확인하게 된다면 견딜 수 없을 것 같기 때문이다. 이런 마음의 상처로 중고등학교 때는 친한 친구들이 거의 없고 혼자서만 겉돌았다. 그저 서울로 대학을 진학하여 집을 떠나고 싶다는 생각으로 공부를 열심히 했다. 좋은 성적 덕분에 서울에 있는 대학교에 진학하여 기숙생활을 했다. 그 후 아버지와 친어머니와는 거의 왕래를 하지 않았다. 길게는 1년 가까이 연락을 하지 않아도 부모들이 먼저 연락한 적은 없었다. 그나마 다행인 것은 돈 걱정은 하지 않게 해 주었다는 것이다. 누군가에게 관심을 받아 본 경험이 없다고 생각했던 아내는 '죽자고 쫓아다니는' 남편의 관심이 좋았다. 남편의 일방적인 구애에 홀려 동거를 시작했으나, 어린 나이였고 전공을 살려 직업도 가지고 싶었기 때문에 결혼까지 기대했던 것이 아니었다. 그런데 원치 않은 임신을 하게 되어 동거가 그대로 결혼으로 이어졌다. 가사, 자녀 양육, 공부까지 벅찬 시간이었고 힘든 일이 있을 때마다 딸 때문에 자신의 삶은 발목이 잡혔다고 생각되었다.

③ 딸(16세)

다소 이기적인 성향을 가진 평범한 고등학생이다. 정보의 이해도 빠르고 대인관계에도 싹싹한 편이어서 친구들과의 관계도 좋은 편이다. 웹툰 작가가 되겠다는 미래에 대한 확실한 목표도 있다. 남편의 염려와는 달리 비교적 자신의 생활을 잘 영위하고 있는 편이다. 오히려 아버지의 간섭 때문에 집을 떠나고 싶다고 호소하고 있다. 딸은 아버지와 함께 있으면 아버지의 생각과는 달리 편하지 않았다. 오히려 남동생이 부모에게 애교를 부리며 다가가는 편이다. 어머니는 동생을 의지하면서 잘 지내고 있지만, 어머니와는 갈등이 있다.

④ 아들(13세)

비교적 예민한 성격을 가진 다소 내향적인 중학생이다. 쉽게 할 수 있는 일을 복잡하게 이해하여 누가 장난을 해도 그것을 좀처럼 받아들이지 못한다. 또래관계는

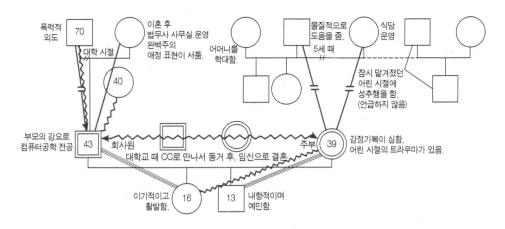

[그림 15-1] 기본 가계도

원만하지 못하여 자신의 나이보다 어린 학생들과 어울리는 편이다.

(2) 어머니의 사회적으로 구성된 가계도

[그림 15-2]는 1회기에 작성한 어머니의 사회적으로 구성된 가계도이다. 원은 어머니와 가까운 정도를 나타내며 중심원에 가까울수록 친밀함을 의미한다. 기본 가계도에서도 가족들과 단절되어 어머니는 사회적으로 뚜렷하게 고립되어 있었다.

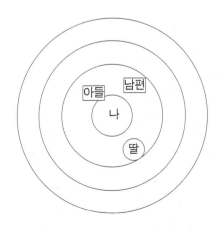

[그림 15-2] 어머니의 사회적으로 구성된 가계도

현재 가족관계도 딸을 미워하며 남편과도 갈등이 있는 관계로 아들만을 의지하는 것으로 언급하였다. 그러나 사회적으로 구성된 가계도를 작성함으로써 어머니는 자신에게는 가족이 전부라는 사실을 알게 되었다. 치료사는 사회적으로 구성된 가계도를 통하여 어머니가 가족을 어떻게 생각하고 있는지를 이해할 수 있었다.

(3) 가족놀이 가계도

가족 전원이 참석한 2회기에는 모든 가족 구성원에게 상징물을 선택하도록 요청하고, 그려진 가계도에 그것을 놓게 하는 가족놀이 가계도를 제안하였다.

작업을 통해 딸은 아버지의 지나친 간섭 때문에 힘들어하고 있음을 알 수 있었다. 세 살 아래 남동생은 자신을 표현하는 상징물로 각시를 선택하였고, 모든 가족도 아들을 여성적 상징물로 표현하였다. 남성적인 성향에 가치를 두는 아버지는 아들의 이 같은 여성적 성향에 실망한 나머지 딸에게 집착하게 되었다. 아버지가 얼마나 딸을 간섭하고 있는지는 딸이 아버지를 낚싯대를 자신의 영역까지 드리운 낚

[그림 15-3] 가족놀이 가계도

시꾼으로 표현한 데서 확연히 드러난다. 내담자가 놓은, 가족 간의 관계를 표현하는 상징물을 통해 어머니의 남동생에 대한 편애와 아버지의 딸에 대한 염려를 이해할 수 있었다. 이와 같이 가족놀이 가계도는 다양한 가족 구성원이나 가족관계 특성을 상징물로 이미지화함으로써 기본 가계도에서보다 훨씬 더 풍부하고 효과적으로 가족 역동을 이해하도록 돕는다.

3) 사례개념화

이 사례는 자녀 양육을 둘러싼 부부 갈등을 호소했지만, 가계도 작업을 통해 부모 각각이 자신들의 미해결된 문제를 가지고 있어서 각각의 원가족과 정서적 단절을 하고 있다. 그러나 이들의 미해결된 문제는 부부가 현재 가정생활을 이끌어 갈 때 많이 연결되어 있음을 알 수 있었다.

남편은 엄격하고 폭력적인 아버지와 이성적인 어머니 밑에서 자라면서 자신의 감정을 표현하는지 않은 채 성장하였다. 동시에 포근한 가정에 대한 열망이 많아서 부단한 노력으로 이상적인 아내와 결혼하였다. 그러나 기대와는 달리 아내가 가정적이지 않다는 것을 알게 되어 실망하였다. 그런데 어린 시절 가족과 정서를 공유한 경험의 부족은 현재 가족관계에서도 그대로 재현되고 있다. 딸에 대한 애정의 표현이 아버지가 여동생에게 그랬듯이 일방적인 편애로 딸이 아버지의 간섭을 부담스럽게 느끼게 하며, 아내와의 갈등관계에서도 생각과는 달리 아버지가 했던 것처럼 폭력적으로 돌변하는 것이다.

한편, 아내는 어린 시절 이혼과 계모의 학대, 어머니의 동거남과 그 자녀로부터의 성추행과 같은 트라우마를 해결하지 못한 채 성장하였다. 또한 이런 환경으로부터 지켜 주지 못한 어머니에 대한 분노와 남성에 대한 분노의 감정도 있을 것이다. 치료되지 않은 상처는 남편과 갈등을 빚을 때 통제하지 못한 채 분노가 그대로 표현된다. 이는 다시 남편이 폭력을 사용하게 하는 악순환으로 이어진다. 또한 아내는 어린 시절 원치 않은 임신으로 인해 부모로부터 벗어나 누릴 수 있는 학창 시절의 자유를 경험하지 못한 채 결혼하여 딸을 출산하였다. 아내는 자신의 문제로 제대로 정리하지 못하여 불안해질 때마다 훈육이라는 명분으로 딸을 엄격하게 대하면서 자신의 불안을 풀었다. 이런 아내의 양육방식을 보면 누구보다 따뜻한 가정에 대한 기대가 컸던 남편은 둘 사이에 지나치게 개입하게 되어 아내와는 갈등관계를, 딸은 아버지가 자신의 생활에 지나치게 간섭하고 있다고 느끼게 만든다.

이 부부가 원가족의 미해결된 감정을 그대로 안은 채 결혼생활을 유지함으로써, 남편은 자신의 아버지가 여동생을 편애했듯이 자신도 자녀들을 공평하게 대하지 못하고 있다. 아내는 어린 시절 자신의 트라우마를 정리하지 못한 채 사회적으로 구성된 가계도에서 알 수 있듯이 협소한 대인관계에서 생활하고 있다. 가족이 삶의 전부인 아내는 미해결된 문제로 만성적 불안에 시달리게 되면 가족들과 융해하거나 단절·갈등하는 불안정한 정서 상태를 보임으로써 소중히 여기는 가족들과 어려운 관계를 가지게 된다.

따라서 부부관계의 갈등을 해결하기 위해서는 각자의 원가족에서 경험한 미해결된 감정을 정리하는 것이 우선되어야 한다고 본다. 이러한 문제가 정리되면 현재 아버지와 딸, 어머니와 아들의 하위체계로 구성된 가족구조를 재편성하는 것이 필요할 것이다. 비교적 정서적으로 건강한 딸이 내성적이고 예민하여 대인관계가 취약한 아들을 도와주게 함으로써 형제 하위체계가 단단해지도록 돕는 것이 필요하다. 이러한 세대 간의 연합이나 경계가 명료해지면 부부간의 친밀감도 향상될 것이라고 생각한다.

2. 빗속의 사람그림검사 등을 활용한 위기가족평가 사례

1) 개요

이 사례는 어머니(30대 중반, 주부)와 딸(10세, 초3), 아들(9세, 초2)이 참여한 가족상담으로, 가족은 석 달 전 갑작스러운 남편(아빠)의 죽음(업무 중 사고)으로 충격과 슬픔 속에 빠져 있었으며, 상처받았을 아이들의 심리적 안정을 위해 어머니가 상담을 신청하였다. 위기가족 긴급 지원 사례로 총 상담 횟수는 5회기였다(염은선, 2016).

상담에 처음 왔을 당시 가족은 갑작스러운 가장의 죽음으로 인해 가족 구성원 모두 불안한 정서 상태를 보이고 있었다. 전업주부로 남편의 그늘에서 안정감을 갖고 있었던 아내는 극도의 스트레스를 겪고 있었으나 자녀들에 대한 염려로 충분한 애도 작업이 이루어지지 못하고 있었다. 앞으로 가족 부양의 역할을 자신이 맡아야 한다는 압박감으로 수면장애, 소화불량 등의 신체화 증상을 보이고 있었으며, 남편의 산재를 처리하는 소송과정에서 보상비를 둘러싸고 시부모 및 시숙과 갈등을 겪으면서 불안하고 우울한 마음을 호소하였다.

첫째 딸은 야무지고 조숙한 편이며, 아빠를 죽음으로 몰고 간 회사에 대한 분노를 가지고 있다. 아버지의 죽음 후 예민해지고 점점 말수가 줄며 엄마의 관심에도 짜증을 부리는 등 정서적으로 불안정하였다. 활달하고 명랑한 성격의 아들은 엄마와 누나를 보면서 슬픔을 표현하기보다는 자신이라도 분위기를 밝게 하려고 애쓰고 있었다. 내면에는 아빠를 잃은 상실감으로 인한 분노가 쌓여 있었으며 또래 친구들과의 관계에서는 예민하고 폭력적인 모습으로 나타났다. 자주 머리가 아프고 배가 아프다고 하면서 신체화 증상을 나타내고 있었다.

2) 평가도구

상담과정에서 가계도, 빗속의 사람그림검사, 문장완성검사, 감정카드, 선물 그리기 등의 평가방법을 사용하였다. 가계도는 가족의 정서과정 역사와 배경을 이해하기 위한 기본검사로 수행되었으며, 나머지 도구로는 감정을 억압하고 있는 가족 구성원들의 특성과 초등학생인 자녀들의 인지적·정서적 수준을 고려하여 방어나 왜곡을 최소화할 수 있으며 편안하게 감정을 표출할 수 있도록 촉진할 수 있는 평가방법을 선택하였다.

<자료 15-1> 회기별 상담 내용

회기	상담 참여자	회기별 상담 목표	평가도구
1회기	모, 아들, 딸 (개별상담)	• 내담자와의 라포 형성 및 상담구조화 • 가계도와 빗속의 사람그림검사로 내담자 역동 이해	• 가계도 • 빗속의 사람그림검사
2회기	모, 아들, 딸 (개별상담)	• 가족들의 상실 스트레스 확인 • 빗속의 사람그림검사 해석을 통해 자녀의 마음 이해하기	• 문장완성검사
3회기	모, 아들, 딸 (가족상담)	• 감정카드를 통한 감정 평가 및 선물 그리기로 가족 간 교류와 소통 촉진	• 감정카드 • 선물 그리기
4회기	모, 아들, 딸 (가족상담)	• 애도작업: 편지쓰기를 통해 돌아가신 남편과 아빠에 대한 마음 표현해 보기	
5회기	모, 아들, 딸 (가족상담)	• 상담 총정리 및 종결 • 모와 자녀의 긍정적 의사소통 훈련	

(1) 가계도

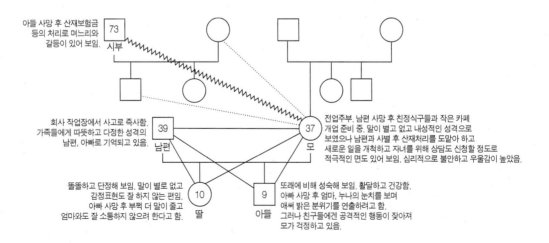

[그림 15-4] 기본 가계도

(2) 빗속의 사람그림검사

첫 회기에 딸과 아들을 대상으로 빗속의 사람그림검사를 실시하여, 이들이 겪고
있는 스트레스에 대해 알아보았다. 딸은 초등학교 3학년답지 않게 의젓한 인상으
로 우울해 보였고 전반적으로 말소리도 작으며 힘이 없었다. 빗속의 사람 그림을
그려 보게 하자, 등을 돌리고 서서 뒷모습만 보이며 신을 신지 않은 맨발에 작은 우
산을 쓴 소녀를 그려 현재의 우울하고 힘든 마음을 표현하였다. 상담자가 그림 속
의 인물에 대해 질문하며 기분을 묻자 갑자기 울음을 터뜨렸다. 다가가 울어도 되
고 앞으로 마음이 답답하고 슬픈 것을 함께 이야기해 보자고 하며 마음을 안정시키
니 그러겠다고 하였다.

아들은 표정이 밝고 이야기를 잘하였다. 슬픈 마음을 누구에게 이야기하는지 묻
자 엄마와 누나 모두 마음이 아플 거라서 혼자 스스로에게 이야기한다고 하였다.
빗속의 사람 그림을 그려 보도록 하자 주저 없이 그리며, 비가 아주 많이 와 홍수가
났고 땅이 물로 가득 찼다고 하면서 거기에 집이 막 떠내려가고 있다고 하며 물과
집을 그렸다. 지붕 위에 사람을 그리면서 사람이 덜덜 떨고 있다고 하며, 그 주변에
말풍선을 달아 구해 달라는 사람들의 대화를 삽입하였다. 지붕 위에 그린 사람들을
웃는 표정으로 그리고 "홍수가 났는데도 웃고 있네. …… 그래도 사람은 많이 웃어

[그림 15-5] 빗속의 사람그림검사(딸)

[그림 15-6] 빗속의 사람그림검사(아들)

야 돼서."라며 혼잣말을 하였다. 마지막으로 모퉁이에 달을 그리고 밤이라 더 무섭다고 하였다. 가족이 떠내려갈 것 같은 불안, 무서움 등이 나타나 있고 그럼에도 자신의 슬픈 감정을 표현하면 안 된다고 생각하는 것으로 보인다.

(3) 문장완성검사

다음은 각 가족원의 문장완성검사의 실시 결과이다.

〈자료 15-2〉 문장완성검사

검사 항목 예	딸	아들
내가 가장 행복한 때는	가족과 놀러 갔을 때	엄마가 안아 줄 때
내가 좀 더 어렸다면	엄마, 아빠께 잘할 것이다.	엄마, 아빠께 잘해 줄 것이다.
나에게 가장 좋았던 일은	놀러 가는 것	가족과 함께 놀러갔던 일
나의 아빠는	세상에서 제일 좋으신 분이다.	멋지고, 잘 놀아 주고, 엄마 일 도와준다.
내 소원이 이루어진다면	아빠가 살아나시면 좋겠고, 가족이 화목해지면 좋겠다.	닌텐도, 그리고 아빠가 다시 살아나면 좋겠다.
대부분의 아이들은	행복하다.	아빠가 다 있다.

검사 항목 예	엄마
내가 보는 나의 앞날은	지금처럼만…
다른 친구들이 모르는 나만의 두려움은	사랑하는 사람의 죽음
결혼생활에 대한 나의 생각은	사랑… 행복… 미움… 상처
내가 다시 젊어진다면	결혼하고 싶지 않다.
내게 잊고 싶은 두려움은	죽음…
내가 늙으면	누구랑 살지?

(4) 감정카드(엄마, 딸, 아들)

상담자가 감정카드를 제시하고 각자 지금의 기분을 가장 잘 나타내는 단어를 세 가지씩 골라 보도록 하였다.

엄마는 '답답한, 심란한, 가슴 뭉클한'을 골랐다. 세 카드를 선택한 이유를 묻자 남편의 배상문제가 오늘 상담 오기 전 마무리되었는데 그 과정에서 들었던 심정을 이야기하며 간간이 눈물을 보였고, 아이들은 엄마를 보며 함께 눈시울을 붉혔다.

딸은 '편한/가벼운, 긴장된, 걱정스러운'의 감정카드를 고르고 엄마와 함께 상담을 하니 이런 기분들이 든다고 하였다.

아들은 '기대되는, 신나는, 궁금한'의 카드를 고르고 상담이 오늘 어떻게 진행될까 하는 것이 기대되고 뭔가 배우는 게 신나며 카드 단어를 모르는 것들이 있어 궁금하기도 해서 골랐다고 하였다. 아들은 뭔가 이 가정에서 자신이 해결사가 되어야 한다는 부담감과 밝게 분위기를 이끌려 하는 모습이 보였다. 그러나 그런 것이 내면에 스트레스로 쌓이는 듯 배가 아프다는 신체화 증상을 나타내고 있었다.

서로의 이야기를 듣고 서로 느낀 점을 나누게 하자, 딸은 엄마의 마음을 좀 더 이해하게 되고 슬펐다고 표현하고, 아들은 엄마가 아빠의 일을 처리하는 모습이 대단하다고 이야기하면서 아빠의 이야기가 나오자 눈시울을 붉히고 엄마를 바라보더니 얼른 눈물을 훔쳤다.

(5) 선물 그리기

서로에게 주고 싶은 선물 그리기를 하면서 서로를 생각하는 감정을 소통하게 하였다. 아들은 엄마에게 다이아몬드가 박힌 명품 가방을, 누나에게는 좋아하는 다이아몬드 팔찌를 주고 싶다고 하였다. 딸은 엄마에겐 돈을 주고 싶어 이런저런 걱정을 하지 않게 하고 싶다고 하였고, 동생에겐 상처를 감싸 줄 밴드를 그려 주면서 안 아팠으면 좋겠다는 마음을 전하였다. 엄마는 아이들에게 똑같이 안정된 미래와 하고 싶은 것을 할 수 있도록 돕고 싶은 마음을 전하였다. 서로에게 선물을 주고 싶은 마음들을 자연스럽게 나누면서 가족이 서로 지금처럼 이렇게 아끼고 격려하고 걱정하는 모습이 아빠에게도 좋은 선물이 될 수 있음을 이야기하고 앞으론 좀 더 자연스럽게 서로의 마음을 나눌 수 있도록 격려하였다.

3) 사례개념화

이 사례는 갑작스러운 사별로 위기를 겪고 있는 한부모가족에 대한 긴급돌봄 지원의 일환으로 이루어진 위기상담으로, 평가 결과를 바탕으로 체계적 관점에서 가족의 문제를 개념화하고 개입의 방향을 제안하고자 한다.

가장이던 남편의 갑작스러운 죽음에 내담자 어머니(아내)는 엄청난 충격과 상처를 입었음에도 불구하고 충분히 애도할 시간도 없이 어린 자녀들을 보살피고 남편의 산재 처리를 해야 했다. 그 과정에서 어머니는 심한 스트레스와 불안감을 경험하고 있었고, 그런 엄마를 바라보면서 아이들은 눈치를 보고 자신의 감정을 왜곡하였다. 큰아이(딸)는 자신의 감정을 감추고 엄마와도 거리를 두며 내면에 분노를 쌓아 가고 있는 반면, 아들인 둘째는 엄마와 누나의 눈치를 보면서 가정에서는 애써 밝은 척, 그리고 아들로서 아빠의 역할을 하면서 지나치게 밝고 긍정적인 모습을 보이려 노력하고 있었다. 그러나 학교나 학원에서는 또래 친구들에게 폭력성을 드러내고 신체화 증상을 겪으면서 스트레스를 받고 있었다.

가족 구성원들이 서로를 걱정하며 아버지의 죽음을 겉으로 말하면 안 되는 암묵적 규칙이 형성되고 있었다. 그러나 표면적으로 괜찮은 척 지내며 자신의 감정을 숨길수록 더 우울해지고 서로의 눈치만 보고 있었다. 남편과 아빠를 그리워하며 내면에서 우울과 슬픔, 분노를 쌓아 가고 있는 상태로, 우울하고 슬픈 서로의 감정을 드러내지 않고 숨기려는 과정에서 서로 경직된 소통의 모습을 보이다가 불안이 높아지면 서로에게 더욱 집착하는 융합의 모습(특히 모와 자)을 보인다. 상담적 개입은 사랑하는 가족의 상실에 대해 받아들이고 슬픔을 공유하며 충분한 애도가 필요한 일임을 수용하도록 촉진한다. 각자 표현하지 못한 슬픔과 분노를 자연스럽게 이야기하고, 떠난 남편, 아빠에게 마지막 인사를 할 수 있도록 하는 것이 중요하다. 아이들도 엄마 눈치를 보기보다는 자연스럽게 자신의 삶으로 돌아가는 것이 엄마가 바라는 일임을 느끼면서 딸로, 아들로 자연스럽게 엄마와 소통할 수 있도록 도와 앞으로의 생활에서 서로 간 긍정적 소통의 연습을 하는 장이 되도록 한다.

가계도 평가를 통해 가족의 정서과정을 살펴보는 것은 5회기 단기상담에서 제한적일 수밖에 없다. 상담의 초점이 애도에 맞추어져 원가족이나 사별 전 부부관계에 대해 깊이 탐색하지 못했으나, 아내의 죄책감이나 후회 등의 감정에 대한 추가적 탐색이 필요할 수 있다. 구조적 관점에서 가족의 경계 및 위계 등을 살펴보며 모와 자녀들 간의 경계가 경직되고 의사소통이 유연하지 못한 부분에 대해 재구조화를 시도할 수 있다. 정서적 관점에서 가족의 감정 표현을 촉진하고, 가족 구성원들 간에 교류할 수 있도록 하며 애도 작업을 하도록 돕는다. 특히 그림이나 감정카드 등 시각적 매체와 놀이적 요소를 동원한 평가를 활용해, 아동들이 자연스럽게 슬픔과 소망 등 감정을 표현하고 가족 구성원들이 서로에 대한 애정과 지지를 드러낼 수 있도록 하였다. 따라서 상담 목표는 가족 구성원들이 남편과 아빠의 죽음을 함께 슬퍼하고 충분히 애도하고, 서로의 마음을 알아 가며, 향후 모와 자녀들이 건강하게 소통할 수 있도록 돕는 것으로 수립하였다.

3. MMPI-A를 활용한 가족평가 사례[1]

1) 사례 개요

IP(남, 17세, 고교 1학년 재학 중)는 학교폭력 가해자로서 처벌의 성격으로 개인상담이 의뢰되었으나, IP에 대한 MMPI-A 심리검사 등을 고려하여 부와 모를 설득하여 상담에 참여하게 하여 IP, 부(50세, 회사원)와 모(50세, 주부)를 대상으로 실시한 가족상담 사례이다. IP는 14세 때 ADHD 진단을 받고 약물을 투약하고 있는데, 가족들은 모두 IP의 ADHD가 문제라고 하며 IP의 조절하지 못하는 폭력적인 행동을 수정해 달라고 요구하였고, IP는 "화를 참을 수가 없어요. 아빠 이야기를 들으면 짜증이 나요."라며 주 호소문제를 이야기하였다.

2) 평가도구

IP에 대해서는 청소년용 MMPI인 MMPI-A와 MBTI와 같은 심리검사를 통해 개인심리를 평가하였고, IP, 부, 모와 함께 가계도를 그리면서 가족체계를 평가하였다.

3) 평가 결과

(1) MMPI-A 결과

IP의 타당도 척도에서 VRIN(무선반응 비일관성)과 TRIN(고정반응 비일관성)의 T점수는 각각 57, 52로서 비교적 성실하게 검사에 임하였음을 알 수 있다. 즉, 아무거나 답을 하거나 일렬로 답을 하는 모습을 보이지 않았다. L-F-K의 T점수는 각각

---

1. 이 사례는 출판과 사례 소개에 관하여 IP 및 부모에게 모두 서면으로 동의를 받은 사례이나, IP와 가족의 인적 사항, 형제관계, 나이 등을 수정 · 각색하여 비밀을 보장하고자 함.

MMPI-A 다면적 인성검사-청소년용 결과표

개인고유번호:　　　　　　이름:　　　　　　나이:　　　　　　　　　성별: 남자

소속기관1:　　　　　　　　　　　　소속기관2:

1. MMPI-A 타당도 척도와 임상 척도 프로파일

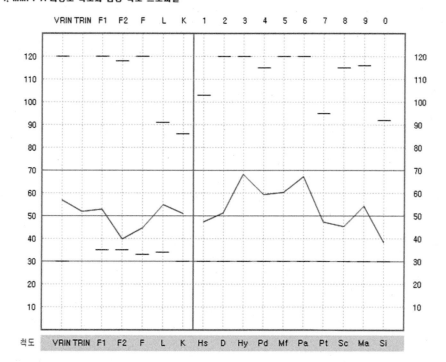

	VRIN	TRIN	F1	F2	F	L	K	Hs	D	Hy	Pd	Mf	Pa	Pt	Sc	Ma	Si
척도	VRIN	TRIN	F1	F2	F	L	K	1	2	3	4	5	6	7	8	9	0
원점수	7	9	5	2	7	5	13	9	25	32	26	24	19	19	19	25	21
T점수	57	52	53	40	45	55	51	47	51	68	59	60	67	47	45	54	38
반응%	100	100	100	100	100	100	100	100	100	100	100	100	100	100	100	100	100

무응답(원점수): 0　　　　긍정응답 비율: 40%　　　　부정응답 비율: 60%　　　　프로파일 상승정도: 55%

주) 각 척도별 T점수의 최대값과 최소값은 "-"로 표시되었음.

2. MMPI-A 내용 척도 프로파일

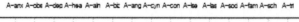

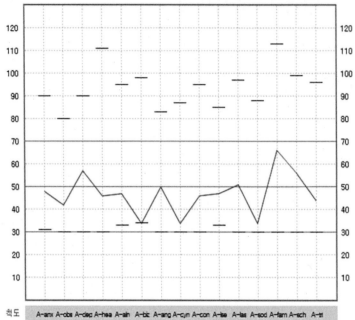

척도	A-anx	A-obs	A-dep	A-hea	A-aln	A-biz	A-ang	A-cyn	A-con	A-lse	A-las	A-sod	A-fam	A-sch	A-trt
원점수	8	5	14	7	5	0	10	3	8	5	7	3	17	9	7
T점수	48	42	57	46	47	34	50	34	46	47	51	34	66	56	44
반응%	100	100	100	100	100	100	100	100	100	100	100	100	100	100	100

주) 각 척도별 T점수의 최대값과 최소값은 "-"로 표시되었음.

A-anx=Anxiety (불안)
A-obs=Obsessiveness (강박성)
A-dep=Depression (우울)
A-hea=Health Concerns (건강염려)
A-aln=Alienation (소외)
A-biz=Bizarre Mentation (기태적 정신상태)
A-ang=Anger (분노)
A-cyn=Cynicism (냉소적 태도)

A-con=Conduct Problems (품행 문제)
A-lse=Low Self-Esteem (낮은 자존감)
A-las=Low Aspirations (낮은 포부)
A-sod=Social Discomfort (사회적 불편감)
A-fam=Family Problems (가정 문제)
A-sch=School Problems (학교 문제)
A-trt=Negative Treatment Indicators (부정적 치료 지표)

3. MMPI-A 보충 척도 및 성격병리 5요인 척도 프로파일

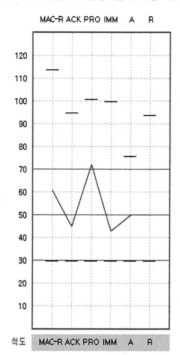
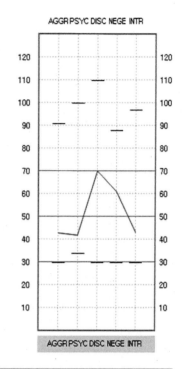

척도	MAC-R	ACK	PRO	IMM	A	R		AGGR	PSYC	DISC	NEGE	INTR
원점수	27	3	25	11	16	14		6	2	14	16	6
T점수	61	45	72	43	50	50		43	42	70	61	43
반응%	100	100	100	100	100	100		100	100	100	100	100

주) 각 척도별 T점수의 최대값과 최소값은 "-"로 표시되었음.

MAC-R=MacAndrew Alcoholism Scale-Revised(MacAndrew의 알코올 중독)
ACK=Alcohol/Drug Problem Acknowledgment(알코올/약물 문제 인정)
PRO=Alcohol/Drug Problem Proneness(알코올/약물 문제 가능성)
IMM=Immaturity(미성숙)
A=Anxiety(불안)
R=Repression(억압)

AGGR=Aggressiveness(공격성)
PSYC=Psychoticism(정신증)
DISC=Disconstraint(통제 결여)
NEGE=Negative Emotionality(부정적 정서성)
INTR=Introversion(내향성)

4. MMPI-A 임상 소척도

[Harris-Lingoes 소척도]

	원점수	T점수
D	25	51
D1 (주관적 우울감)	14	53
D2 (정신운동 지체)	9	67
D3 (신체적 기능장애)	2	37
D4 (둔감성)	4	48
D5 (깊은 근심)	7	64
Hy	32	68
Hy1 (사회적 불안의 부인)	5	65
Hy2 (애정 욕구)	9	66
Hy3 (권태-무기력)	7	55
Hy4 (신체증상 호소)	6	51
Hy5 (공격성의 억제)	3	51
Pd	26	59
Pd1 (가정 불화)	3	49
Pd2 (권위 불화)	4	54
Pd3 (사회적 침착성)	5	65
Pd4 (사회적 소외)	6	54
Pd5 (내적 소외)	8	59
Pa	19	67
Pa1 (피해의식)	5	56
Pa2 (예민성)	5	64
Pa3 (순진성)	7	66
Sc	19	45
Sc1 (사회적 소외)	4	44
Sc2 (정서적 소외)	3	53
Sc3 (자아통합결여-인지적)	1	40
Sc4 (자아통합결여-동기적)	6	56
Sc5 (자아통합결여-억제부전)	4	50
Sc6 (기태적 감각 경험)	4	42
Ma	25	54
Ma1 (비도덕성)	2	42
Ma2 (심신운동 항진)	7	52
Ma3 (냉정함)	7	73
Ma4 (자아팽창)	3	44

[사회적 내향성 소척도]

	원점수	T점수
Si	21	38
Si1 (수줍음/자의식)	1	30
Si2 (사회적 회피)	2	42
Si3 (내적/외적 소외)	8	48

5. MMPI-A 내용 소척도

	원점수	T점수
A-dep	14	57
A-dep1 (기분 부전)	4	65
A-dep2 (자기 비하)	4	58
A-dep3 (동기 결여)	6	75
A-dep4 (자살 사고)	0	42
A-hea	7	46
A-hea1 (소화기 증상)	0	45
A-hea2 (신경학적 증상)	4	48
A-hea3 (일반적인 건강염려)	0	37
A-aln	5	47
A-aln1 (이해받지 못함)	2	51
A-aln2 (사회적 소외)	0	41
A-aln3 (대인관계 회의)	2	51
A-biz	0	34
A-biz1 (정신증적 증상)	0	37
A-biz2 (편집증적 사고)	0	44
A-ang	10	50
A-ang1 (폭발적 행동)	3	44
A-ang2 (성마름)	7	66
A-cyn	3	34
A-cyn1 (염세적 신념)	3	37
A-cyn2 (대인 의심)	0	35
A-con	8	46
A-con1 (표출 행동)	3	47
A-con2 (반사회적 태도)	2	41
A-con3 (또래 집단의 부정적 영향)	1	49
A-lse	5	47
A-lse1 (자기 회의)	4	47
A-lse2 (순종성)	1	48
A-las	7	51
A-las1 (낮은 성취성)	5	57
A-las2 (주도성 결여)	2	47
A-sod	3	34
A-sod1 (내향성)	2	39
A-sod2 (수줍음)	1	34
A-fam	17	66
A-fam1 (가정 불화)	12	66
A-fam2 (가족내 소외)	4	63
A-sch	9	56
A-sch1 (학교 품행 문제)	2	66
A-sch2 (부정적 태도)	2	44
A-trt	7	44
A-trt1 (낮은 동기)	4	48
A-trt2 (낮은 자기개방)	0	35

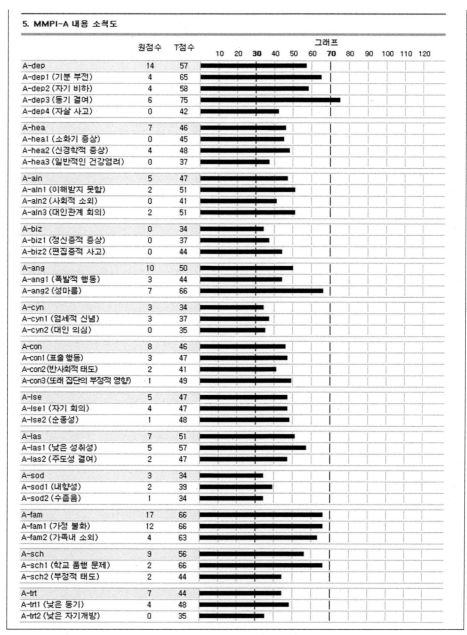

출처: 마음사랑.

55-45-51로서 약간 방어적으로 보이려고 하는 경향이 있었고, L(부인)이 K(교정)보다 높은 것을 고려할 때 정교하지 못한 방식으로 자신을 잘 보이려는 욕구를 추측할 수 있었다.

IP의 임상척도에서 3번(Hy)과 6번(Pa)이 각각 68과 67로 상승하였다. 물론 70 이하의 점수이나, 이는 타당도 척도에서 IP가 방어적으로 검사에 임한 것을 고려할 때 유의미한 상승이라고 볼 수 있다. 이러한 척도의 특징으로는 가족에 대한 깊고 만성적인 적대감에서 비롯되는 문제가 많은데, 정서적으로는 긴장, 불안, 신체적 불편감을 많이 경험할 가능성이 크다(Graham, 1999/2010). 특히 3번 척도가 6번 척도보다 상승하였을 때는 부정적 감정을 직접적으로 표현하지 못하는 양상을 보이고, 반항적이고 비협조적이며 자기중심적인 특징을 보일 가능성이 크다.

IP의 내용척도에서, A-biz(기태적 정신상태)의 T점수는 34로서 정신병적인 양상은 크지 않은 것으로 보이나, A-dep(우울)과 A-fam(가정 문제)의 T점수가 각각 57, 66으로 비교적 상승한 양상이어서, 가족문제로 인한 우울한 정서가 있음을 추측할 수 있다. 또한 보충척도에서는 PRO(알코올/약물 문제 가능성)의 T점수가 72로서 알코올/약물 문제의 가능성이 큰 것을 알 수 있는데, 이는 IP가 독서실에서 주 1회 이상 만취할 정도로 취해서 귀가하는 양상과 관련이 있었다. 특히 성격5요인 척도 중 DISC(통제 결여)의 T점수가 각각 70을 보이고 있어 통제가 결여된 양상이 만성화된 것을 추측할 수 있었다. 이러한 양상이 음주문제, 학교폭력 문제와 관련이 있는 상황이었다.

임상소척도의 경우 T점수가 65점 이상일 때 주의 깊게 보아야 하는데, IP의 경우 D2(정신운동 지체, 67), Hy1(사회적 불안의 부인, 65), Hy2(애정욕구, 66), Pd3(사회적 침착성, 65), Pa3(순진성, 66), Ma3(냉정함, 73), A-dep1(기분부전, 65), A-dep3(동기결여, 75), A-ang2(성마름, 66), A-fam1(가정불화, 66), A-sch1(학교 품행 문제, 66) 등의 T점수가 상승한 상태이다.

IP의 MMPI-A 결과를 종합할 때, IP가 성마름의 정도가 크고 통제력이 결여된 상태인 것은 사실이나 이는 가족 내 문제로 인해 IP가 불편감, 특히 우울과 소외감을 경험하고 있음을 알 수 있었다. 그런데 이러한 가족문제로 인해 IP는 슬픔과 분노를 동시에 경험하고 있고, 이러한 양상이 만성적이어서 자신의 삶을 가꾸려고 하는 동기가 부족한 양상이었다. 부와 모는 IP의 ADHD와 관련된 심리적인 문제에 초점을 맞추었으나, MMPI-A의 결과는 분명 가족 내에 문제가 있음을 보고하고 있었다. 이러한 양상에서 상담자는 2회기 이후 부와 모를 상담에 참여하게 하였는데, 가계도를 그리는 동안 가족 내에 심각한 가정폭력이 있음을 발견할 수 있었다. 즉, IP는 학교폭력 가해자였으나, 가족 내에서는 가정폭력 피해자였다.

(2) 가계도

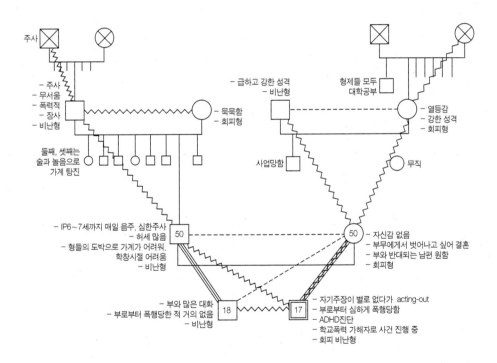

[그림 15-7] IP의 가계도

출처: 김요완(2016), p. 140에서 인용.

4) 사례개념화

가계도를 통해 IP의 핵가족에서 부는 IP의 형과, 모는 IP와 융합하며 삼각관계를 이루고 있음을 알 수 있었다. 부는 IP가 만 4세 때부터 말을 듣지 않을 때에는 집에 있는 각목으로 심하게 엉덩이와 머리 등을 때렸고, IP가 16세 때까지 폭행이 지속되었다. IP가 부로부터 폭행을 당할 때 모는 IP의 부를 말리지 않고 방에 있다가 폭행이 끝나기를 기다렸는데, 이는 가족 내에서 무서운 상황을 경험할 때면 IP의 모는 아무것도 하지 못하고 몸이 굳기 때문이라고 하였다.

IP의 부는 어려서부터 원가족 내에서 주사가 심한 부친에게 맞으면서 자라 왔고 잘못을 했을 때는 당연히 맞는 것으로 인식하였으며, 자신이 IP를 폭행한 것이 심각한 상황인지에 대한 인식도 결여되어 있었다. IP의 모는 원가족 내에서 자신의 친정모로부터 매우 모욕적인 말을 듣고 자라 왔는데, 그 이유는 친정모의 형제들은 모두 대학을 마치고 사회 고위층으로 살아왔으나 친정모는 부모가 교육을 시키지 않아 열등감이 심하였고, 친정부에 대해서는 갈등을 피하려고 하였으나 그때마다 딸인 IP 모에게 모욕적인 말을 심하게 하였다고 한다.

IP의 부모는 부부간에 갈등이 있을 때 IP 부가 폭력적인 모습을 보이면 IP 모가 회피하여 싸움이 일어나지 않았으나, IP 모는 IP에게 남편에 대한 불만을 이야기하였고 이러한 상황에서 IP는 부를 싫어하고 부에 대한 원망이 많았다고 한다. 특히 IP의 부모는 각각 자신의 원가족 내에서 자신의 부와 모가 했던 양상을 핵가족 내에서 반복하고 있었고, 이러한 양상에서 IP는 부에게는 폭력을, 모에게서는 소외감을 느끼고 있었다.

MMPI-A와 가계도를 통해 IP의 통제 결여와 성마름, 우울감은 부에게 경험한 가정폭력 피해에 대한 분노감과 슬픔과 관련이 있고, 가족 내에서의 소외감은 모의 회피적 양상과 관련이 있음을 평가할 수 있었다. 또한 이러한 양상이 IP가 어렸을 적부터 만성적으로 반복되어, IP는 학교에서의 문제 행동, 알코올/약물 문제가 발생할 가능성이 큰 것으로 평가할 수 있었다.

이러한 심리적 평가와 가족평가에 근거하여, 상담자는 IP에 대한 개인상담을 1~

2회기 할 때에는 화에 대한 조절능력을 10 중에 현재 4 정도에서 6 정도로 향상시키는 것을 목표로 합의하였으나, 3회기 이후 가족상담을 진행할 때에는 부가 가정폭력을 중단하고 IP, 부, 모 상호 간에 갖고 있는 불만을 언어적으로 안전하게 표현하는 것을 목표로 합의하였다. 또한 상담자는 가족 구성원들이 다세대 전수되는 삼각관계를 통찰하고 자신의 감정을 언어적으로 안전하게 표현하면서 삼각관계의 강도를 낮추어 각각의 자기분화 수준을 높이는 것을 상담자의 상담 목표(임상 목표)로 설정하였다. 이를 통해 상담자는 IP와 부가 폭력 행동과 같은 감정반사 행동의 빈도를 낮추도록 돕고 모는 가족 내에서 부와 감정적인 교류를 함으로써 IP에 대한 융합관계의 강도를 낮추도록 도왔다.

참고문헌

김요완(2016). 현장중심의 가정폭력과 상담. 서울: 교문사.

마음사랑 MMPI-A 시스템.

염은선(2016. 12. 3.). 한국가족치료학회 지역사례회의. 신라대학교.

Graham, J. R. (2010). MMPI-2: 성격 및 정신병리 평가(제4판)[*MMPI2: Assessment personality and psychopathology* (4th ed.)]. 이훈진, 문혜신, 박현진, 유성진, 김지영 공역. 서울: 시그마프레스. (원저는 1999년에 출간).

찾아보기

[인 명]

[내 용]

|저자 소개|

• 김유숙(Kim, Yoo Sook)

　일본 동경대학교 의학부 보건학 석사(가족치료 전공)
　일본 동경대학교 의학부 보건학 박사(가족치료 전공)
　현　서울여자대학교 교육심리학과 교수
　　　한스카운셀링센터 수석연구원

• 전영주(Chun, Young Ju)

　미국 퍼듀대학교 아동발달가족학과 석사(가족학 전공)
　미국 퍼듀대학교 아동발달가족학과 박사(가족학 전공)
　현　신라대학교 사회복지학부 교수

• 김요완(Kim, Yo Wan)

　연세대학교 교육학과 석사(상담심리학 전공)
　연세대학교 교육학과 박사(상담심리학 전공)
　현　서울사이버대학교 가족상담학과 교수

가족평가

Family Evaluation

2017년 12월 5일 1판 1쇄 발행
2023년 10월 20일 1판 2쇄 발행

지은이 • 김유숙 · 전영주 · 김요완
펴낸이 • 김 진 환
펴낸곳 • (주) **학지사**
　　　　04031 서울특별시 마포구 양화로 15길 20 마인드월드빌딩 5층
대표전화 • 02) 330-5114　　팩스 • 02) 324-2345
등록번호 • 제313-2006-000265호
홈페이지 • http://www.hakjisa.co.kr
인스타그램 • https://www.instagram.com/hakjisabook

ISBN 978-89-997-1456-6 93180

정가 20,000원

저자와의 협약으로 인지는 생략합니다.
파본은 구입처에서 교환하여 드립니다.

이 책을 무단으로 전재하거나 복제할 경우 저작권법에 따라 처벌을 받게 됩니다.

출판미디어기업 **학지사**

간호보건의학출판 **학지사메디컬** www.hakjisamd.co.kr
심리검사연구소 **인싸이트** www.inpsyt.co.kr
학술논문서비스 **뉴논문** www.newnonmun.com
원격교육연수원 **카운피아** www.counpia.com